总第8卷 第1辑（2020）

盛京法律评论

SHENGJING LAW REVIEW

主编 杨松 郭洁

主办 辽宁大学法学院

知识产权出版社
全国百佳图书出版单位
—北京—

图书在版编目（CIP）数据

盛京法律评论．总第 8 卷．第 1 辑．2020/杨松，郭洁主编．—北京：知识产权出版社，2020.11
ISBN 978-7-5130-7280-9

Ⅰ.①盛… Ⅱ.①杨… ②郭… Ⅲ.①法律—文集 Ⅳ.①D9-53

中国版本图书馆 CIP 数据核字（2020）第 210636 号

责任编辑：石红华　　　　　　　　　　责任校对：潘凤越
封面设计：臧　磊　　　　　　　　　　责任印制：孙婷婷

盛京法律评论·总第 8 卷　第 1 辑（2020）
杨　松　郭　洁　主编

出版发行	知识产权出版社有限责任公司	网　　址	http://www.ipph.cn
社　　址	北京市海淀区气象路 50 号院	邮　　编	100081
责编电话	010-82000860 转 8130	责编邮箱	shihonghua@ sina.com
发行电话	010-82000860 转 8101/8102	发行传真	010-82000893/82005070/82000270
印　　刷	北京建宏印刷有限公司	经　　销	各大网上书店、新华书店及相关专业书店
开　　本	787mm×1092mm　1/16	印　　张	17.25
版　　次	2020 年 11 月第 1 版	印　　次	2020 年 11 月第 1 次印刷
字　　数	250 千字	定　　价	78.00 元

ISBN 978-7-5130-7280-9

出版权专有　侵权必究
如有印装质量问题，本社负责调换。

学术委员会：（按姓氏笔画为序）
王秀哲　任　际　闫　海　杨　松　郑　莹
徐　阳　高岚君　郭　洁　路　军　曹　玲

主　　编： 杨　松

执行主编： 郭　洁

编 辑 部：（按姓氏笔画为序）
闫　海　朴大宪　全　姬　王素芬
金　良　韩英夫

编　　务： 刘　浩

目 录

【理论园地】
论明代的榜例／刘笃才／3

【实务研究】
论未登记不动产抵押权的效力
　　——以有关案例评析为素材／董学立／21
"共享员工"的法律问题分析和常态化路径研究／张　原
项先正／38

【比较法视野】
信托受托人免责条款效力探析
　　——美国法的立场及其启示／汪怡安　楼建波／63
关于是否适用均衡税的研究／[韩] 李俊俸／123
国际征税领域中数字经济方向热点问题与应对动向／
[韩] 许　瑗／159
进化中的金融科技与征税的问题：以众筹、P2P贷款以及区块链为中心／[韩] 柳志玟／181
近期一般反避税条款的立法动向和启示：以英国和澳大利亚为中心／[韩] 崔贞姬／214

【学术新声】
我国地方规划权：发展历程、风险与法律控制／徐　丹／245

CONTENTS

【Theoretical Garden】

A Study on the Announcement – Case of Ming Dynasty / *Liu Ducai* / 3

【Practical Research】

On the Effect of Unregistered Real Estate Mortgage
　　——Taking Comments and Analysis of Relevant Cases as Materials / *Dong Xueli* / 21

Analyses on Legal Issues and Ways to Normalization of Employee Sharing / *Zhang Yuan, Xiang XianZheng* / 38

【Comparative Law Perspective】

An Analysis of the Effectiveness of the Exculpatory Clause in Trust Terms
　　——The Position of U. S. Law and Its Enlightenment / *Wang Yian, Lou Jianbo* / 63

Study on the Taxation of Digital Economy through Equalization Levy as Quick Fix / (*Republic of Korea*) *JunBong Lee* / 123

Recent Discussions and Response Trends in the International Taxation Related to Digital Economy / (*Republic of Korea*) *Won Hur* / 159

Evolution of FinTech and Its Tax Implication
　　——A Study on Crowdfunding, P2P Lending, and Blockchain / (*Republic of Korea*) *Jimin Ryu* / 181

The Recent Trends of the Legislation of General Anti – Avoidance Rules and Their Implications to Korea: Focusing on UK and Australian GAARs / (*Republic of Korea*) *Jeonghee Choi* / 214

【Academic New Voice】
Local Planning Rights in China: Development Process, Risk and Legal Control / *Xu Dan* / 245

【理论园地】

论明代的榜例[*]

刘笃才[**]

摘要：榜例是一种特殊的事例。明代初期，朱元璋与朱棣以榜文的形式，随时颁布各种禁例，建立起以重刑恐吓为手段的统治秩序。明中期以后，榜文禁例演化为所谓"榜例"。不同的是，榜文禁例是以皇帝的任性严酷为特征，表现了专制统治恶的一面；而经过官僚体制改造之后的榜例，则克服了恶性，并以公开性替代了秘密性。后来榜例走向式微，被官府告示所替代，也是大势所趋理所必至，进一步证明了官僚体制对于法制运作的深刻影响。

关键词：榜文禁例，榜例，事例，官僚体制，告示

一、明初的榜文禁例

明初榜文禁例的兴盛与朱元璋直接诉诸百姓的思想有关。由于

---

[*] 本文为国家社科基金重点项目"明代事例研究"（项目号：12AFX003）的阶段性成果。
[**] 刘笃才，辽宁大学法学院教授，研究方向：中国法律史。

他早年的生活经历，朱元璋对于官僚体制颇多疏离之感，他告谕群臣说："从前我在民间时，见州县官吏多不恤民，往往贪财好色，饮酒废事，凡民疾苦，视之漠然，心里恨透了。"① 所以他不信任官僚，而有着直接诉诸底层百姓的冲动。他制定明律后，恐小民不能周知律令的内容，命人将"凡民间所行事宜，类聚成编，训释其义，颁之郡县"，名曰《律令直解》，说："前代所行《通制条格》之书，非不繁密，但资官吏弄法，民间知者绝少，是聋瞽天下之人，使之畏法也。今吾以《律令直解》遍行，人人通晓，则犯法者自少矣。"② 榜文禁例也是直接诉诸百姓的一种表现。

在明初，榜文禁例是榜文与禁例两者的合称。榜文从正面教导人们应该怎么做；禁例则从反面告诫人们不得怎么做。但是两者有时又混在一起，以禁例为内容而以榜文为形式。其具体形态，可以分为以下四种类型。

第一种是正面告谕，教导人们如何去做。这以明初的著名榜文《教民榜文》为代表。虽然其中不无刑罚方面的规定，但绝大部分是关于如何处理民间事务特别是调解民事纠纷的规定，下面摘录其相关部分：

> 一、凡老人、里甲剖决民讼，许于各里申明亭议决。其老人，须令本里众人推举平日公直素所敬服者，或三名、五名、十名，报名在官，令其剖诀……
>
> 一、老人理词款，不问曾朝觐、未曾朝觐，但年五十之上，平日在乡有德行者，俱令剖决事务，辨别是非。
>
> 一、本里老人遇有难决事务，或子弟亲戚有犯相干，须会东西南北四邻里分，或三里五里老人、里甲剖决。如此则有见识多者，是非自然明白。
>
> 一、老人、里甲剖决词讼，本以便益官府，其不才官吏敢

---

① 《明太祖实录》卷三八。
② 《续资治通鉴》卷二二零。

有生事罗织者，罪之。

一、老人有犯罪责，许众老人、里甲公同会议，审察所犯真实，轻者就便剖决，再不许与众老人同列理讼。若有所犯重者，亦须会审明白，具由送所在有司，解送京来，不许有司擅自拿问。若有司擅自拿问者，许老人具由来奏，罪及有司。①

这里通篇都是正面教谕事当如何，只在最后才出现了对于老人及官府违反相关规定进行追责的内容。

第二种类型是从反面加以约束的禁约，即明令禁止某行为，规定不得如何。如朱元璋曾命礼部颁学校禁例于天下：

一曰生员事非干己之大者，毋轻诉于官。

二曰生员父母有过必恳告，至于再三，毋致陷父母于危辱。

三曰军国政事，生员毋出位妄言。

四曰生员有学优才赡、深明治体、年及三十愿出仕者，许敷陈王道，讲论治化，述为文辞，先由教官考较，果有可取，以名上于有司，然后赴阙以闻。

（中略）

十曰江西、两浙、江东之民，多有代人诉状者，自今不许。

十一曰有罪充军安置。②

该榜文自一至十条都是禁约性质，即不得如何。只有最后一条才规定了"充军安置"的处罚措施。

第三种类型是既规定了禁约，又规定了对所禁止的行为如何处罚。比较典型的是告诫军功贵族的铁榜。为了防止公侯及其家人恃其有功，欺压良善，朱元璋于洪武五年六月制作铁榜申诫公侯。铁榜的内容是：

---

① 《教民榜文》有独立刊本。见刘海年、杨一凡总主编：《中国珍稀法律典籍集成》（乙编第一册），科学出版社1994年版，第663页以下。

② 《明太祖实录》卷一四七。

其一，凡内外各指挥、千户、百户、镇抚并总旗、小旗等，不得私受公侯金帛、衣服、钱物。受者杖一百，发海南充军；再犯处死。公侯与者，初犯、再犯免其罪，附过；三犯，准免死一次。奉命征讨，与者、受者不在此限。

其二，凡公侯等官非奉特旨，不得私役官军。违者，初犯、再犯免罪，附过。三犯，准免死一次。其官军敢有辄便听从者，杖一百，发海南充军。

其三，凡公侯之家强占官民山场、湖泊、茶园、芦荡及金银铜场铁冶者，初犯、再犯免罪，附过；三犯，准免死一次。

其四，凡内外各卫官军，非当出征之时，不得辄与公侯门首侍立听候。违者，杖百，发烟瘴之地充军。

（后略）

这里，几乎每一条款都附有明确的刑罚处分，几乎与法律条文的结构相同。

第四种是在相关法律后面列举对于已经犯罪进行处治的案例，通过处置严重犯罪的案件警戒后人。在洪武永乐榜文中这类案例颇多。仅举一条为证。这条榜文的开端部分首先标明题旨："洪武二十三年三月初三日为诸司官吏弃毁簿害黄册等项及不立卷宗事"，然后列举官吏在行政过程中种种违法行为，在引用律文"弃毁官文书者死"后，申明："今后敢有簿书不清，卷宗不明，研穷至极，别无规避，止是怠于清理，以致前后错乱，字样差讹，理改以后可清者，杖一百，还役。若弃毁讹谬内府贴黄户口黄册，及弃毁钱粮刑名造作孽牧草料供给需军饷军册者，斩，家迁化外。"这是此榜文的核心内容。为了落实这一榜文的要求，规定了公布方式："所在布政司都司备榜刊文如式，红牌青字，悬于公座之上，朝夕目擎，所在咸知，毋违是令。"后面附上了十五个案例：

一、南昌府刑房吏旧吴源、刘文德等，将火烧毁文卷及兵工二房，各处斩。

一、江宁县户房吏段必先、郑永孙、王会等，将本县积年文卷尽行烧毁，各处重刑。

一、太平府刑房吏陶胜等，放火将各房勘合文卷烧讫，凌迟处死。

（中略）

一、海盐县民金杰、姜惟、蔡华等四十三名，隐匿本县备照黄册，惧追烧毁，俱各处斩。①

上所列举表明榜文禁例是一个性质复杂的复合体。有些榜例虽然在形式上看起来属于分条列举的条例，但从内容上看也可以说是事例。因为事有大小之别，故制有繁简之分。对于功臣的训诫，虽然条举甚多，其实还是一事，就是不得居功自傲犯法。对于学校士子的训示也是如此。需要说明的是，这些系统性较强的榜例，毕竟是少数。多数榜文禁例是针对某一事，文字也简单，无须分条列举。譬如以下一则榜例：

洪武二十五年九月十九日，为礼制事，榜文一款，内使剃一搭头。如有官民留一搭头者，阉割，全家发边远充军。剃头之人，不分老幼罪同。②

这可能是为了防止一般人在头型上与（在宫中服务的）内使混同。但是，对于如此轻微的行为，居然处以阉割之刑，并牵连家属充军，且株连到剃头之人，实在过分，反映了作为专制君主的朱元璋，往往心血来潮，小题大做，肆意重惩。

朱元璋当政期间，一方面制定并且反复修订《大明律》，另一方面又不依《大明律》而律外用刑，靠榜文治国，是有其特别想法的。他认为，虽然政权的稳定依赖法律秩序，但自己所处乱世，不能通

---

① 《洪武永乐榜文》，杨一凡等编：《中国珍稀法律典籍续编》（第三册），黑龙江出版社 2002 年版，第 510—511 页。

② 《洪武永乐榜文》，杨一凡等编，第 511 页。

过寻常之法达到国家治理的目标。因此，他把精心制定的《大明律》留给其子孙后代，令其后世子孙依法办事，一字不可改易；而他则采用榜文治国，并且只作为在特殊形势下的特殊措施。故在洪武三十年五月将《大明律》颁行天下的同时，朱元璋宣布："其递年一切榜文禁例，尽行革去。"① 令他想不到的是，在其死后，其明文废除了的榜文禁例又被其子朱棣（即永乐皇帝）恢复。朱棣不仅恢复了朱元璋榜文禁例的法律效力，而且还变本加厉，颁布了一系列新的榜文禁例。略摘引几则：

> 为禁约事，永乐二年二月二十一日奉圣旨：朕自即位之初，首诏不急之务一切停罢，不得一毫妄用民力，期在休息，以臻太平。今后军民大小衙门非奉朝廷明文，敢有妄兴造作，擅用一军一民，及科敛财物者，处以极刑，家迁化外。

从内容上看，这则榜文重申永乐皇帝即位之初与民休息之意旨，禁止各个官僚衙门以及官吏，不经朝廷批准就妄自大兴土木，劳烦百姓，借机聚敛，盘剥军民，对于违反者居然要处以极刑，并将全家迁徙化外，这对于人民是件好事。以榜文的形式公开发布，不但是对于官吏的警告，也有动员群众监督之意。还有一则：

> 为造言惑众事，洪武三十五年九月二十五日奉圣旨：如今有等奸诈小人，不思朝廷凡事自有公论，但不满所欲，便生异议，捏写匿名文书，贴在街巷墙壁，议论朝政，谤人长短，欺君罔上，煽惑人心。似这等文书，必有同商量写的人，也有知道的人。恁都察院便出榜张挂晓谕，但有知道有人曾写这等文书的，许他首告。问得是实，犯人全家处死；首告之人，官升三等，军民都与官职，赏银一百两，钞一千贯，仍给犯人财产。

这里的洪武三十五年，实际是在朱元璋死后，朱棣即位未来得

---

① 《明太祖实录》卷二五三。

及改元，而又不欲以其推翻的明惠文帝年号而形成的纪年。这一圣旨是针对民间的匿名文书而发，鼓励知情者揭发犯罪，查实后给予揭发者重赏，而将匿名文书的制作者全家处死，财产没收，赏给揭发者。目的明确，就是不准人们议论朝政，特别是矛头向上，欺君罔上，煽惑人心。虽然与当时的政局有着密切的联系，即担心拥护惠文帝的势力起来反对自己的篡夺政权的行为，但也不难看出其不惜以残酷的刑罚手段对付政治反对派的用心。

概括起来，洪武永乐年间的榜文禁例具有以下特点：

第一，任性随意，所发榜文不少是统治者别出心裁的结果。例如，朱元璋在洪武二十六年八月发布的榜文，仅因穿衣戴帽违背了榜文的规定，就会被处以极刑。虽然僭越礼制，但是毕竟属于日常生活中的细枝末节，无论如何不应处以极刑。如此任意妄为，完全是轻罪重罚的表现。永乐皇帝朱棣在定罪量刑方面也往往喜怒无常，借题发挥。

第二，直言其事，不加文饰。这是朱氏父子榜文的另一特色。由于他们具有超越法律的权威，言出法随，除非得到授权，臣下只能原文照录，而不敢更改修饰，这就形成了口语满篇、语言直白的特点。其用意是便于人们了解其意旨，但是，口语直接转化为文字，不仅啰唆，也会词不达意，以至增加了人们理解的困难。

第三，刑罚严厉。例如，洪武三十年二月十三日发布保护官船的榜文："奉圣旨：如今军卫多有将官用战船私下卖了，工部出榜去各处张挂。但有卖官船的，凌迟处死，家迁一万里。私买者同罪。"[①]朱棣发布的榜文也显示了与其父同样的特点，任性残忍。

总之，明初的榜文禁例是超越法律的君权体现，是朱氏父子个人意志的任性产物，其突出特征是蔑视法制。在重典治乱思想的指导下，朱元璋采用非常规的手段打击政敌，用残忍的刑罚方式惩治

---

① [明]曹栋：《南京刑部志》卷三《揭榜示以昭大法》，转引自杨一凡：《明代榜例考》，载《上海师范大学学报》2008年第5期，第48页。

犯罪，到了匪夷所思的地步，株连之广，残忍之至，前所未有。族诛、抄家、剥皮、凌迟，可谓无所不用其极。朱棣也是如此，以株连十族杀掉反对其篡位的大臣，创造了历史纪录。

当然，从另一方面看，某些榜文禁例也起到了维持社会秩序的作用。例如《教民榜文》，提倡在广大农村建立以年高德重的老人（耆民）为骨干的民间自治基层组织，以民间调解为手段解决利益冲突而避免诉讼。这对于大乱之后社会经济的恢复、社会秩序的重建具有一定的积极作用。

二、官僚体制与榜例的变化

明代的榜例有广狭两义。狭义地说，榜例是榜文中的案例或者判例。以洪武永乐时期为代表的榜文，其中案例颇多。上文中那个附有十五个案例的榜文最为典型。其中被处以重刑者不下百人，而且大都是法外重刑。广义的榜例则泛指一切张榜公布的定例，包括那些明文规定要"出榜晓谕""出榜禁约""揭榜""张榜""榜示""榜谕"的各种事例。有的规定了对于某种犯罪的刑罚，也有的没有刑罚的规定，甚至相反，内容是免除对某些行为的惩处。

宣德皇帝之后，广义的榜例逐渐增多。如在军政方面，行在兵部进勾军条例，其中之一是："新勾军士依宣德元年四月榜例，限以半月收帮月粮，两月葺理居室，俟其安定，方许役之。"[1] 其中提及的榜例就是有关做好征兵军士家属安置事宜的规定。也有以宥免刑罚为内容的榜例。例如："行在兵部奏，密云后卫百户张政、忠义左卫百户张旺，先避事逃。今援榜例自首。稽其逃已久，请罪之，以示惩。上曰既许自首，而又罪之，令不一矣。复其职。"[2] 文中所援引的榜例是一个关于自首免罪的文件。甚至还有关于保护人民财产

---

[1]《明宣宗实录》卷五七。
[2]《明宣宗实录》卷一零五。

权利的内容。如兼掌行在户部事务的兵部尚书张本言："天下人民，国初俱入版籍，给以户帖，父子相承，徭税以定……仍依先行榜例，如每丁种有成熟田地五十亩之上，已告在官者，准令寄籍。"① 这个榜例就是维护开荒农民既定权益的。可见榜例的性质已与之前不尽一致。这一变化与最高统治者的个人素质有关。

榜文禁例兴盛于洪武与永乐两代，是由于此时的当政者朱元璋和朱棣都阅历丰富。他们自我感觉良好，认为自己不仅有能力统治天下，而且有资格做人民的思想教父。洪武永乐之后，从宣德皇帝开始，明朝进入了一个少年天子与短命皇帝轮换当政的时代：英宗朱祁镇（1427—1464）九岁即位，宪宗朱见深（1447—1487）十八岁即位，孝宗朱佑樘（1470—1505）十八岁即位，武宗朱厚照（1491—1521）十五岁即位，世宗朱厚熜（1507—1566）十五岁即位，神宗朱翊钧（1563—1620）十岁即位。他们之中即使有人可能早熟一些，以及宫中教育使之具有比常人更丰富的知识，但是与历经人世沧桑的朱元璋与朱棣之间的差距是无法抹杀的。他们生长深宫，缺乏历练，不懂人情世故，不谙统治权术。② 因此，创制教谕性榜文的热情与能力都大不如前。在这一时期，榜例大多是对既往榜文的重申，或者引用过去的榜例作为处罚的依据。由皇帝以思想教主的身份对于臣民发布的教谕类榜文制作几乎绝迹。由此，榜例进入了官僚体制主导的时期。

我们知道，官僚体制以条条本本为据，以按部就班、照章办事为原则，由此榜例开始了制度化规范化的进程。其表现是：

第一，榜例的发起往往来自官僚的建言，而不再是皇帝的心血来潮。

宣德二年六月丙寅，巡按浙江监察御史吴讷言……乞敕法司揭

---

① 《明宣宗实录》卷六九。

② 在朱元璋的《祖训条章》中曾经说过："盖创业之君，起自侧微，备历世故艰难，周知人情善恶。恐后世守成之君，生长深宫，未谙世故。"他认为自己的人生阅历已经丰富到了没有什么人什么事是他看不透的，而他的后代子孙却不具备这种经历。

榜禁约：今后凡逃军、囚吏，除本身及其家被人杀害侵夺者，方许指实陈诉，余皆不许，诸司亦不得擅与受理。若果有冤抑，须自下而上陈诉。有越次者，准洪武中例，发回应理衙门问断……上命法司从其言。①

宣德三年闰四月丙申，行在都察院左都御史刘观奏：抽分场材木等料抽分，悉有定例。比来内外官员军民不循礼法，恃其豪横，凡物料当抽分者，或私隐匿，或妄称奏免。请悉禁止，违者罪之。场局官吏受贿纵容者，罪同。上从观言，命揭榜晓示。②

第二，除了个别榜例直接由皇帝批准生效，绝大多数榜例是经由官僚机构的审议，代表了官僚体制的集体意志。

如弘治五年（1492年）十月丙辰，"户部会议，各处巡抚都御史所陈事宜……乞行广东布政司出给榜文，于怀远驿张挂，使各夷依限来贡。如番舶抵岸，先赴布政司比对勘合字号相同，贡期不违，然后盘验起送。庶沿海人民不得常与外夷交通，以致起衅招寇……议上，俱从之"。③

"弘治十七年二月辛丑，礼部覆奏：礼科给事中葛嵩所言禁奢僭事，谓官民房舍、车服、器物之类，多不循理，虽累经禁革而循习如故，请如嵩所奏裁之以制。命礼部查节次榜例，通行申明禁约。"④

官僚体制以按部就班、照章办事为原则，通过讨论审议，可以拓展思维，集中众人的智慧，这就使得榜例可以摆脱任性与随意。将个别官员以致君主的个人意见，变成官僚体制的集体意志，保障了法律作为国家意志的连续性与统一性。

第三，刑罚强度大大减轻。

如《明宣宗实录》卷三二记载"犯榜例重罪者俱宥死，并徒流笞杖罪悉如例输作，凡工匠死罪锁镣终身输作，徒流笞杖罪论年限

---

① 《明宣宗实录》卷二八。
② 《明宣宗实录》卷四二。
③ 《明孝宗实录》卷六八。
④ 《明孝宗实录》卷二零八。

输作。是日决遣八百余人"。又《明宣宗实录》卷三九记载："上阅行在三法司所上系囚罪状，谕之曰：凡人命及情罪重者如律……及犯榜例死罪宥死，并徒流以下论轻重如例罚输作。凡工匠流徒罪以下各论年限输作。是日决遣四百余人。"

明英宗时期也有类似个案。《明英宗实录》卷一七九记载：巡抚浙江等处大理寺右少卿张骥等，械送谕降反贼伪大王陈鉴胡等六十余人至京。法司奏鉴胡尝僭王号，而榜例首恶凶犯不赦，请并其党俱置诸法。上命俱宥死，系锦衣卫狱，有司给粮，送其家口亲属宁家。

第四，榜例不再是直抒胸臆口语满篇，语言更加规范化。

当榜例出自皇帝的个人意志时，他的每一句话都是神圣的天宪，丝毫不容改动；出自官僚体制之后，格式必须合乎既定规范，文字也要讲究措辞达意。

三、榜例的特色及其式微

榜例作为一种别具特色的事例，最大优点是其公开性。将皇帝或朝廷的敕令张榜公布在历史上早已出现。在宋代，皇帝将敕令张挂在木板之上进行公布，称为敕榜或者榜敕，"赐酺及戒励百官、晓谕军民，则用之"。[①] 可算是明代榜例的前身。比较而言，榜敕与榜例的命义在一定意义上可谓天壤之别。"榜敕"的名称彰显了其出自皇帝敕令的高贵品格；而榜例则显然不太在乎这一点。

明初榜文虽然不是前无古人的创举，但是其广泛使用的频度却远远超越前代，发布的方式也花样翻新。公布榜文的载体质料有铁榜、石碑、木板、纸张，极其多样化。公布与悬挂的方式也不同：有的长期悬挂，保持永久；有的普遍悬挂，不分城镇乡村；有的限定张榜于京城或两京（北京与南京）。比较特殊的榜文禁例，有针对

[①] 《宋史》卷一六一《职官志》。

性选择特定人群集聚的地方发布，或者张挂于仓场码头；或者张挂于官衙粉壁。为了表示郑重，有的以铁铸成，号称铁榜，以告诫军功贵族；有的以石镌刻，号曰卧碑，以训示国子监生。对于居民普遍的约束则张挂于大街通衢。还有特别的措施："洪武、永乐、正统年间节次颁降榜文"时，"起盖榜房，置立板榜，常川张挂，使各处官吏军民人等，知所禁惧"。①

我们知道，明代以前形形色色的例，往往成为胥吏舞文弄法、营私舞弊、愚弄长官、坑害百姓的工具，原因主要在于其属于官府内部掌握，多数不公开。除了官府中经管文件的胥吏，不要说普通百姓，即使是权力很大的官僚也未必能掌握与通晓。所以，胥吏舞文弄法，其上级也只能任其上下其手而难以监督否决，普通百姓更是束手无策。

榜例则不同，直接面向人民大众，用老百姓看得懂的白话文，以板榜的形式公开张挂于各种公共场所，让每个人都可以看到，读了就懂。胥吏想利用手中掌握的例上下其手就不那么容易了。

总之，榜文禁例（即榜例）的优点是公开宣布，显示了统治者取信于民的意图，这一优点是其超越一般事例之处。如果拿榜例与事例比较，榜例无疑占有优势。就其影响而言，可以说榜例提高了例的品质，刷新了例的形象。

不过，对于榜例的效能问题也要分析地看。榜例往往是以皇帝圣旨的形式颁行，这强化了榜例的权威性。但是，这也使得它具有了凌驾于法律之上的地位。为了维护最高统治者"言出法随"的权威，即使明显背离法律的榜例，也要兑现，这固然会收到取信于民的效果，但有时也会出现负效用。下面的案件就显示了榜例的负面效果。

时有盗入贡夷人马者捕获，上命依榜例处决。户部尚书李

---

① 《各处修理榜房及誊写洪武以来榜文张挂》，载《皇明条法事类纂》卷之四四。

敏言："盗马之人律止徒罪。"上曰："朝廷法令布于象魏，所以示大信于天下。盗夷马者置之极刑，已有成宪。今群盗故犯处死何疑？"①

上面这个案例是有人盗窃了外国来进贡者的马匹。被捕获后，皇帝命令依据公布的榜例处决。户部尚书李敏提出反对意见，指出律有明文规定，盗马之罪最重也只是徒刑。皇帝说，"朝廷法令布于象魏，所以示大信于天下。盗夷马者置之极刑，已有成宪。今群盗故犯处死何疑？"这就引出了一个什么是"成宪"的问题。按理说，《大明律》是基本法典，才是所谓"成宪"；皇帝却认为，他颁布的榜例才是"成宪"。不按照榜例做，就会失大信于天下。这明显是认为自己的个人权威具有超越国家法律的地位。

上述案例不是偶然的。明代史籍中不乏彰显榜例威力的记述，如"凡问私役军人者，俱照榜例重罪，以故人不敢犯"②。意思是处理私役军人这样的犯罪应按照榜例处罚，所以才无人敢犯。这显示了榜例的威慑力。但反过来看岂不是反映了原来法律的失效。显然，榜例与国家的基本法律之间的冲突，会对法制统一造成伤害。

在实施榜例时如何处理它与国家常法和其他基本法律的关系，是关系到能否维护国家法制统一和榜例实施效果的重要问题。如果榜例针对的是国家一时发生的紧急情势，或者某个地方出现的特殊情况，或者基本法律没有规定的特殊问题，上述做法或许无可厚非。但在相反的情况下，榜例的效力如何，就不是一个能简单判断的问题。所以，在榜例的适用方面，明代后来形成了如下规定："凡有殊旨、别敕、诏例、榜例，非经请议著为令甲者，不得引比。"③ 这就是说，榜例只适用于发布时所针对的特定对象和特定事件，如果在其他案件的司法审判活动中援引适用，必须经过一个特别的"请议"

---

① 《明孝宗实录》卷二零。
② 《明英宗实录》卷二二三。
③ 《明史》卷七二。

程序。这样才能既发挥榜例在应对紧急事态方面的作用，又避免对国家法制的统一造成大的影响。

当然，在人治而不是法治的明代，其是否能够贯彻，取决于最高统治者的态度。明初，朱元璋当政，"事取上裁"。明成祖朱棣仍沿用朱元璋的做法，显然没有严格实行这一规定的条件。当然，也有个别的例子。史载，都察院论诓骗罪，准洪武榜例枭首以徇。（虞）谦奏："比奉诏准律断罪，诓骗当杖流，枭首非诏书意。"帝从之。[①] 说的就是永乐皇帝事，可见，皇帝偶尔也会做出从善如流的姿态。从宏观上看，大概只有到明代中期以后，榜例被纳入官僚体制，开始改为以六部都察院为发布主体与实施机构，其实施才受到官僚体制的制约，使上述规定成为一个具有普遍约束性的制度。

从历史趋势看，明代的榜例，自明初的兴盛一时，经过中期的官僚体制化，到明代后期逐渐式微。这是因为，作为法令公布的形式，榜例不仅不属于不可替代的品种，而且与其他公布法令的形式相比也不具有优越性。

在中国古代法律史研究中，有一种观点认为统治者倾向于保持法律的秘密性。这是误解。实际上，法律保持秘密并不总是有利于统治者。相反，法律的公开才对统治者有利。就此而言，法律的秘密性实际上是公开方式缺乏条件而自然形成的状态。随着纸张的发明与书写工具质量的改进，特别是随着印刷术的发明与进步，法律的秘密性自然会消失。明代在这方面相当明显地表明了这一点。印刷术的普及，使得法律汇编不仅有中央印制的文本，而且有地方官府印制的文本（如《皇明制书》就以镇江府丹徒县嘉靖刻本留存于世）。还有民间书铺也是传播法律图书的一种力量。所以，以皇帝名义张挂的榜文以及后来的榜例并非不可取代。由于榜例公布的地点有限，悬挂的时间难以持久，字迹也未必清楚，所以人们触犯榜例，往往以"不知有例"或者"不知有禁"为自己辩解。有人当时就指

---

① 《明史》卷一五零《虞谦列传》。

出"榜示京师，外地不知；及到京师，方知有例"①，不能做到"通行晓谕"，反倒成了榜例的缺陷。

另外，榜例在某些方面有违官僚体制的运作规则。官僚体制是科层制，中央的指令一级传一级，而不是一竿子插到底。社会上好多事情，政府三令五申，人们却视若无睹、置若罔闻，以致榜文累下，犯者如故，言之谆谆，听者藐藐。再以榜文的形式出现时，朝廷的权威不免受到损害。"视圣旨榜文为虚文，沉匿而不张挂，以奏准事例为常事，高阁而不奉行。"② 本来天高皇帝远，由空间距离形成的神秘感，有助于普天下大众保持对于皇帝的幻想。而以皇帝的名义发布的煌煌榜文，反而暴露了皇帝的颠顶昏聩。这就得不偿失了。所以，榜文后来被地方官府的告示所代替。

官府的告示早已有之。在宋代，很多做过官的文人文集中就收有自己做官的告示。由于自古以来中国就是中央集权国家，地方官施政必须与中央政府保持一致，其告示的内容不能与法律相悖。文字风格虽然有所不同，语言文字却要符合规范，保持一定的水准。所以，地方官发布告示，往往要借鉴模仿他人。明代不同于前代的做法是，为适应地方官这方面的需求，出现了告示的范本。现存的一个范本书名《临民宝镜》，编著者苏茂相，为万历二十年进士，曾任刑部尚书，在任不到半岁而罢。《临民宝镜》刊载《大明律例》及其注释，每条后附有相关的审、断、判、议以及告示的文本。其所拟的告示，一方面保证了告示符合律条规定的精神，另一方面又在形式上具备了典雅通顺流畅的风格。文字规范，内容实用。它以官府之名义，借助国家强制力，维护统治权威与社会秩序。它与以皇帝名义颁布的榜例一样，都传达着朝廷的意图。

官府告示替代了榜例，使榜例逐渐式微，也说明了官僚体制的

---

① 《皇明条法事类纂》卷三九，刑部类，"军民奏告词讼通政使司并该科看出革前不干己事及添捏虚情不该奏告者就于本后明白参出抄送到道详审立案不行例"条。

② 《皇明条法事类纂》卷五零，工部类，"作践城垣街道枷号例"条。

强大。专制皇权不能脱离官僚体制实现其对国家的直接统治。所以,榜例这一直接诉诸百姓的工具,其创设权、审议权、发布权,陆续转移到了官僚机构手中。经由这一途径,榜例由皇帝的言出法随,及其被赋予超越国家常法的效力,变成规范化的法律文件,被安置在国家法律体系的某一环节中,发挥其特定的作用。古代中国历史上官僚体制与法律体系的相变互动关系极其复杂,值得深入探讨,榜例的演变只是其中一个表现而已。

A Study on the Announcement – Case of Ming Dynasty

Liu Ducai

Abstract:The announcement – case is a special kind of case law. In the early Ming Dynasty, Zhu Yuanzhang and Zhu Di established a severe ruling order by means of enacting a great number of prohibitions at any time. After the mid – Ming, the prohibitions in the form of announcements evolved into so – called *Announcement – case*. The differences are that the prohibitions in the form of announcements are characterized by the emperor's willfulness and harshness, which shows the evil side of the autocracy, while the announcement – cases which have been remolded by bureaucracy overcome its evil side and are characterized by its openness to public. Nevertheless, The announcement – cases declined over time and were replaced by the government – announcements, which showed a general trend and rational rule that the bureaucracy played an important role on the forming process of the legal system.

Key words:the prohibitions in the form of announcements, Announcement – case, Openness

【实务研究】

论未登记不动产抵押权的效力
——以有关案例评析为素材

董学立[*]

摘要： 我国民事立法关于不动产抵押权变动采公示生效主义——没有登记公示就不生抵押权设立。在司法实践中，对于当事人之间设有不动产抵押合同但尚未办理登记的情况下，如出现可以实现抵押权的情形，债权人对抵押人可得采取何种行动？司法实践中颇费思量：一者，实践中坚持债权思维导向的司法救济模式，审判法院判决抵押权人违约损害赔偿，债权人对抵押人可得类推行使保证人的保证责任；二者，理论上坚持物权思维导向的司法救济模式，法院可判决抵押人构成违约并承担实际履行责任，通过抵押人的继续履行或者法院的司法判决效力，完成登记公示手续以实现抵押权设立，并继而行使抵押权。司法实践在探知当事人的真实意思时，发现立法与司法的脱节——立法关于不动产抵押权采公示生效

---

[*] 董学立，苏州大学王健法学院教授，江苏省法学会担保物权法研究中心主任研究员，研究方向：民商法。

主义的立法体例用力过猛。解决这一问题的根本出路在于，修正不动产抵押权公示生效主义为公示对抗主义。

关键词：不动产抵押权，公示生效，公示对抗，债权思维导向，物权思维导向

一、问题的提出

《中华人民共和国民法典》（简称《民法典》）物权编关于物权变动，采公示生效主义和公示对抗主义两相并行的立法体例。在此基础上，针对不动产物权和动产物权予以分别规制：在不动产物权变动中，既有规制为登记公示生效主义者如不动产抵押权，也有规制为登记公示对抗主义者如土地承包经营权和地役权；在动产物权变动中，既有规制为登记公示对抗主义者如动产抵押权，也有规制为占有公示生效主义者如动产质权。从《民法典》物权编有关条款的立法用语来看，现行法采行的是公示生效主义为原则，公示对抗主义为例外的立法体例。如《民法典》物权编第 208 条规定：不动产物权的设立、变更、转让和消灭，应当依照法律规定登记。动产物权的设立和转让，应当依照法律规定交付。《民法典》物权编第 209 条规定：不动产物权的设立、变更、转让和消灭，经依法登记，发生效力；未经登记，不发生效力，但是法律另有规定的除外。但从立法的实质情况看，据初步统计，《民法典》物权编中关于物权变动采行公示生效主义的情形有 13 处，关于物权变动采行公示对抗主义的情形有 9 处。《民法典》物权编立法实然既已如此，我们就可以认为其实质采行的是公示生效主义和公示对抗主义并重的二元公示效力体例。也就是说，与我国传统民事立法一贯坚守的公示生效主义立法体例不同，《民法典》物权编关于公示效力的立法中，公示对抗主义的使用频率大幅提高了。在公示对抗主义立法体例下，"未经

公示的物权"也是物权,现已成为学界共识。① 但在公示生效主义立法体例下,有担保合同但"未办理公示手续"时,会产生什么样的法律效果,不论在法学理论还是在司法实践中,都存在较大的争议。

最近两起司法案例恰是发生于上述领域,在学界引起了广泛的关注和讨论:

> 案例一,江某诉王甲借款抵押案。该案由山西省太原市迎泽区法院一审、山西省太原市中级人民法院二审终判。借款人王甲向江某借款50万元,王甲的父亲王乙和母亲赵某以其所有的房屋为该笔借款提供抵押担保,但未办理抵押登记。借款到期后王甲未能如期还款,江某诉至法院,要求王甲及其父母偿还借款50万元及逾期还款的利息。②

> 案例二,侯某与韩某、李某借款纠纷案。该案由张家口中级人民法院一审、河北省高级人民法院二审、最高人民法院再审。2012年12月24日,侯某(甲方)与韩某(众邦公司的法定代表人)、李某(乙方)签订《借款协议》,约定:乙方向甲方借款人民币550万元。乙方将众邦公司位于商都县商张公路北侧(工业园区)的80004平方米的工业用地的国有土地使用证作为抵押。侯某向韩某全账户汇入511.5万元,其余38.5万元作为利息预先扣除。随后,韩某将商都县国用(土)第2012—134号《国有土地使用证》交付侯某、张某持有,但双方未办理抵押登记。因韩某、李某未偿还借款本息,侯某向张家口中院提起诉讼,要求韩某、李某偿还借款550万元及利息;众邦公司在抵押财产范围内承担连带清偿责任,侯某对该财产

---

① 公示与否仅在对抗交易第三人方面具有意义,但并非所有物权变动中都存在交易第三人。先前有论者以未经公示的物权不具有对世性而否认其物权性质,忽视了其作为善意取得问题的本质。详情参见拙文《也论交易中的物权归属确定》,载《法学研究》2005年第5期。

② 严杰:《担保房产未办理抵押登记 仍须担责》,载《人民法院报》2018年7月2日007版。

享有优先受偿权。

两个司法案例虽审判法院不一且审判结果也并非完全一致，但案件的核心议题具有同质性：不动产抵押合同未办理登记公示手续，其法律效力如何？对此，尽管有法院的司法裁判，但因两个司法裁决都没有专门陈述判决理由，故针对未经登记抵押合同的法律效力问题，不论是学术界还是实务界均有深入探讨的必要。希望本文对这一问题的研判有所助益。

二、法院裁判及其评述

（一）法院的裁判

案例一中，一审法院经审理认为：王甲与江某之间借贷关系成立，王甲应当偿还江某借款及逾期还款的利息。对于江某与王甲父母签订的抵押合同，根据《担保法》第41条的规定，应当办理抵押登记的，抵押合同自抵押登记之日起生效。本案中，王甲父母提供的抵押房产未办理抵押登记，抵押合同不生效，江某请求王甲父母归还借款及逾期利息的请求不予支持。判决后江某不服，向太原市中级人民法院提起上诉。二审法院认为，关于房屋抵押借款合同是否生效的问题，我国担保法与物权法有不同的规定。担保法规定，不动产抵押的，应当办理抵押登记，抵押合同自抵押登记时生效。但《物权法》第15条对抵押合同的效力做出明确规定，未办理抵押登记的，不影响合同效力。依据新法优于旧法的原则，在判定抵押合同的效力时应当采用《物权法》的有关规定。在本案中，江某与王甲父母签订的房屋抵押借款合同是双方当事人的真实意思表示，虽然没有办理抵押登记，但该抵押合同成立且生效。王甲父母提出的合同未生效抗辩，法院不予支持。根据《物权法》第187条的规定："以本法第一百八十条第一款第一项至第三项规定的财产或第五项规定的正在建造的建筑物抵押的,应当办理抵押登记,抵押权自登记时设立。"本案中,江某与王甲父母签订抵押合同后,未去房产管理部门办理抵押登记,导致涉案房屋的抵押权未设立,江某未能取得该房屋的抵押权,没有抵押权表明江某没有取得涉案房屋的优先受偿权,并不会导致江某失去请求王甲父母承担合同责任的权利。① 依据《合同法》的有关规定,生效合同的各方当事人均应接受合同的约束,依约履行各自合同义务,未履行合同义务的当事人应当承担违约责任。在本案中,王甲父母在房屋抵押借款合同上签字的行为,表明二人认可该抵押借款合同的约定,同意接受合同条款的约束。江某虽然没有取得抵押房屋的抵押权,其丧失的仅是优先受偿权,并没有丧失请求王甲父母承担合同责任的权利。王甲父母应在王甲不能清偿或不完全清偿到期债务时,承担补充清偿责任。据此,法庭做出判决,撤销一审判决,改判王甲偿还江某借款50万元及逾期还款利息,王甲父母在抵押房屋价值范围内承担补充清偿责任。

案例二中,张家口中级人民法院一审判决支持了侯某的部分诉讼请求,认为不动产抵押合同成立,抵押权因未办理抵押登记而未设立,债权人可以主张抵押人在抵押物价值的范围内对债务承担连带清偿责任,但债权人不能就抵押物主张优先受偿。众邦公司不服,向河北省高级人民法院上诉,河北省高级人民法院二审判决驳回上诉,维持原判。众邦公司仍不服,向最高人民法院申请再审。最高人民法院审理认为:"根据《物权法》第一百八十七条的规定,以土地使用权进行抵押的,应当办理抵押登记,抵押权自抵押登记时设立。原审认为抵押合同成立,抵押权并未设立,侯某可以主张众邦公司在土地使用权范围内对债务承担连带清偿责任,但不能就土

---

① 担保合同中公示对抗主义法制下抵押权的设立以及公示,是担保物权法制中关于担保物权设立中的"三部曲":担保合同产生担保债权效力;未经公示的抵押权具有除不能对抗善意第三人之外的物权效力,经公示的抵押权不仅具有一般物权的效力,还具有对抗交易第三人的优先受偿效力。我国物权法理论与物权法司法实践,对这一"三部曲"之间的区别与联系的认识仍十分不够。

地使用权主张优先受偿,适用法律并无不当。"最高人民法院裁定驳回其再审申请。

(二) 对法院裁判的评述

错误的裁判:案例一中一审法院的判决是一个完全错误的裁判。包括担保物权分编在内的《民法典》物权编的颁布,并没有废止原有的《担保法》的适用。具体来说,一是《担保法》还没有失效,仍可适用;二是《民法典》物权编是新法,依据新法优于旧法的原则,《民法典》物权编改变了《担保法》规定的方面,应该适用新法即《民法典》物权编。如果新法的规定与旧法的规定一致,法院裁判既可以援引旧法,也可以援引新法。当然,在立法皆可以被援引的情况下,笔者认为应该首选新法,但这不是说不可以援引旧法。笔者认为案例一中,一审法院的裁判是一个完全错误的裁判,针对"未经登记抵押合同"的效力问题,《担保法》与《民法典》物权编做出了截然不同的规定:《担保法》第 41 条规定:当事人以本法第四十二条规定的财产抵押的,应当办理抵押物登记,抵押合同自登记之日起生效。《民法典》物权编第 215 条规定:当事人之间订立有关设立、变更、转让和消灭不动产物权的合同,除法律另有规定或者当事人另有约定外,自合同成立时生效;未办理物权登记的,不影响合同效力。随后,《民法典》物权编第 402 条规定:以本法第三百九十五条第一款第一项至第三项规定的财产(均为不动产)或者第五项规定的正在建造的建筑物(视为不动产)抵押的,应当办理抵押登记。抵押权自登记时设立。从上述有关规定来看,关于抵押合同以及抵押权的生效规定两部法律并不一致:关于抵押合同,前者是"抵押合同自登记之日起生效",后者是抵押合同"自合同成立时生效";关于抵押权,前者没有明文规定,使用了"抵押物登记",解释上认为抵押权也是自办理完毕登记时设立;后者有明文认为"抵押权自登记时设立"。既然两部法律关于抵押合同以及抵押权的生效和设立有不一致的规定,法院在司法裁判中,应当适用《民法典》物权编的有关规定。若适用《民法典》物权编的规定，本案很明显是抵押合同有效，抵押权因未经登记不成立。但一审法院犯了一个十分低级的法律适用错误，对《民法典》物权编的有关明文规定视而不见，形成了匪夷所思的司法判决。①

有待改进的裁判：案例一和案例二的终审裁判均认定抵押合同有效，并以有效的抵押合同为逻辑起点，最终在债权思维的射程范围内判决"在抵押房屋价值范围内承担补充清偿责任"，或"在土地使用权范围内对债务承担连带清偿责任，但不能就土地使用权主张优先受偿"。从受担保债权的实现保护来说，这一判决结果是可以接受的，没有造成大的实质性司法错误，并使借款人的借款债权得以实现。但司法判决的可接受性，并不仅是以司法判决结果的实质公正为唯一标准的。对于判决结果的法律适用之准确性，应该是司法裁决的重中之重——不能实现适用法律准确、说理服众的判决，即使结果公平、公正，也不能算得上是一个好的判决。

笔者认为案例一和案例二的裁判理由有待商榷：在抵押合同有效而抵押权不成立的情况下，贷款人获得权利系属于抵押合同债权。以此生效的合同债权为逻辑起点，法院判决抵押人承担在担保财产价值范围内的"补充清偿责任"或"连带清偿责任"。从权利的性质上讲，这是一个以债权为出发点和落脚点的判决；从名义上讲，这是一个通过类推适用而以保证债权实现为落脚点的裁判；从法律责任形式的选择上讲，这是一个以违约损害赔偿为责任形式的判决。因司法判决书中并没有给出这一判决结果的理由，我们无从知晓审判法院是如何理解这一法律问题的。在以判决结果公正性为目标的司法实践道路上，针对有不动产抵押合同生效，但未经办理登记公示手续的债权人保护问题，是否还有其他结果公正且说理更能够服

---

① 《担保法》制定于20世纪90年代，彼时无论学界还是实务界均未对区分原则形成较为成熟的认知与思考。该法第41条将作为债权行为的合同生效与作为物权行为的抵押权登记设立混为一谈。《民法典》物权编第215条规定的区分原则对此进行了修正，故司法实务中法院审理未登记的不动产抵押权纠纷时不应再适用《担保法》第41条。

众的司法途径，我们对此持积极态度。

三、以债权思维为导向的现实司法判决

案例一、案例二中各有同样的三种法律关系需要识别厘清：一是借款还款的债权法律关系；二是担保合同法律关系；三是担保物权法律关系。从两个案情的事实来看，第一种法律关系已经建立且最终处于违约状态；第二种法律关系已经建立也处于违约关系状态；第三种法律关系依照现有法律的规定尚未建立。在这三种法律关系状态皆存在的情况下，债权人的借款债权如何确保实现，则是审判活动最终需要解决的问题。

在借款人不能如约还款的情况下，依据《民法典》合同编第577条的规定：当事人一方不履行合同义务或者履行合同义务不符合约定的，应当承担继续履行、采取补救措施或者赔偿损失等违约责任。但因为还款债务的特殊性，法院在判决继续履行、采取补救措施或判决违约损害赔偿时，其区别不是没有而是区别的意义不大——继续履行或者违约损害赔偿虽名义不一、形式两样，但都是履行还款义务。在债务人拒绝主动履约的情况下，若要最终实现债权，尚需法院以强制力执行债务人的责任财产。但众所周知，在这种情况下，债权的完全实现所需要的不仅是法院的强制执行，更需要债务人拥有可以被强制执行的足额责任财产。如果债务人没有足额的责任财产可以被执行，法院的强制执行只能算得上是"空放炮"。而这一法律风险的现实可能存在，恰是当事人为保障债权实现而另行设立担保物权的根本原因。但遗憾的是，本文所引述的两个案例，都因为当事人的原因，没有依照现有法律规定，完成法律规定的设立不动产抵押权的生效要件——办理完毕登记公示手续。也就是说，依照现有的法律规定，在本文所引述的两个案例中，均不存在为担保债权实现而可以执行的担保物权。然而不幸中的万幸是，本文引述的两个案例虽没有可以执行的担保物权，但当事人之间依

照合意建立起了担保合同债权关系。按照《民法典》物权编规定的"区分原则",即使没有担保物权的设立,担保合同的有效性并不因此而受到担保物权设立与否的影响,即两个担保合同均有效。

于此,有效成立的担保合同即为法院判决抵押合同人对债权人承担"在抵押房屋价值范围内承担补充清偿责任"或"在土地使用权范围内对债务承担连带清偿责任"的债权法律基础。从法院适用的词语概念分析,案例一中抵押人承担的是一般保证责任,案例二中抵押人承担的是连带保证责任。按照《担保法》关于"当事人对保证方式没有约定或者约定不明确的,按照连带责任保证承担保证责任"的规定,法院判决抵押人承担连带责任保证于法有据。但本文所引述两个案例存在的问题是,债权人与抵押人之间,根本没有保证合同存在,其两者之间所有的仅是抵押合同,而抵押合同并不同于保证合同。法院将不同于保证合同的抵押合同径行解释为保证合同,应该是适用了类推原理——将抵押合同类推为保证合同。从类推适用的法学原理来看,将抵押合同类推为担保合同没有什么不可以。但问题在于,在抵押合同有效、抵押权没有有效设立的情况下,为了保障债权的实现,采取类推适用的法学原理,将抵押合同类推为保证合同来保护借款债权人的利益,是不是最适恰的法律途径?笔者认为,这种以类推适用来保护债权人利益的法律责任方式,本质上是违约损害赔偿责任,而不是违约继续实际履行责任。在不动产抵押合同有效,当事人未办理登记公示生效要件下,法院是判决抵押人承担抵押合同违约的违约损害赔偿责任,还是判决抵押人承担抵押合同违约的实际继续履行责任,对债权人的保护路径和保护效果将迥然不同。[①] 但陷入法院的债权思维导向路径之后,法院判

---

① 两种判决在主债权债务关系的实现上或许并无差异,但就抵押合同的实现及效力后果上可谓大相径庭:继续履行判决下,不动产抵押权因抵押人履行登记义务得以成立,债权人对抵押物的优先受偿纳入到《民法典》物权编第414条之规定的受偿次序规则中予以计算,并对该抵押物享有抵押权的其他债权人的优先受偿产生影响;而损害赔偿判决则不会就优先受偿次序问题产生影响。

决抵押合同人承担违约损害赔偿责任，则成为顺理成章的结局。在债权思维导向模式下，以何等程度赔偿债权人的损失，类推适用保证责任就是一个在现有法律制度框架下的最好遁向。①

四、以物权思维为导向的可能司法判决

在公示生效主义法制下，当事人之间有发生物权变动合同而没有办理完毕登记公示手续，合同通常能够生效但不能发生物权变动结果。与此相反，在公示对抗主义法制下，当事人之间有发生物权变动的合同，此时即足以发生物权变动的效果，公示手续仅生物权变动的对抗效力——未办理登记公示手续者不是物权设立，而是不得对抗善意的交易第三人。两相比较，公示生效主义法制对于物权变动的结果，不是在现实法权关系下必须要求须经登记公示才可以发生物权变动，而是公示生效主义法制前提下的非经公示不能发生物权变动。详言之，即在公示对抗主义法制下，对于物权变动的结果而言，只要当事人有物权变动的合意，此合意就足以促成物权变动结果的出现。② 公示生效主义法制下未经公示则不能发生物权变动。那么，法律为什么还要在公示对抗主义法制之外，另行规定不经公示不发生物权变动的公示生效主义法制呢？法学理论对此的解释是，公示生效主义立法体例不仅可以凭借公示手续完成这一附加环节，督促当事人谨慎小心地处理自己的财物；而且还可以使得物

---

① 有论者认为，不动产抵押未经登记的情形下虽然缺乏登记这一公示行为，但当事人之间存在着明显的以"物"作为抵押担保的意思。将此具有瑕疵的抵押行为推测为当事人之间存在保证意思（保证人的担保），使得未经登记的无效抵押行为转换成在抵押物价值范围内对债务承担清偿责任的一般保证行为，是正当稳妥的。参见徐蓓：《不动产抵押未经登记之"无效"转换的适用分析》，载《河北法学》第5期。
② 只有合意并不足以引发物权变动的结果。如果足以引发物权变动的结果，则债权合意与物权合意如何区分？合意即足以引起物权变动的结果的论断，是以特定物的存在为前提条件下的结论。没有特定物，当事人不论如何表达合意，都不能引起物权变动。

权变动的内外部法律效果保持一致,以此最大限度地保证交易安全。① 如同任何事物一样,公示生效主义立法体例既有上述优点,也会有如下缺点:除了因公示手续的附加而导致妨碍私法自治以及交易效率下降之外,即本文所引述两个案例中所可能造成的法律纠纷和法律适用困境——当事人之间可能已经有了生效合同,却因未完成公示手续而没有发生物权变动的结果(这一结果又可能完全在当事人意料之外),当事人或许会认为,既然他们之间已经有了生效的合同,就有了法律约束力,但他们或许不知道这是合同债权约束力,而非物权约束力。从而,导致如本文所引述两个案例的法律纠纷。

所谓"以物权思维为导向的可能司法判决",是指在抵押权合同生效的前提下,法院以判决抵押合同债务人实际继续履行抵押合同的法律责任方式,即强力要求抵押人办理完毕抵押登记公示手续,通过办理完毕登记公示手续之合同债务实际履行来最终完成抵押权的设立;或者法院以司法判决形式拟制完成登记公示手续,法院判决生效之日,即抵押权设立登记公示手续完成之日。② 此时,对内抵押权设立完成,对外得以主张抵押权优先受偿权。此即笔者主张的"以物权思维为导向的可能的司法判决",通过抵押合同的司法判决实际履行,以最终完成抵押权的设立。此时,受担保债权人便可以抵押权人的身份主张抵押权的实现,以此确保受担保债权的实现。在对内关系上,尽管以债权性思维为导向的司法判决,与以物权思维为导向的司法判决相差不大,对于受担保债权的实现没有多大影响;但在对外关系上,债权的担保和物权的担保差异之悬殊,想必

---

① 物权公示的法律效力可区分为内部效力和外部效力。内部效力是物权公示相对于物权在当事人之间变动的意义而言;外部效力则是就物权公示对信赖此公示的交易第三人的意义而言。内、外部效力保持一致,使得对交易第三人的交易安全之法律关怀达到极点。参见董学立:《论〈物权法〉确立的物权变动新模式》,载《法学论坛》2011年第4期。

② 值得注意的是,该判决的前提是抵押人仍合法拥有抵押物的所有权,否则属于履行不能。参见范小华:《未办抵押登记的不动产抵押合同中抵押人责任研究》,载《法律适用》2015年第4期。

大家是十分清楚的——拥有优先受偿权——纳入到优先受偿次序规则判断受偿顺位。进而言之，尽管在主债权债务关系上法院判决违约损害赔偿还是判决实际履行，两者之间区别不大，但在抵押合同关系上，抵押人不履行合同的司法救济方式，是判决违约损害赔偿（即债权性思维导向），还是判决实际继续履行（即物权性思维导向），两者之间的差异大矣！且法院判决抵押人实际履行抵押合同，最符合当事人设立抵押合同的本意，是法院司法实践活动贯彻私法自治原则的必然要求和最佳途径。也就是说，在本文所引述两个案例中对于抵押合同的违约，法院既可以判决违约损害赔偿，也可以判决继续实际履行。但如果法院判决违约继续实际履行的话，则既可以体现私法自治原则，也可以最适恰地保护债权人债权的实现。这种司法途径在现实司法活动中适用很少。①

五、抵押合同效力之两种可能法权效果

"抵押合同效力之两种可能法权效果"，是指抵押合同既可生成抵押债权，也可生成抵押物权。抛开现有立法关于"区分原则"的设立，以及关于"物权变动公示对抗主义"的确立对该命题的当然性证明，仅从物权与债权的特性入手，也足以单凭当事人合意这一法律要素完成对两项不同法权的设立。②但两项法权的设立，除了当事人的合意这一主观要件之外，尚须有债权和物权得以现实存在的

---

① 除本文所述的两个案例外，司法实践中各级法院就"未登记的不动产抵押权纠纷"存在着普遍的同案不同判的现象，但争议焦点多是抵押人该承担何种赔偿责任，即承担一定比例的赔偿责任、以抵押物价值为限的补充清偿责任还是以抵押物价值为限的连带清偿责任。参见刘延杰、王明华：《未办理抵押权登记时抵押人应承担何种责任》，载《人民司法》2013年第3期。

② 法律行为物权变动的法律要素可以分为主观要素和客观要素。主观要素就是当事人之间关于物权变动的意思表示，即物权变动之"合意"，客观要素为"特定物"之存在。各国物权变动模式不同，表现在主观要素方面就有了债权行为与物权行为之区别，但这两种不同属性的行为均可产生物权之变动。

物质基础：在债权方面，其现实的物质基础是债权客体的现实可能性，即债权标的"可能"；在物权方面，其现实的物质基础是物权客体的现实特定性，即物权标的"特定"。本文在此所谓的"单凭当事人合意这一主观要件，就足以或者生成抵押债权，或者生成抵押物权"，是将抵押债权或者抵押物权的物质基础作为当然的法权设立的前提条件。在这一客观条件具备的情况下，关于生成抵押债权或抵押物权的法律条件要素则不再予以讨论，只讨论抵押债权或者抵押物权生成的主观条件。对于抵押合同而言，在抵押合同标的可能的前提下，当事人关于设立抵押合同的合意足以且只能生成抵押合同债权。这就是《民法典》物权编第二百一十五条中的"当事人之间订立有关设立、变更、转让和消灭不动产物权的合同，除法律另有规定或者当事人另有约定外，自合同成立时生效"。从现实的法权关系来看，如果没有抵押合同标的可能性基础，单凭当事人之间的合意，合同是不可能成立的。对于抵押合同成立的标的可能性客观条件，应在设计法律规范时将其作为前提条件而非规范条件植入法律规范中。所以，我们在现有的法律规范中，看不到标的可能的客观要件，只看到了主观要件。如果不是经过严格的法律思维训练以及对法律行为的成立和生效要件深思熟虑，我们或许简单地认为单凭主观要件，就足以完成合同债权的设立。同样的道理，对抵押物权而言，如果抵押物权的标的不特定，也可以说是没有一个先期存在的物权的话，当事人任何的合意表达，都无法生成一个抵押物权。同样，《民法典》物权编第四百零三条关于"以动产抵押的，抵押权自抵押合同生效时设立；未经登记，不得对抗善意第三人"的规定，也是因为标的物不特定这一客观条件的欠缺，而导致该条款成为一个错误的规定。[①]

在标的物特定的情况下，既可以满足标的可能的债权生成物质

[①] 参见董学立：《如何理解〈物权法〉第187条、188条》，载《政法论丛》2009年第1期。

基础，也可以满足标的特定的物权生成物质基础。此时，当事人的合意是生成债权还是物权，除了依据当事人的合意之外，还需要考虑法律关于物权设立的公示体例——本国法律关于不动产抵押权的设立是采公示对抗主义还是采公示生效主义。在公示对抗主义法制下，当事人的合意即可以生成物权；但在公示生效主义法制下，除了当事人的合意之外，尚须完成法律要求的登记或占有等公示手续。在本文所引述的两个案例中，都是以现有的财产抵押的，因此两个案例都满足了抵押权生成的担保物特定要求。从立法的可能模式选择而言，既可以对其实施不动产抵押权设立的公示对抗主义，也可以对其实施抵押权设立的公示生效主义。那么，在现有法律规定了对不动产抵押权的设立实施登记公示生效主义的模式下，未经办理完毕不动产抵押权登记公示手续的抵押合同的法权属性，恰是这两个案件裁判中所绕不过去的关键问题。在现实可能性上，不经登记公示手续也可以设立不动产抵押权的情况下，我国现有立法又为何附加了登记公示手续作为不动产抵押权生效的一个要件？这需要从登记公示制度的产生、价值等方面来认识。

从不动产物权变动登记公示制度的产生来看，不动产登记制度的出现是晚近的事情，而不动产物权因合意而变动则有悠久的历史。从两者产生时间上的错位来看，它们之间并无今日立法上相互依存的表里关系。也可以说，不动产物权的变动，在很长一段时间里，是根本不需要登记公示制度的。[①] 今日之不动产物权变动登记公示生效主义，也是物权变动公示立法主义的一种选择，而并非是唯一选择。这一点也从我国《民法典》物权编关于不动产物权变动公示二元主义的立法现实中得到了验证——根据我国《民法典》物权编的规定，有一些不动产物权采公示对抗主义，另一些不动产物权采公

---

① 从法制史的角度考察，现代不动产登记制度的直接渊源是18世纪法国的抵押权登记制度。该抵押权登记制度在法国直至1955年通过法令方才达到完善。参见王茵：《不动产物权变动和交易安全——日德法三国物权变动模式的比较研究》，商务印书馆2004年版，第70页；马特：《物权变动》，中国法制出版社2007年版，第159页。

示生效主义。在采行不动产物权变动公示对抗主义的情况下，这些不动产物权的变动本身就与登记公示制度没有关系，登记公示制度乃关涉与物权变动相关的其他制度功能。既然不动产物权变动的历史和现实，都可以证明不动产物权的变动与登记公示制度不存在必然联系，那么有些不动产物权为何还要采公示生效主义呢？这得从不动产登记公示制度本身的制度价值去寻找原因。在抵押物特定且当事人有合意设立抵押权的情况下，是可以生成不动产抵押权的。在这一基础上，法律之所以进一步要求当事人办理登记公示手续，是因为不经变更登记公示手续的抵押权设定存在重大的交易风险——已设立的不动产抵押权未经公示，不能对抗善意的交易第三人。但公示生效主义的制度安排，却使得这一公示生效的制度安排超越了登记公示制度本有的制度目的射程，也是本文两个引述案例陷入法律纠纷的法律制度祸源所在——在不动产物权登记公示生效主义法制下，未经公示不会有但可以有不动产物权变动结果的发生。

既然不动产物权登记公示生效主义立法选择已经超出了登记公示制度的制度目的——未经登记公示不发生物权变动，其必然会对现实法律生活带来负面影响，即压制私法自治的空间，使得在物权客体特定条件具备，且当事人足以依合意完成物权变动的情况下，因法律制度本身的原因而使得物权变动不得完成。[①] 当然，在标的物不特定的情况下，当事人任何关于物权变动的合意，无论在理论上还是在实践上，都是无法完成物权变动的——当事人也不应该有所谓物权合意之说。本无物权，何来关于物权变动的合意以及随后的物权变动结果？

[①] 与物权变动的公示对抗主义立法体例相比，公示生效主义执意维护交易的安全价值，忽视了当事人之间的意思自治价值。"变动物权的法律行为，也是当事人意思自治的行为，如果不涉及其他人的利益或者说对于他人的利益已给予了足够的保护，法律也就不应当加以干涉，包括对其形式上的强制。"参见郭明瑞：《物权登记应采对抗效力的几点理由》，载《法学杂志》2005年第4期。

此情此景之下，当事人任何的意思表示，最多只能有债权合意并生成债权法律关系。质言之，本文所引述的两个案例，本是可以凭当事人的合意即足以生成不动产抵押权的设立，但缘于现有法律对不动产抵押权设立所要求的登记公示生效主义条例，而使得不动产抵押权不得设立。既如此，司法实践何不把事实上可以、而法律上不可以的不动产抵押权设立，基于当事人的内心意图并借助于司法活动，以判决公示生效主义法制下未经公示的担保物权设立合同实际继续履行的责任方式，来补齐登记公示生效立法主义的制度短板，以此方式来完成不动产抵押权的设立。当然，此抵押权的设立，生效于司法判决生效之时，其优先受偿次序也以判决生效的时间为准进行排序。但值得注意的是，这样的司法活动要尽量避免和减少以担保合同的虚造损害其他债权人的可能。

六、结语

在我国，包括不动产抵押权在内的不动产物权变动，采公示生效主义立法体例，在完成其一定的立法目的之时，其在民事法律领域所产生的他项影响确也显得突兀。这种公示立法主义因压制私法自治而饱受诟病。如何以法律制度的目的解释来修正文义解释，弥补其立法缺陷，以利于解决司法实践中遇到的裁判困局，是法学界亟待解决的现实议题。

本文所引述的两个案例，审判法院以债权思维为取向，以判决违约损害赔偿为救济措施，虽有一定的道理，也可以在一定程度上解决问题，但尚逊色于笔者提出的以物权思维为取向，即以判决抵押人实际履行为救济措施，助力已经走了半程的抵押权设立行为，以最终实现抵押权的设立。这一模式既符合当事人的内心本意，也符合法律体系的内在逻辑，是一个可以适用的司法途径。

On the Effect of Unregistered Real Estate Mortgage
——Taking Comments and Analysis of Relevant Cases as Materials
Dong Xueli

Abstract: China's civil law legislation on the variation of real estate mortgage adapts public effectiveness doctrine: the variation would not occur without registration. There is a puzzle in judicial practice when real estate mortgage contract has been established between parties but the mortgage has not been registered. What action the creditor may take against mortgagor if the circumstance of realizing the mortgage right could happen? On one hand, the judicial remedy of contract liability direction is insisted in theory, the mortgagor is liable for the damage for branch of contract by decision of court, the creditor could claim against the mortgagor of guarantee responsibility to by analogy method; on the other hand, the judicial remedy of real right direction is insisted in theory, which argue that the court could hold that the mortgagor branches of contract and is liable for specific performance. Based on the specific performance of mortgagor or the decision of courts, the registration procedure could be completed in order to create mortgage and exercise the right. It is found that the judicial and legislation is detached when ascertain party's declaration of intention in judicial practice: the public effectiveness doctrine which adapted by the legislation on the variation of real estate mortgage is overexert. The fundamental way to solve this problem lies in amending public effectiveness doctrine to public confrontation doctrine.

Key words: real estate mortgage, public effectiveness, public confrontation, contract liability direction, real right direction

"共享员工"的法律问题分析和常态化路径研究

张 原[*] 项先正[**]

摘要：在新冠肺炎疫情和复工复产需求的影响下，我国劳动市场兴起了"共享员工"这一灵活用工模式和概念，且支持该模式常态化的呼声越来越高。然而，该模式虽有灵活用工之优势，但也存在潜在的法律风险，如可能侵犯劳动者合法权益、与劳务派遣规范产生冲突等。欧盟实践中对"临时性"共享员工与"战略性"共享员工的区分及其对临时性共享员工的限制较好地回应了上述问题。而在劳动者权益保护方面，美国的共同雇主责任亦可借鉴。我国立法可以借鉴域外共享员工劳动关系的规制经验，立法应以开放的态度调整这一新型用工形式。

关键词：共享员工，新冠肺炎，灵活用工，劳务派遣

---

[*] 中国政法大学法学院 2019 级硕士研究生在读。
[**] 中国政法大学法学院 2019 级硕士研究生在读。

一、共享员工模式在我国的产生、发展与现状

（一）共享员工模式产生的背景

受新冠肺炎疫情的影响，假期延长、交通管制、企业停摆，国民经济经受巨大考验。而随着疫情逐渐得到控制，各行各业也陆续复工复产，在这个过程中，网购与物流行业市场需求的激增导致线上销售与物流行业人手骤然短缺。与此相反，餐饮、商场、电影院等需要大量人员聚集的传统行业仍暂时无法开业，或者无法完全恢复营业，劳动者工作量高度不饱和，工资收入受到较大影响。为解决这种不同行业人手短缺与工作量不饱和的矛盾，市场上出现了共享员工这一用工模式。

（二）共享员工模式的发展过程

2020年2月1日，由北京市商务局生活服务业处和北京烹饪协会牵头，云海肴餐厅与盒马鲜生在协调员工方面迅速达成共识，在国内首创了"共享员工"的用工模式，随后，该模式被各行各业接受，大有"燎原之势"。紧接着，由第三方开发的共享员工平台陆续出现，专门针对有闲置人员和用工需求的企业提供对接服务。3月中旬，一些地方政府就共享员工模式出台相关文件或表明支持立场，如安徽省人力资源和社会保障厅印发《关于全面推进共享员工等用工余缺调剂工作的通知》，部署全省全面推行共享员工等用工余缺调剂工作；广东省江门市人力资源社会保障局向提供共享员工的单位给予最高5万元的补贴。

（三）共享员工模式的运行现状

1. 运行模式

目前，大多数共享员工的运行模式是：在劳动者与原单位保留

劳动关系的前提下，经原单位与新的用工单位统一协商，劳动者被派往新单位，接受新单位的培训管理并上岗工作，工作内容大多为分拣、摆架、整理、补货等业务。一些情况复杂、要求更高的岗位一般不会安排给共享员工。工资由新单位通过原单位发放给劳动者，也可协商一致后由新单位直接发放给劳动者。如果劳动者不愿成为共享员工，按照2020年1月26日人力资源和社会保障部发布的《关于妥善处理新型冠状病毒感染的肺炎疫情防控期间劳动关系问题的通知》,[①] 需要接受企业的轮岗调整，并获取较低工资或者基本生活费。

2. 共享员工模式对各方当事人利益的影响

（1）对劳动者利益的影响。

相比于在家拿最低工资或者基本生活费，该模式在保留原劳动关系、不失业的情况下，改善了劳动者的经济状况，但工作地点、工作内容的改变也为他们的生活带来一定程度的不确定性。

（2）对原用人单位利益的影响。

该模式解决了疫情期间的营业惨淡、人员待岗等问题，甚至帮助一些中小企业免遭破产之灾，但同时，一些单位也担心疫情结束、恢复经营后员工不愿复工。

（3）对临时用工单位利益的影响。

该模式解决了特殊时期的员工短缺问题。该模式无须签订新的劳动合同，减少了用工单位的缔约负担，提高了用工效率。

[①] 人力资源社会保障部办公厅发布的《关于妥善处理新型冠状病毒感染的肺炎疫情防控期间劳动关系问题的通知》规定：企业因受疫情影响导致生产经营困难的，可以通过与职工协商一致采取调整薪酬、轮岗轮休、缩短工时等方式稳定工作岗位，尽量不裁员或者少裁员。符合条件的企业，可按规定享受稳岗补贴。企业停工停产在一个工资支付周期内的，企业应按劳动合同规定的标准支付职工工资。超过一个工资支付周期的，若职工提供了正常劳动，企业支付给职工的工资不得低于当地最低工资标准。职工没有提供正常劳动的，企业应当发放生活费，生活费标准按各省、自治区、直辖市规定的办法执行。

（四）共享员工模式常态化的需求

共享员工模式除上述疫情间的尝试外，要求其常态化补充灵活用工形式的呼声亦非常高。在理论上，一个系统产出的提升可以通过两方面的努力来实现：其一是从外部加大投入；其二是从内部优化效率。人力资源配置亦是如此，我国自改革开放以来，随着市场的自由化和教育的普及，人才数量一直在持续增加，为我国经济的发展提供了充足的"外部燃料"。然而，随着人口增速的放缓，新型产业的爆发式增长和劳动力成本的增加，仅依靠不断从外部获取资源的方式已经不足以支撑劳动市场的需求，因此灵活用工形式便逐渐显得更为必要，其带来的成本效应、配置效应等将直接影响劳动力要素的配置效率。[①] 以快递行业为例，近年来，每年流向快递业的劳动力仅占新增非大学生劳动力总额的2%左右，但根据理论估计，快递行业的增量需求却达到非大学生新增劳动力的5.4%~8.8%，[②] 实际与理论间的差距只能通过非典型用工的方式进行弥补，否则必然导致系统运行的部分失效。此外，在制造业、互联网行业和批发零售行业中，亦有大量企业存在类似情形，需要灵活的用工形式作为补充。在政策上，中共中央在《"十三五"规划纲要》中明确提出，要加强对灵活就业和新就业形态的扶持，促进劳动者自主就业，表明中央层面对灵活用工形式的支持态度。

由此可见，灵活用工在当今中国的需求已较为明显，从这一角度来看，共享员工作为灵活就业、提升人力资源利用效率的有效手段之一，产生的常态需求便不足为奇了。

[①] 纪雯雯，赖德胜：."人力资本、配置效率及全要素生产率变化"，载《经济与管理研究》2015年第6期，第45—55页。

[②] 左春玲，张方风，郭贵军："用工灵活化策略的背后：中国上市快递企业非典型雇佣配置效率研究"，载《中国人力资源开发》2020年第1期，第143—152页。

二、共享员工模式存在的法律问题分析

共享员工这一创新的模式，对于劳动关系中的各方主体乃至社会经济的恢复都有所裨益，但同样存在法律问题。除了思考当下其在实证法上的正当性之外，还要思考这样的用工模式能否在疫情结束后长期适用。因此，对于该部分的法律分析，虽以疫情期间的共享员工模式研究为出发点，但尽可能推广到一般情形。

（一）《劳动合同法》上的风险

按照《中华人民共和国劳动合同法》第17条之规定，劳动合同中必须载明的事项包括工作内容和工作地点，且合同生效后，劳动者有义务也有权利按照合同规定的工作地点和工作内容进行劳动。按照该法第35条规定，用人单位与劳动者经协商一致，可以变更劳动合同，且应当采取书面形式，但最高人民法院《关于审理劳动争议案件适用法律若干问题的解释（四）》第11条中对于书面形式做了例外规定。① 而对于共享员工这一重大变更，如果没有劳动者的明示同意，甚至威胁、强迫劳动者接受该变更，将对劳动者按照原劳动合同所享有的合法权益造成严重侵犯。

另外，从《劳动合同法》的性质和宗旨来看，它兼具私法与公法的二元色彩，在充分尊重市场规律与意思自治的前提下，保护弱势地位劳动者的强制性规范并不鲜见。而共享员工这一模式存在"物化"劳动者的倾向，容易置劳动者于不安定的工作变动之中，故可能有悖《劳动合同法》之立法宗旨。且对于弱势的劳动者，法律如何照顾其面对强势用人单位时不愿成为"共享员工"的意愿，也

---

① 《关于审理劳动争议案件适用法律若干问题的解释（四）》第11条：变更劳动合同未采用书面形式，但已经实际履行了口头变更的劳动合同超过一个月，且变更后的劳动合同内容不违反法律、行政法规、国家政策以及公序良俗，当事人以未采用书面形式为由主张劳动合同变更无效的，人民法院不予支持。

需要更加细致的规范。

(二) 与劳务派遣监管规范冲突的可能性

从运行实践上看,目前我国的共享员工在用工形式上与劳务派遣具有较大的相似性,然而《劳动合同法》第57条对经营劳务派遣业务的主体进行了严格的限定,[①] 第66条对劳务派遣所适用岗位做出了临时性、辅助性、替代性和比例的限制。之所以做出此等严格限制,乃是因劳务派遣不同于普通商品交易,带有很强的人身属性和基本权利保障属性。[②] 在我国的长期实践中,各种乱象屡禁不止,不仅劳务派遣工与合同工之间的待遇差别明显,甚至出现了实质上的歧视等问题,许多企业也常常以劳务外包、人力服务、工资代发等名义行劳务派遣之实。[③] 在原有的劳务派遣中不规范的问题没有得到妥善解决的情况下,此次的共享员工会不会成为非法劳务派遣的新外壳,仍然存在较大疑问,尤其是在疫情结束后,随着调配人力的第三方平台的出现,共享员工的模式常态化对是否构成经营劳务派遣业务的判断将更加复杂。

因此,应以此次共享员工实践的涌现为契机,对共享员工及劳务派遣的法律规范进行更加科学、系统的梳理与重构,使各类用工形式既能符合市场规律促进经济发展,又能充分保护劳动者权利。而在此之前,无论是企业出于合规性的考虑,还是政府出于监管的需要,都需要对共享员工的常态化予以充分考量。

[①] 《劳动合同法》第57条:经营劳务派遣业务应当具备下列条件:(一) 注册资本不得少于人民币二百万元;(二) 有与开展业务相适应的固定的经营场所和设施;(三) 有符合法律、行政法规规定的劳务派遣管理制度;(四) 法律、行政法规规定的其他条件。经营劳务派遣业务,应当向劳动行政部门依法申请行政许可;经许可的,依法办理相应的公司登记。未经许可,任何单位和个人不得经营劳务派遣业务。

[②] 李雄:"我国劳务派遣制度改革的误区与矫正",载《法学家》2014年第3期,第38页。

[③] 郑尚元:"劳务派遣用工管制与放松之平衡——兼析《劳动合同法》第58条第2款",载《法学》2014年第7期,第55—57页。

（三）工资、社会保险等方面的安排

共享员工的工资由谁来发、发多少，员工社保中企业的部分谁来交，如果发生了工伤谁来赔……这些问题无论对于保障疫情期间共享员工的合法权益，还是对于该模式常态化之后的健康发展都非常重要。

1. 工资薪金的发放与社会保险、公积金的缴纳

既然劳动者的劳动关系仍然保留在原用人单位，那么在法律关系上，工资的发放和社保、公积金的缴纳均应当由原用人单位负责，但出于效率的考虑，此次疫情中也存在经协商一致后由临时用工单位直接向劳动者发放工资的情况。部分临时用工单位向原企业转交员工工资的时候，会考虑需要缴纳社保的金额并计算在内。因此，在现有共享员工实践中，工资薪金与社会保险、公积金的缴纳出现了一定程度的混乱，对劳动者权益的保护构成了不确定性的影响。

2. 同工同酬及工资构成

同一企业接收不同企业的共享员工，如果他们从事的工作内容相同，但与原单位工资不同，新单位实际通过原单位支付的工资是否应当一致，同工不同酬是劳务派遣中长期存在的问题，同样的问题在共享员工模式中，由于原劳动关系的保留势必更加复杂。并且作为仍然保留劳动关系的原单位，是否需要按照原有工资的一定比例支付部分工资也需要妥善考虑。

3. 劳动损害赔偿

假如共享员工在新单位工作时产生工伤，按照劳动关系的归属并参照劳务派遣有关规定，仍应由原单位就工伤保险部分进行赔付，但是如果该工伤可归责于临时用工单位，那么原单位赔付后是否可以进行追偿？更进一步，出于保护劳动者的角度考虑，为了防止责任推诿，是否可以考虑让原单位和临时用工单位之间就损害向劳动者承担特殊的连带责任，后文将进一步进行论证。

（四）该模式对人力资源流动与市场退出机制的影响

虽然很多媒体认为，共享员工有利于人力资源的流动，并且"挽救"了很多企业。但是亦存在反面观点，即在原有的模式下，如果企业经营出现困难甚至资不抵债，大多应该进行经济性裁员或直接走向破产程序。经济性裁员的企业，按照《劳动合同法》第41条之规定，需要向工会或者全体职工说明情况并向劳动行政部门报告；对于破产清算的企业，按照该法第46条之规定，需要向劳动者支付一笔经济补偿。这两种情况分别以法定程序和法定补偿保护了劳动者的权益，并且劳动者此后将完全自由地进入人才市场，可以与其他企业再次签订稳定的劳动合同，经营不善的企业也将在"弱肉强食"的市场竞争中退出。但是在共享员工的模式下，原单位可以通过"共享"规避烦琐的裁员前置程序与可能较高的经济补偿，同时，由于劳动者仍与原单位保留劳动关系，市场上自由流动的人力资源并没有增加。健康的市场退出机制应当做到优胜劣汰并有效化解产能过剩，但共享员工模式可能使得原本资不抵债的企业借此苟活下来，其影响及价值仍有待观察、论证。

三、共享员工境外实践与比较法

在域外，共享员工（employee sharing）这一概念并非一个全新的名词，其实践遍布各发达经济体，并在不同国家和地区形成了各类具体制度安排。下文将从欧洲各国及美国的实践及立法出发，总结域外经验与制度考量因素，以期对我国共享员工法律规制提供思路与借鉴。

（一）欧盟国家的实践与立法

欧盟委员会下属的欧洲改善生活和劳动条件基金会在2015年发

布了一份关于新型用工模式的报告。[①] 该报告第一部分即详细阐述了欧盟各国在共享员工领域的实践和立法模式。同时，附随该报告发布的还包括66份针对欧盟各国新型用工模式的个案研究，其中包含了对德国、捷克、奥地利、法国等诸多共享员工具体实践案例的分析和调查。以上述报告及附件为基础，可以得知欧盟各国的共享员工实践与立法状况。

1. 战略性共享员工与临时性共享员工的模式区分

在欧盟各国的实践中，共享员工主要以两种模式呈现，即所谓的战略性共享员工（strategic employee sharing）和临时性共享员工（ad-hoc employee sharing），此二者具有不同的法律结构和功能定位，由此亦会引发不同的法律问题。

战略性共享员工旨在建立一个雇员与雇主的多对多映射关系，以实现人力资源的高效分配。在传统的用工模式中，雇员与雇主是一对一的关系，在此模式下，相当一部分经营实体会出现雇员闲置或临时用工需求量增加两种低效率情形，这两种情形的成因可能包括季节性用工量波动、项目数量变化以及经营实体规模的大小等，但出于稳定用工的长期需要和用工供给的短期不足的综合考量，上述低效率情形难以通过裁员或增加雇员实现改善。为解决上述低效率难题，战略性员工共享即被提出。其典型结构是由多个用工类型重合、用工需求可能互补的雇主结成一个具备法律实体（legal entity）地位的雇主联盟（employer group），由该联盟与共享雇员签订劳动合同，雇员根据雇主联盟的统一协调为不同雇主提供工作，并从联盟处领取报酬，作为联盟成员的雇主则通过向联盟支付的方式实际承担上述工作报酬。[②] 由

[①] See Research Report: New Forms of Employment, Employee Sharing, published by European Foundation for the Improvement of Living and Working Conditions, 12 March 2015.

[②] 此处描述的是战略性共享员工的典型结构，但芬兰是由雇员与每一雇主分别签订合同，与兼职不同的是，由一个非营利性的"劳工库"作为统筹安排者，协助雇员在不同的雇主间无缝流动，芬兰模式可参见 New Forms of Employment Sharing, Finland, Case study 8: Andelslag Labor Pool.

此，该模式实现了雇主与雇员的多对多关系，充分利用了雇员们的工作时间并满足了雇主们的用工需求。

临时性共享员工意图在经营实体面临危机或产能受限时，通过雇员借用来减轻经营实体的困境。当一个公司或企业面临经营危机或被迫减产时，欧盟传统的做法是实行"短时工作"（short - time working）或经济性裁员。① 前者是指雇主无力为雇员提供劳动合同约定的工作时长，从而在降低时长的同时降低工资的支付，此时雇员的工作能力未被充分发挥，实际上处于半失业状态。后者是指通过解除劳动关系来降低经营者的用工成本。无论是雇员的半失业状态，还是为社会"贡献"失业的模式都构成了一种低效率情形，为解决该难题，临时性共享员工即被提出。其核心结构是由原雇主（initial employer）与临时性用工需求人（临时雇主，receiving employer）签订协议，原雇主的雇员为临时雇主进行工作，雇员仍然且仅与原雇主保持劳动关系并从原雇主处领取工资，临时雇主通过向原雇主支付的方式实际承担上述工资报酬。② 如此，既分担了原雇主的报酬支付压力，又为原雇主保留了赖以生存的雇员，还满足了临时雇主的临时用工需求。

由此可见，上述两种模式的定位存在差异，前者主要用于解决日常经营中的灵活用工需求，后者主要用于应对经营危机。二者虽在法律结构和应用定位上存在差异，但其核心思想实质上是一致的，即打破资源掌控者之间的壁垒，实现资源的充分流通，以期在不从外部增加资源和负担的情况下，通过更充分利用现有资源来解决系统运行中的非效率或低效率问题。

---

① Reamonn Lydon, Thomas Y. Mathä, Stephen Millard. Short - time work in the Great Recession: firm - level evidence from 20 EU countries [J]. IZA Journal of Labor Policy, 2019, Vol. 8 (1), pp. 1 - 29.

② See Research Report: New Forms of Employment, Employee Sharing, published by European Foundation for the Improvement of Living and Working Conditions, 12 March 2015.

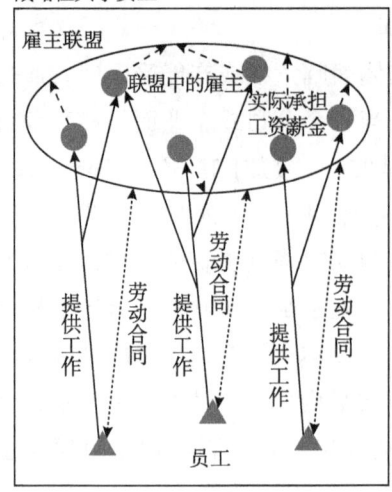

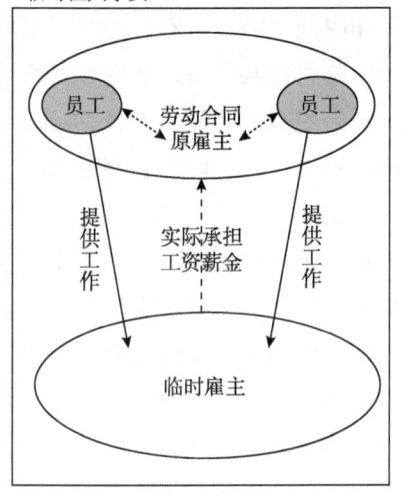

欧盟实践中共享员工两种具体模式的法律关系图解①

2. 各国的具体实践现状与立法限制

战略性共享员工在法国、比利时、德国、奥地利、匈牙利、罗马尼亚和芬兰存在大量实践，主要应用于农业、制造业、中小企业间及季节性、聚集性工作领域。该模式在欧洲各国几乎均被视为合法，但部分国家存在法律限制。在上述各国中，比利时、法国、匈牙利对该模式制定了特别法律规范，而在其他国家则无此规范。在应用限制方面，奥地利、德国将该模式限制用于临时或辅助性的工作，其他国家则通常对应用领域没有限制。在雇主联盟的组织形式上，德国禁止使用社团或联盟（association）的形式，鼓励使用公司制，而比利时则仅允许雇主联盟以非营利组织的形式存在。

临时性共享员工的实践和立法存在三种典型模式，即卢森堡、

---

① 该图中，左侧为战略性共享员工，右侧为临时性共享员工。其中，┈▶箭头代表劳动合同关系，→箭头代表实际工作关系，--▶箭头则代表工资薪金等款项的移转承担关系。左图中，△代表员工，小圆代表雇主，左上方大圆代表雇主联盟。具体法律关系解释可参见上文正文。

德国和捷克模式。卢森堡临时性员工共享是法律直接规定的，其实施的必要前提是拟进行雇员外借的雇主与接受临时雇员的雇主共同向卢森堡劳工部提出申请，只有在劳工部听取工会组织意见并同意其实施临时性共享时方可进行，但借出时间短于 8 周的无须经过许可。另外，依据调查结果，卢森堡劳工部对几乎所有共享申请均做出了同意的决定。德国的临时性员工共享并非基于某项法律规定，也无须经过公权力机关的认可，而是基于一项集体性劳动协议（collective agreement）来实现，该协议由工会组织或员工代表与雇主订立，通常不需要具体员工的同意（基于工会或员工代表的代议制）。捷克的临时性员工共享基于法律的规定，但无须公权力机关直接介入，只需每一个被外借的员工本人同意即可，但其要求被外借的员工已为原雇主工作了 6 个月以上。在工资与福利待遇方面，德国要求维持在原雇主处工作的待遇水平，捷克则要求与接收方雇主同水平员工相同的待遇水平，而卢森堡在此两方面均做出了要求。[①]

由此可见，欧盟各国普遍对共享员工采取了允许和开放的态度，但仍通过具体的法律对两种共享员工模式进行了一定的限制。其中，对战略性员工共享的限制较少，主要是因为该模式创建了一个独立法律实体，虽然具有较为复杂的运行结构，但法律关系与劳工法的适用问题较为明确。其限制主要在应用领域和雇主联盟组织形式方面，其背后的考量因素主要是对营利性劳务派遣的经营限制，担心该种共享模式在事实上打破对劳务派遣经营模式的管控。而对临时性员工共享的限制则较多，主要原因与本文在第三部分论述的劳工保护考量类似，该模式更容易形成对劳工权益的侵犯。其限制主要在先决条件、实施过程和工资福利待遇方面。

3. 小结

综上所述，我们能够得知，共享员工这一新型用工模式在欧洲

---

① See Research Report: New Forms of Employment, Employee Sharing, published by European Foundation for the Improvement of Living and Working Conditions, 12 March, 2015.

各国方兴未艾，具体形式灵活多样，但典型者有战略性与临时性两种。各国均未禁止该模式的实践，但已有诸多立法对其实施进行限制。其对待共享员工的态度、对两种模式的定位以及立法限制均对我国共享员工制度的规范化提供了借鉴。

（二）美国的实践与法律规制

美国的劳动法传统与我国及欧盟均存在较大差异。欧洲各国于中世纪末期开始资本主义萌芽，后在资本极速聚集的过程中又经历了大量无产者的反抗，因此形成了一套以维护劳工利益为基本考量的劳动法体系。我国亦采用了该立法模式。但美国近代以来受放任主义（laissez – faire）的影响，并基于有意与英国法律保持距离的考量，在劳动法领域采取了雇用自由原则（at – will employment），[1] 即劳动者在原则上有随时辞职的自由，雇主则在原则上有随时解雇劳动者的自由。20 世纪以来，虽基于宪法权利，在劳动标准监察、反就业歧视、保证迁徙自由、集体谈判等方面对雇用自由进行了一定程度的限制，但该原则仍是当今美国劳动法的根基。在该原则的控制下，美国提倡就业的灵活性，并主张最大化地发挥雇员的效率，该项战略方向亦得到了美国联邦劳工部的认可。[2] 上述理念支撑了共享员工模式发展的基础，根据美国劳工部文章的介绍，该模式已在美国出现并实践。[3]

根据美国《国家劳动关系法案》（NLRA），对劳动关系认定的主要依据并非劳动合同，而是实质的雇主与雇员的身份关系。在此基础上，经过长期实践，国家劳动关系委员会（NLRB）于 2020 年 2

---

[1] See J. Wilson Parker, At – Will Employment and the Common Law, Iowa Law Review, 1995, 347 – 350. 以及胡立峰："美国劳动法上雇佣自由原则的公共政策例外：形成、实践与反思"，载《西南政法大学学报》2009 年第 3 期，第 65—77 页。

[2] 谢增毅："美国劳务派遣的法律规制及对我国立法的启示——兼评我国《劳动合同法》的相关规定"，载《比较法研究》2007 年第 6 期，101—116 页。

[3] Job Sharing Employment, DOL of US, https://www.dol.gov/general/topic/workhours/jobsharing.

月 26 日发布了对共同雇主（joint‐employer）的认定的最终规则，其采取的标准是，若一个雇主对另一个雇主的雇员在一个或多个基本雇佣条款或工作条件上具有实质性的直接控制（substantial direct and immediate control），则上述两个或以上的雇主对该雇员形成共同雇主身份。[①] 一旦两个或以上的经营者构成共同雇主，便可能就共同雇员所产生之劳动损害、工资薪酬、医疗休假、职业健康及安全等问题承担共同责任。该规定本身旨在解决联合雇佣关系中的劳工权益保护问题。共享员工模式与共同雇主责任规定存在较高的吻合性，无论是原雇主还是临时用工雇主，抑或是雇主联盟中的成员，均可以对共享员工之工作条件产生实质性影响。或者也可以说，共享员工本身就是联合雇佣关系的一种模式，因此共享雇员与各雇主间的关系可以运用共同雇主责任加以解决和规制。该规定亦从侧面上证明了，共享员工模式本身即包含在美国的雇用自由原则之中。

由此可见，共享员工模式在美国亦未受到禁止，在奉行自由主义的美国，其作为灵活用工的形式之一得以存在，而对雇员、雇主间法律关系的界定，除依据各方协议外，双重雇主责任亦构成有效补充和对雇员的有效保护。虽然其雇用自由主义制度我们无法借鉴，但其对雇主责任的规制方式却可以为我国共享员工的规范建立提供思路。

（三）境外经验对我国共享员工法律问题解决之借鉴

1. 立法与规制的基本态度

无论上述欧盟还是美国的立法，均未对共享员工加以禁止。可见，面对新兴的用工模式，域外立法在总体上持开放态度。当某一领域出现不同于传统做法的新形式时，通常意味着该领域新需求的

[①] Joint Employer Status Under the NLRA, National Labor Relations Board, 26 Feb 2020. 另可参见 NLRB Issues Joint‐Employer Final Rule, https：//www.nlrb.gov/news‐outreach/news‐story/nlrb‐issues‐joint‐employer‐final‐rule.

出现。此时，固守现有传统并不能解决相应的社会问题，反而会迫使新模式向立法的灰色地带发展。劳动关系也不例外，保持开放的立法态度，敢于也善于接受新兴事物才是合理的做法。但开放并不等于放任，欧盟和美国均在接受新模式的同时，延续了传统立法中的必要考量，从而实现了有效治理。

2. 对劳动者权益的保护

欧盟和美国立法虽然不排斥新型的共享员工模式，但其并未忽视对劳动者权益的保护。欧盟对临时性共享员工的严格限制，以及对战略性共享员工的政府监管均体现出对劳动者权益的保护，并且区分临时性共享员工与战略性共享员工的目的之一也是更好地实现对劳动者权益的保护。同时，我们可以从欧盟的做法中提炼出其保护劳动者权益的一般思路，即公权力的介入与工会话语权的保证。在公权力和工会的介入下，原本面对雇主弱势的雇员具备了强有力的后盾，有效避免了劳动者权益受损情况的出现。美国对该种新型模式下劳动者的保护则主要利用了共同雇主责任这一制度，由此可见美国与欧盟规制思路的差异。美国并未利用群体力量解决该问题，而是通过私法上责任或义务之连带，通过将各雇主的责任进行连带，实现了对雇员的有效保护。

3. 与劳务派遣法律的协调

不论欧盟还是美国均对劳务派遣这一用工形式进行了一定的法律限制，但这并未影响它们对共享员工新模式的接纳。其原因除上文所述的开放的立法态度外，更来源于其将共享员工与劳务派遣进行了界分，并在此基础上分别适用了不同的法律规范。例如，欧盟对共享员工的定义本身就限定在为自身的（临时性共享员工）雇用员工，临时出借或为联盟成员本身（战略性共享员工）协调雇员的范围内，并不包含专为第三方提供劳务输出并赚取管理费的劳务派遣。由此，对不同的模式运用不同的法律规制，实现了共享员工与劳务派遣用工形式的协调。

4. 对薪金、劳动损害责任等的处理

欧盟共享员工模式的法律关系较为清晰，在临时性共享员工模式下，维持原有劳动关系；在战略性共享员工模式下，由具备法律实体地位的雇主联盟与员工间达成劳动关系，因此该问题的处理亦较为清晰明确。美国共享员工的法律关系不存在一个标准定式，具体问题的处理可以由当事各方进行约定，但法律通过共同雇主责任这一兜底条款来实现争议的解决。因此，该问题的解决思路可以包括两个大方向，即正面清晰界定法律关系及反面通过责任归属进行兜底性争议解决。

5. 对人才流动与市场退出机制的影响

对于该问题，域外的实践与立法并没有直接予以回应。但市场有其优胜劣汰的运行机制，在上述分析报告做出前，该模式已在欧盟运行数年，并被持续观察。对其应用呈现出进一步扩大的趋势，这一现象本身或许就可以说明其对劳动资源流动的效率是起到提升作用的，或至少是未起到抑制作用的。但不可忽视的是，共享员工，尤其是临时性共享员工，对于暂时遭遇危机的经营实体的帮助作用是明显的。只有真正长期运行不良的企业才应谈及退出问题，对于遭遇暂时性障碍的企业，救助仍是必要之举。由此可见，域外对共享员工模式的认可是合理的。

6. 小结

通过对欧盟、美国处理共享员工相关问题思路的总结，可以得知，共享员工虽然客观上存在诸多法律问题，但通过细致的立法进行规制，仍然存在较多的解决路径。我国法律可以上述思路为借鉴，直面共享员工模式对传统立法的挑战，使得该模式成为满足灵活用工需求的利器。

四、我国共享员工模式的规制路径

（一）准确定位共享员工的模式选择和应用场景

新冠肺炎疫情期间，我国涌现了大量共享员工实践案例，亦有大量媒体及实务工作者发声支持共享员工在疫情结束后实现常态化。但值得注意的是，现有实践大多采取的是上文所述欧盟的"临时性"共享员工模式，即员工保持与原用人单位之劳动关系但实质为临时用人单位提供劳动的模式。但支持共享员工模式常态化的声音却大多以灵活用工、提升人力资源使用效率为基本论据。欧洲临时性共享员工模式通常只适用于原雇主经营困难的特殊情形，这一点与疫情导致的大量服务业企业停工停产的局面一致。但若用于灵活用工形式、提升日常人力资源利用效率，欧洲各国采取的是"战略性"共享员工模式，而我国以联盟实体和员工为劳动关系主体，员工为联盟成员共同提供劳动的形式似乎仍较为罕见。一言以蔽之，现有的支持论调并未仔细评估临时性共享员工模式的应用场景和定位，若盲目地在疫情结束后进行推广，难以达到该模式应有的效果。同时，"战略性"共享员工模式有必要在我国尝试引入。

依前所述，我国现有的共享员工实践类似于欧洲话语中的临时性共享员工模式。该种模式在劳动者权益保护方面存在令人担忧之处，并可能与现行的劳务派遣法规产生冲突，在劳动合同的履行方面亦存在法律风险。同样是出于此考虑，在欧盟的实践中，临时性员工共享亦被限定在特殊的困境场景之中，且各国均以严格的立法对其加以限制，与战略性员工共享模式形成了巨大的差别化对待。可见，临时性共享员工并不适合绝对的常态化，即便在疫情结束后该模式得以保留，其定位也应是经营者特殊困境下的应急方案，或成为硬性的经济性裁员措施前的软性折中措施。形象的比喻是，临时性员工共享是一剂特效药，不应在机体正常时随意使用，但可作为截肢——经济性裁员的替代治疗方案或营养不良——短期大量用工需求的治疗良方。

疫情间采取的临时性共享员工不应常态化，那么为满足实务意见中提及的灵活用工需求，战略性共享员工应被尝试引入。在该模式下，存在一个具备法律实体地位的平台，即欧洲语境中的"雇主联盟"，劳动者在签订合同时已经知晓其工作模式和服务雇主的范围，且其劳动关系清晰而明确，联盟成员具备一定条件下的流通性但相对固定，大大降低了劳动者权益遭受侵害的风险，平衡了劳动者与用人单位间的信息不对称性，实现了员工从"单位人"到"平台人"的转化，适合常态化，并为法律所容许。我国现行法律制度并未禁止该等用人单位协议形成联盟，联盟本身则可考虑运用公司这一组织形式建立。但该类联盟实体的存在及其运作可能与现行劳务派遣法规发生冲突，该问题与临时性共享员工是一致的，因此其在我国的引入仍要以与劳务派遣法规的协调为基础。

由此可见，我国在疫情后保留共享员工亦需模式分化及功能和应用的精准定位，不能简单复制推广疫情下的临时性措施，同时应运用立法引导和规制不同模式下的员工共享行为。

（二）对临时性共享员工行为的规制

1. 规制的基本方式——严格限制

临时性共享员工有存在的必要，一刀切式的禁止并不可取，但其运用应受到严格限制，应从适用情形、监管方式和共享后待遇三方面加以考虑。在适用情形上，应以经营困境为基本限制。具体来讲，若从借出一方考虑，应当满足实际或预期大规模人员闲置的条件；若从借入一方考虑，应当满足短期大量用工需求的条件。参照欧洲各国的做法，以上条件应至少满足其一。在监管方式上，员工本人的同意、工会或员工代表的同意以及公权力介入可以作为限制的基本手段。在具体选择上，由于我国企业，尤其是民营经营实体中，工会组织和工人代表制度在实践上尚不健全，其实际功能的发挥有待进一步观察，因此现阶段立法可以主要考虑将本人同意与政府部门批准或备案作为适用临时性共享员工的限制。在劳动待遇方面，可以参照劳动者在原用人单位时的待遇和临时用工单位同等人员的待遇水平两条标准加以要求，至少应不低于其中之一，亦可要求同时满足，以保证劳动者权益不受侵害。

2. 劳动合同的变更

临时性共享员工模式通常涉及劳动者工作地点、工作时间甚至工作内容的实质性改变，根据《劳动合同法》规定，原用人单位应在保证员工自愿的情形下，与员工协商变更劳动合同并采取签订书面补充协议等形式予以确认，仅在员工本人同意的情形下外调方为合法。即使该共享方案已获得了政府部门的批准，若员工不同意，用人单位不得对该员工进行差别对待。若确有经营困难，且符合法律法规规定的经济性裁员之条件或减少薪酬的要求，则用人单位可以选择与该员工解除劳动合同或采取阶段性减薪措施。若用人单位强令员工执行外调安排，员工有权依据《劳动合同法》等法律主张与用人单位解除劳动合同，并获取补偿或赔偿金。

3. 工资薪金、社保、公积金及劳动损害责任

根据临时性员工共享的法律关系和"临时性"本身的要求，为保证劳动关系的稳定，员工的工资薪金仍应由原用人单位支付（但实际由临时用人单位负担），社保、公积金仍由原用人单位支付和扣缴。在劳动损害责任方面，由于共享员工在工作模式上与劳务派遣具有相似性，故可类推适用劳务派遣的规定予以处理，但具体规则仍有待进一步研究。

（三）对战略性共享员工或其他共享员工新模式的规制

1. 规制的基本方式——开放态度

目前，我国的实践中战略性共享员工存在不多，可以作为满足

灵活用工需求、解决人力资源分配和利用的低效率问题的有效手段尝试引入。政策和立法应对其保持宽容态度并加以引导,在法律调整规制的具体应用上,建议采取欧洲典型做法,成立具备法人或其他法律主体地位的组织形式。在引入初期,公权力可对该联盟或平台采取批准成立或备案监督等方式加以监管。但若采取上述典型模式外的新型法律结构,立法、执法和司法亦不应一刀切对待,而应根据劳动关系及责任归属的明确性、是否有利于劳动者权益保护、与现行立法之冲突等方面加以考量。

2. 劳动合同的订立与其他具体规范

在战略性共享员工模式下,劳动合同订立的前提是明确订立劳动合同的主体,通常应是作为法律实体的一个雇主联盟或平台(该平台不应是纯第三方平台)。劳动合同中应明确为不同实际用人单位提供劳动的事实,且明确用人单位的范围和统筹工作与薪资计算的基本方式,充分保证劳动者知悉共享用工的具体模式,尊重其自由意志。在工资支付、社保、公积金或劳动损害责任等方面,由于联盟具备法律实体地位,按照现有单一用人单位模式办理即可。

(四) 与劳务派遣规范的协调

劳务派遣是一种运用人力资源作为营利手段的经营模式,不论是在我国还是在美国、欧盟、日本等境外区域,均受到经营资质等方面的限制。不论是临时性还是战略性共享员工,均与劳务派遣存在一定的相似度,合理协调共享员工与劳务派遣的关系就成了前者在我国普遍适用的前提。

首先,在规制的取向上,由于共享员工已在我国大量涌现,且存在大量声音支持其常态化,可见劳动市场中确实存在适用该制度的广泛需求。根据以往治理经验,政策与立法应直面该等需求,而不应一味固守当前的法律规范,限制乃至扼杀新型模式。不论是战略性共享员工还是临时性共享员工,其在适用目的上均有特定价值,在监管上亦可适用独特规范，因此分别规制似乎是更佳的选择。

其次，在判断的标准上，劳务派遣通常是指以雇用员工输出劳务为主业，以赚取管理费为目的业务模式。除其自身运营所需外，大多数员工并不为劳务派遣经营者自身的业务从事劳动，具有营利性和人力资源输出性两大特点。而在共享员工情形下，无论是临时借调还是雇主联盟，借出方或联盟本身并无收取管理费的盈利目的，其雇用员工的基本目的仍是为了自身或成员集体的业务发展，难以称其具备输出性特点，故而可以与劳务派遣加以区分。在司法实践中，执法者和法官可以通过上述特点，结合共享员工实践的通行方式，对从事灵活用工的主体加以判定，分别适用不同的规范，实现共享员工与劳务派遣规范的协调。

（五）共享员工模式下劳动者特别保护的思考——共同雇主责任的借鉴

无论是临时性共享员工还是战略性共享员工，均在实质上形成了两个或以上的用人单位对同一员工施加实质性的直接控制并分担或共同制定劳动合同条款（可以是补充合同）的情形，已构成美国《国家劳动关系法案》界定之共同雇主[1]。若将共同雇主责任在立法中予以引入，在一般情形下的工资薪金支付、社保及公积金的支付与扣缴、劳动损害责任等仍可按照上文所述的通常模式办理，但在发生纠纷时，劳动者却可同时向各共同雇主主张责任的连带承担。由此，劳动者的权益将得到更为全面的保护，责任承担后各用人单位间可就其约定或通常模式相互追偿。如此一来，能够解决劳动损害无人承担责任、原用人单位因经营困难无法承担责任、原用人单位截留工资等法律问题。本文仅提出了引入共同雇主责任的路径，引入后的具体规则以及与现行劳务派遣等法律规范的协调等问题，仍须结合实践情况进一步讨论。

---

[1] 该界定要件已在本文"共享员工境外实践与比较法"部分阐述。

结　论

在疫情结束后，共享员工这一区别于传统一对一关系的用工方式将常态化，以满足灵活用工的需求。通过对域外实践的研究，发现临时性与战略性共享员工模式的区分在功能定位和法律规制上具有重要意义。正确处理传统劳务派遣与共享员工规制的关系则是共享员工普遍化的前提，共同雇主责任的适用或可成为解决共享员工劳动者权益保护短板的良方。

Analyses on Legal Issues and Ways to Normalization of Employee Sharing

Zhang Yuan, Xiang XianZheng

Abstract: Under the influence of COVID – 19 and the demand for resumption of production, the flexible employment model and concept of employee sharing has emerged in China's labor market. However, although this model has the advantage of flexibility, there are also many legal issues and potential legal risks, such as possible violations of workers' legal rights and conflicts with labor dispatch regulations. The distinction between ad – hoc employee sharing and strategic shared employees and their restrictions on ad – hoc shared employees in EU practice seem to respond well to the above questions. As for the protection of workers' rights and interests, the common employer's responsibility in the United States can also be used for reference. China's legislation should fully absorb the foreign regulatory experience, with an open legislative attitude and meticulous system norms to face the new form of employment of employee sharing.

Key words: employee sharing, COVID – 19, flexible employment, labor dispatching

【比较法视野】

信托受托人免责条款效力探析
——美国法的立场及其启示
汪怡安[*]　楼建波[**]

摘要：本文考察了美国法对信托受托人免责条款效力的立场。美国各州的立场经历了由分歧到大致统一的过程。在美国法中，有关信托存在的因素，包括信托类型、受托人身份、受托人违反的义务类型中的谨慎义务和忠实义务，都可因法和政策选择的取舍和变化而被设置为默示规则，允许当事人约定排除。但是，为受益人的利益诚实善意地管理信托之义务，则被普遍认为是不可通过受托人免责条款进行排除的强制性规则，也是信托受托人义务不可削减的核心。

关键词：信托，免责条款效力，强制性规则，信托受托人义务核心

---

[*] 汪怡安，投稿时就职于美国世达律师事务所北京办公室，北京大学法学院法学硕士。
[**] 楼建波，北京大学法学院教授，博士研究生导师。

一、美国法下信托受托人的义务、责任与免责条款

本文的考察对象是美国法对信托受托人免责条款效力的立场，为后文叙述之便，本文将首先对美国信托法的基本情况做个简单的介绍，明确美国信托法下信托受托人的义务和责任，再界定本文所讨论的受托人免责条款的内涵与外延。

（一）美国信托法概况

通说认为，信托起源于中世纪英国以"用益"（Use）为形态的习惯法制度。① Use 是 13 至 15 世纪为规避当时英国封建制度之下的土地政策之产物，② 大法官法院（Court of Chancery）③ 根据衡平法对 use 受益人实施法律救济。

19 世纪之前，信托主要被视为持有并转移土地所有权的一种方法，信托法仍被视为财产转让法的一个分支。经由 19 世纪的变更，信托法才成为一个独立的、自主的法律范畴，获得了它现代的形式。④ 在这一时期，英国从农业社会逐渐发展为工商社会，股票、债券及其他投资工具等动产取代了土地，成为财富的主要形式和新的信托财产的主要构成部分。信托的功能也从封建时期传承家族土地变为财富管理和增长的工具。股票债券等投资工具不同于土地，需

---

① ［日］新井诚著：《信托法》，刘华译，中国政法大学出版社 2017 年 10 月第 1 版，第 3、6 页。方嘉麟著：《信托法之理论与实务》，中国政法大学出版社 2004 年版，第 54 页。就法的形式而言，use 是财产权的信托性（附条件）转让，即委托人"为了 A 的使用"而将土地转让给受托人，受托人因此得到该土地法律上的所有权，但受托人同时对 A，即所谓的"受益人"，负有转移土地占有和利用的义务，此为该转让的附加条件。

② 前引①，方嘉麟书，第 54 页。

③ 大法官法院在早期被称为良心法院，后期多被称作衡平法院，就其间的转变，参见程颐著：《英美信托法的现代化——19 世纪英美信托法的初步考察》，上海人民出版社 2013 年第 1 版，第 8—20 页。

④ 参见程颐著：《英美信托法的现代化——19 世纪英美信托法的初步考察》，上海人民出版社 2013 年第 1 版，第 40—41 页。

信托受托人免责条款效力探析
——美国法的立场及其启示

要积极为管理处分才能使其保值、增值。因此，受托人从单纯持有所有权的消极角色变为更加积极地利用自己的经验知识为投资决定之管理者。动产信托和积极信托主导了现代信托法律架构的发展。⑤资产投资信托的出现与实践，也从许多重要方面影响了现代信托法的塑造。⑥受托人投资准则、受托人委任受托人或其他专业代理人的相关规则、对职业受托人或公司受托人的特别规定、对技能和注意义务的标准、善意的标准等相应地发展起来。⑦随着信托设计日益普遍使用和复杂化，英国国会制定了一系列法案。例如，1850年的《受托人法案》（The Trustee Act, 1850），即为现代第一个就一般信托关系予以规定的法案，1881年的《移转法案》（The Conveyancing Act, 1881）则针对受托人的选任、解任等予以规范。⑧

美国在继承和发展英国的普通法传统的同时，也继承和发展了起源于英国的信托制度。⑨信托在美国的社会生活中应用广泛，司法判例丰富，许多州还对信托进行了成文法的规定。美国法学会（American Law Institute，简称ALI）于20世纪开始了对全国范围内信托法实践的重述，于1935年出版了《信托法重述一》[Restatement (First) of Trusts]，于1959年完成了《信托法重述二》[Restatement (Second) of Trusts]，并自20世纪80年代开始了《信托法重述三》[Restatement (Third) of Trusts]的编撰工作⑩，其第一卷、第二卷于2003年出版，讨论了信托本质以及信托的设立、目的、解释、变更和终止等问题；第三卷于2007年出版，着眼于信托管理中受托人

---

⑤ 前引①，方嘉麟书，第62页。
⑥ 前引④，程颐书，第47页。
⑦ 前引④，程颐书，第47—49页。
⑧ 前引①，方嘉麟书，第64—65页。
⑨ 需要说明的是，由于美国法以及信托制度本身与英国的渊源是如此之深，本文虽着眼于美国法的立场，但在若干问题的讨论中，将会不可避免地引用一些英国法资料作为论据。
⑩ Uniform Trust Cod, By *National Conference of Commissioners on Uniform State Laws*, January 15, 2013, p11.

权限和义务等问题;第四卷于 2012 年正式出版,涵盖了受托人违反信托的责任和救济等问题,其中包括本文关注的受托人免责条款的效力问题。⑪ 若不加说明,下文将以"信托法重述"合称以上三个文件。

在 2000 年之前,美国虽然有多部涉及信托问题的统一法典⑫,但随着信托在家庭财产规划和商事交易中越来越广泛地被使用,这些零碎的法条无法满足解决问题的需求。2000 年,《统一信托法》(Uniform Trust Code,简称 UTC) 作为美国首部全国范围内的信托法典⑬应运而生。该法由美国统一州法委员会会议 [The National Conference of Commissioners on Uniform State Laws (NCCUSL)] 起草和通过,被推荐给美国各州作为信托制定法的示范和参考。《统一信托法》在前言中宣称,该法典的起草与《信托法重述三》的编撰保持了密切的协作。⑭ 根据美国统一州法委员会会议 2017 年的统计,已有 32 个州在制定法中采纳了《统一信托法》。⑮

(二) 美国法下的信托受托人义务

要真正理解信托受托人免责条款相对于一般合同或其他法律文书中的免责条款的特点,我们仍要回到信托的概念以及信托受托人

---

⑪ Restatement (Third) of Trusts Foreword (2012)

⑫ 例如 Uniform Common Trust Fund Act,Uniform Custodial Trust Act (1987),Uniform Management of Institutional Funds Act (1972),Uniform Probate Code 等。参见前引⑩,Uniform Trust Cod,p2 – 4。

⑬ Uniform Trust Cod, *By National Conference of Commissioners on Uniform State Laws*, January 15, 2013, p1.

⑭ Uniform Trust Cod, *By National Conference of Commissioners on Uniform State Laws*, January 15, 2013, p11.

⑮ Refs & Annos, Unif. Trust Code Refs & Annos, Copr. (C) Thomson Reuters 2017. https: //1. next. westlaw.com/Link/Document/FullText? findType = l&cite = lk (ULTCOR) &originatingDoc = N4AA3F6A0025811DD93B594B1C5A4C9CA&refType = CM&sourceCite = Unif. Trust + Code + % C2% A7 + 105&originationContext = document&transitionType = Document-Item & contextData = (sc. Category) #co_anchor_ID132E39008DC11E78CDF982901565010,2018 – 2 – 20.

的义务和责任上。

信托可以从不同的角度进行定义，在不同时代定义也不同。[16] 由于信托的多样性和灵活性，即使在英美法系，至今也无统一的信托定义。在英美法系国家，信托既包括委托人主动设立的明示信托，也包括推定信托、归复信托等法院施加的信托以及法定信托。从信托目的来分类，还能分成私益信托和公益信托。由于法定信托和法院施加的信托无关委托人的意志、不存在信托文件，更无关受托人免责条款，所以本文仅着眼于委托人主动设立的明示信托。美国法上作为一种组织体的商业信托（business trust）也不在本文讨论范围内。一般来说，委托人设立信托，通常有遗嘱、合同和信托宣言等形式。[17]

美国信托法大家 Bogert 教授认为："信托是一种信义关系（fiduciary relationship）。持有财产权者负有为他人利益管理处分财产的衡平法上的义务。"[18] 该定义的核心词有信义关系、财产和衡平法义务。这也是凸显英美法信托特色的几个关键要素。委托人和受托人之间的信义关系，直接导致了受托人承担的信义义务。而受托人所承担之义务的强制性，将是后文讨论的重点。关于财产的关系，揭示了信托法之财产法本源，也体现出信托财产在信托关系中不可或缺的重要地位。而衡平法义务，则表明了信托的起源和英美法系信托财产所有权之两分的特点。在受托人"法律上的所有权"之外，法院承认"受益人权利是一个完全独特的所有权形式"的观念[19]，这种所有权被概括为"衡平法上的所有权"[20]。法律上的所有权和衡

---

[16] 前引①，方嘉麟书，第27页。

[17] 何宝玉著：《信托法原理研究（第二版）》，中国法制出版社2015年第2版，第103页。

[18] Amy Morris Hessa, George Gleason Bogert, George Taylor Bogert, *Bogert's Trusts And Trustees*（Westlaw, June 2017）§1.

[19] 前引④，程颐书，第25页。

[20] ［德］海因·克茨：《信托——典型的英美法系制度》，邓建中译，载《比较法研究》2009年第4期。

平法上的所有权分别适用普通法和衡平法，分别赋予两个人在同一物上各享有一套权利和权限，形成了"所有权的区分"。[21]

信托受托人的角色在历史上发生过由消极到积极的巨大变化。[22] 在现代信托法中，受托人处于信托关系的关键地位，持有和管理信托财产，以自己的名义处理信托事务。在信托完成了现代化和从英美法向世界各地的迁移后，为确保受托人对信托实施有效的管理，保障受益人的利益、实现信托目的，受托人需要承担一系列义务。这些义务包括信托法规定的强制性义务，信托法规定的默示性且未被信托文件排除的义务以及信托文件就个别信托为受托人特别规定的义务。尽管文字表述不尽相同，或是有细微的差别，各国信托法对受托人义务的规定在原则上是一致的。[23]

美国《信托法重述三》第76—84条对受托人的主要义务规定如下：善意管理信托义务（Duty to Administer the Trust in Accordance with Its Terms and Applicable Law）；谨慎义务（Duty of Prudence）；忠实义务（Duty of Loyalty）；公平对待不同受益人的义务（Duty of Impartiality）；受托人委托他人管理信托事务的相关义务（Duty with Respect to Delegation）；共同受托人的相关义务（Duty with Respect to Co‑Trustees）；向受益人提供信息的义务（Duty to Furnish Information to Beneficiaries）；记录和提供报告的义务（Duty to Keep Records and Provide Reports）；分别管理和标记信托财产的义务（Duty to Segregate and Identify Trust Property）等。[24] 共同受益人问题、受托人委

---

[21] 同上注。
[22] 在 use 阶段和信托的早期，受托人仅为消极的财产持有人。
[23] 参见前引[17]，何宝玉书，第285—327页。一般来说，受托人主要负有如下义务：1. 依照信托文件处理信托事务的义务；2. 谨慎注意义务；3. 忠实义务；4. 分别管理义务；5. 与委托处理信托事务有关的义务；6. 记录和说明义务；7. 公平对待不同受益人的义务。日本2006年新信托法中规定的受托人义务有：1. 善管注意义务；2. 委托处理信托事务时对第三方的选人即监督义务；3. 忠实义务；4. 公平义务；5. 分别管理义务；6. 账簿制作、报告等义务。参见［日］新井诚著：《信托法》，刘华译，中国政法大学出版社2017年第1版，第205页。
[24] Restatement (Third) of Trusts § 76–84 (2007).

托他人管理信托事务问题和共同受托人问题本身是值得深究的独立论题，但不是本文的重点，在此不再详细介绍。向受益人提供信息、记录和提供报告、分别管理和标记信托财产等义务由于几乎不涉及判断和自由裁量，被称为事务性义务（也称执行性义务）[25]，基于字面意思即可理解，也无需赘述。下文就前三项义务再补充一二。

1. 善意管理信托义务

善意管理信托义务即受托人按照信托文件和适用法律秉承善意（in good faith）勤勉地（diligently）管理信托事务。该义务在《统一信托法》中对应的条款第801条管理信托义务（Duty To Administer Trust）中，被表述为："一旦接受了受托人职位，受托人应当按照信托文件的条款、信托目的以及受益人的利益，遵循本法，以善意管理信托。"[26] 该条文有四层含义，第一，受托人承担信托义务的前提是其自愿接受受托人职位，在其接受该职位之前，无需承担受托人义务；第二，受托人应当按照信托文件的条款、信托目的和受益人利益管理信托；第三，受托人管理信托应当遵循适用的法律；第四，受托人管理信托应当秉承诚实善意（in good faith）。

2. 谨慎义务

谨慎义务要求受托人遵循一般谨慎之人管理他人事务的标准来管理信托，仅以管理自己事务的谨慎程度来管理信托是不够的。[27] 为达到该标准，受托人应行使合理的注意、技能和小心谨慎。此外，如果受托人声称其拥有比一般人更高的技能从而得以获得或保有其受托人地位，则该受托人应当因此而被课以更高的与其技能相适应

---

[25] 高凌云著：《被误读的信托——信托法原论》，复旦大学出版社2010年第1版，第101页。

[26] § 801. Duty to Administer Trust. , Upon acceptance of a trusteeship, the trustee shall administer the trust in good faith, in accordance with its terms and purposes and the interests of the beneficiaries, and in accordance with this [Code]. Unif. Trust Code § 801

[27] Austin Wakeman Scott, William Franklin Fratcher and Mark L. Ascher. *Scott and Ascher on Trusts*. Fifth Edition, Wolters Kluwer Legal & Regulatory U. S. , 2006. p. 1205.

的注意义务标准。[28] 就投资信托中的受托人，美国法在谨慎义务之下就发展出了谨慎投资规则，《信托法重述三》对其进行了专章收录。

3. 忠实义务

忠实义务被 Scott 教授称作受托人最基础的义务。[29] 忠实义务并非来自于信托文件的条款，而仅仅来自于蕴含于每一个信托中的"关系"。[30] 受托人与信托受益人之间存在信义关系，受托人必须"仅为"（solely）受益人之利益管理信托。[31] 概括而言，忠实义务要求受托人避免一切可能涉及自我交易以及涉及或可能导致受益人与受托人之间利益冲突的交易。[32] 如违反该义务，此类交易可被归于无效，受托人也将因此承担违反信托的责任，无需再考虑其行为是否实际上使其获得利益、是否基于诚实信用而为、该交易是否公平、甚至在一些案件中，也无需考虑是否确实给信托财产或受益人造成了实际损失。这一原则被称为"无需再问"原则（no further inquiry rule）。[33] 在美国，一些州基于忠实义务，起初以制定法的形式禁止受托人各种形式的自我交易[34]，也不允许委托人以信托文件中的条款事先排除此类义务，但后来也有所放松。目前《信托法重述三》和《统一信托法》等，在严格禁止受托人自我交易问题上，都将信托文件条款的事先允许作为例外。[35]

---

[28] Restatement (Third) of Trusts § 77 (2007)

[29] 前引[27]，Austin Wakeman Scott, William Franklin Fratcher and Mark L. Ascher 书，第 1077 页。

[30] 前引[27]，Austin Wakeman Scott, William Franklin Fratcher and Mark L. Ascher 书，第 1078 页。

[31] 前引[27]，Austin Wakeman Scott, William Franklin Fratcher and Mark L. Ascher 书，第 1078 页。

[32] 前引[27]，Austin Wakeman Scott, William Franklin Fratcher and Mark L. Ascher 书，第 1079 页，Restatement (Third) of Trusts § 78 (2007)。

[33] 参见前引[27]，Austin Wakeman Scott, William Franklin Fratcher and Mark L. Ascher 书，第 1080 页。

[34] 例如得克萨斯州 1983 年《得克萨斯州财产法典》，详见后文。

[35] § 802. Duty of Loyalty. , Unif. Trust Code § 802; Restatement (Third) of Trusts § 78 (2007)

需要说明的是，一些文献将忠实义务与本文所称的"善意管理信托义务"混同起来，将忠实义务的内涵扩充，使其既包括利益冲突行为的禁止，又包括为受益人的利益忠实的管理信托之义务。本文无意深究忠实义务在各个法系的定义，仅为表述之便，全文所称"忠实义务"，皆沿用美国信托法重述的定义，强调"仅为受益人之利益"，具体表现为对自我交易等各种利益冲突行为的规制。

（三）美国法下受托人违反信托的责任

前已述及，信托受托人承担诸多义务，受托人违反其向受益人所负的各项义务，即违反信托（breach of trust）。[36] 受托人应当就其违反信托导致的损失进行赔偿。[37] 从受托人责任的角度来看，违反信托之责任属于受托人在信托关系内部向受益人所负的责任，不同于其在管理信托过程中，可能向第三人所负之责任[38]，或者可能的行政责任、刑事责任等。[39] 也即，本文所讨论的受托人免责条款，仅仅着眼于免除受托人对受益人承担的内部责任，而无关受托人对第三人之责任。

一般而言，受托人不构成信托之违反，除非其个人在一定程度上有过错。[40] 但在某些情形下，受托人即使没有过错也需要承担责任。例如，受托人负有向受益人支付信托利益之义务，若其将信托利益支付给其他人，即使其不存在故意或过失、合理地相信该人为受益人，仍然需要承担赔偿责任，除非该行为得到了法院的允许。[41]

---

[36] Restatement (Third) of Trusts § 93 (2012)

[37] 前引㉗，Austin Wakeman Scott, William Franklin Fratcher and Mark L. Ascher 书，第 1675 页。

[38] 例如，受托人因向第三人出售信托财产签订买卖合同，由此带来的可能的合同责任，或信托财产造成第三人权利损害带来的侵权责任等。

[39] 信托受托人的内部责任与外部责任，参见前引⑰，何宝玉书，第 345 页。

[40] 前引㉗，Austin Wakeman Scott, William Franklin Fratcher and Mark L. Ascher 书，第 1676 页。

[41] 前引㉗，Austin Wakeman Scott, William Franklin Fratcher and Mark L. Ascher 书，第 1676 页。

赔偿的范围，一般为将受损的信托恢复至"如果被适当管理，信托应有的本金与收益"之状态，以及返还受托人因其违反信托行为可能获得之利益。㊷

在英美法语境中，受托人违反信托之责任或曰受益人要求受托人进行赔偿之救济，性质为何，究竟是侵权责任、违约责任或是其他，亦需说明。信托起源于 use。在 use 阶段，use 受益人的所有权一开始并不为普通法院所认可，自然无法通过普通法中的侵权之诉获得保护。这种做法在现代的信托成型之后依然被延续。在信托文件要求受托人向受益人转移土地之占有但受托人未按此行事时，受益人无法提起占有返还之诉（ejectment）或诉称受托人非法入侵（trespass），而仅能通过衡平法之诉强制受托人允许受益人对土地之占有。㊸ 若受托人对信托财产管理不当，受益人也无法以保护自身的财产权为由提起侵权法上的诉讼。㊹ 另一方面，use 和信托之设立虽常常表现为契约，但受托人之责任也非合同法上的违约责任。use 为大法官法院所承认和保护始于 15 世纪初。而合同法之起源和违约责任之诞生则在 16 世纪，晚于大法官法院对 use 受益人的衡平法保护。当普通法院开始使用违约之诉因时，use 受益人之保护的领域已经为大法官法院所占据，不再有合同法的用武之地，因此，普通法院也一直认为合同的一面在 use 和信托中无足轻重。㊺ 时至今日，在美国，受托人仅仅对信托义务之违反，也不会构成违约责任，不适用违约之诉的诉因和程序。㊻ 综上，受托人责任之性质，在英美法背景

㊷ Restatement (Third) of Trusts § 100 (2012), general comment a.
㊸ 前引㉗，Austin Wakeman Scott, William Franklin Fratcher and Mark L. Ascher 书，第 1655 页。
㊹ 前引㉗，Austin Wakeman Scott, William Franklin Fratcher and Mark L. Ascher 书，第 1656 页。
㊺ 前引㉗，Austin Wakeman Scott, William Franklin Fratcher and Mark L. Ascher 书，第 1657 页。
㊻ 参见前引㉗，Austin Wakeman Scott, William Franklin Fratcher and Mark L. Ascher 书，第 1658 页。

下既非侵权责任，亦非违约责任，而是一种衡平法上的责任。

在英国，随着《司法法》的颁布，高等普通法法院与大法官法院合并为高等法院，普通法和衡平法之分野已日渐模糊。[47] 而在美国，1845 年开始，大部分州都逐渐废除了将衡平法由独立的衡平法院实施的法律体系。[48] 受托人违反信托的责任究竟是普通法上侵权责任、合同责任还是有其衡平法上的特殊性，在司法实践中已经不再有当初的重要性，可能仅仅是诉讼程序中能否有陪审团的参与等细微的程序之别。

（四）信托受托人免责条款的内涵与外延

正如 Scott 教授所说，受托人的义务（duty）、权限（power）和责任（liability）是同一事物的不同方面。[49] 当我们说受托人有权限做某事时，也即，受托人没有不做某事的义务。[50] 当我们说责任时，即在讨论违反义务的后果。未违反义务的受托人就无需承担责任。

信托受托人免责条款，顾名思义，即信托文件中免除受托人违反信托之责任的条款。[51] 美国《信托法重述三》第 96 条的评述 a 中指出，受托人免责条款应当与削减受托人义务或扩大受托人权限的条款相区分。[52] 免责条款适用的前提是责任的存在，责任是违背义务的后果，因此，责任存在的前提是义务的存在。在有某项义务存在的情况下，受托人对该项义务的违反，可能因免责条款的存在而不会导致受托人对信托财产的个人赔偿责任，但根据信托文件的规定，

---

[47] 前引④，程颐书，第 17 页。

[48] 前引④，程颐书，第 18—19 页。

[49] 前引㉗，Austin Wakeman Scott, William Franklin Fratcher and Mark L. Ascher 书，第 1021 页。

[50] 前引㉗，Austin Wakeman Scott, William Franklin Fratcher and Mark L. Ascher 书，第 1021 页。When we say that the trustee has the power to do something, we mean that the trustee is under no duty to the beneficiary not to do it.

[51] 前引㉗，Austin Wakeman Scott, William Franklin Fratcher and Mark L. Ascher 书，第 1798 页。

[52] Restatement (Third) of Trusts § 96 (2012).

仍然可能导致受托人报酬的扣减，甚至导致受托人的解任。[53] 而削减受托人义务、或者说扩大受托人权限的条款（Modification Clauses），则会直接影响受托人某行为是否违反信托的判断，若是做了未被受托人义务禁止做的事，或是做了扩大受托人权限的条款下允许做的事，则受托人并未违反信托，也无论受托人责任的存在。

笔者认为，免责条款与上述条款又存在着密切的联系。Scott 教授等人在其著述中也将两类条款之间的差别称作"理论上的"[54] 差别，暗示了两类条款在实践中的易混淆性和效果上的相似性。免责条款的存在，意味着受托人无需为其违反义务的行为承担责任，某种程度上，将大大削减该项义务的实施保障。没有法律责任的义务无异于被架空的义务。而在信托文件未约定因违反某些义务可能导致受托人报酬扣减或解任受托人的条款时，免责条款的存在，即完全地消解了违反这些义务的法律后果，在效果上同削减义务的条款并无二致。所以，免除受托人责任的条款，在一定情形下，效果上与削减受托人义务的条款并无本质区别。或者说广义的免责条款，也包含了削减受托人义务的条款。正因为如此，英美学者在研究受托人免责条款效力、或者说免除受托人责任的限度时，落脚点常常在受托人各项义务的可排除性上，这是本文想要追寻的重点。所以，本文将不再刻意区分免除受托人责任的条款和削减受托人的义务的条款，将其统称为受托人免责条款。

二、美国法对受托人免责条款效力的立场

在 20 世纪初，美国各州对信托文件中免责条款效力的立场曾存在

---

[53] Parker, Kevin J. "Trustee Defenses – Statue of Limitations, Laches, Self – Executing Accounting Release Provisions, and Exculpatory Clauses," *Probate and Property* (ABA) vol. 23, no. 6 (November/December 2009): p. 57.

[54] 前引㉗, Austin Wakeman Scott, William Franklin Fratcher and Mark L. Ascher 书，第 1801 页。

广泛的分歧,随着各州判例法与制定法的互相影响,美国信托法重述工作的深入以及2000年《统一信托法》的制定与推广,进入21世纪后,美国法对信托文件中受托人免责条款的基本态度逐渐走向了统一。

(一) 20世纪各州的立场分歧

1. 各州制定法立场分类

在20世纪初,美国法院对信托文件中免责条款效力的态度曾存在广泛的分歧。[55] 这样的状态持续了一个世纪之久。Robert Whitman在其1992年发表的《遗嘱和信托文件中的免责条款》一文中,将当时美国各州对免责条款的立法和司法态度,分为严格限制(restrictive)、温和中立(moderate)和自由放任(liberal)三种立场。[56] 该文认为,美国当时的制定法规则可以分为严格限制、温和中立和自由放任立场;即使在制定法不持温和中立立场的州,判例法中也表现出了温和中立立场或者相应的发展趋势。该文建议,鉴于各州判例法和制定法现有的分歧和发展趋势,在制定统一示范法时,应当以温和中立立场的代表《信托法重述二》为蓝本,就免责条款效力问题作统一的规定、同时给法院留出个案判断的空间。

制定法中对免责条款的严格限制立场明确禁止免责条款的使用,法院无从结合个案的实际情况来判断免责条款的效力。这种立法方式中最极端的例子是纽约州的《遗产、权力与信托法》(Estates, Powers and Trusts Law,简称EPTL) 第11-1.7条[57],该条严禁在遗嘱信托中

---

[55] Hill, Louise Lark. "Fiduciary Duties and Exculpatory Clauses: Clash of the Titans or Cozy Bedfellows", *University of Michigan Journal of Law Reform* vol. 45, no. 4 (Summer 2012): p. 833.

[56] Whitman, Robert. "Exoneration Clauses in Wills and Trust Instruments", *Hofstra Property Law Journal* vol. 4, no. 2 (Spring 1992): p. 125.

[57] "(a) 试图将下列权力或免责事由授权给遗嘱执行人或遗嘱信托受托人,或其各自的接任者的行为,是违反公共政策的:
(1) 对此类受托人未能以合理的注意、勤勉和谨慎行事而导致的责任进行的免责。
(2) 对任何用于分红、分配或其他相关用途的财产进行有约束力的终局性定价的权力",参见 N. Y. EST. POWERS & TRUSTS LAW §11-1.7 (McKinney 1967)。

使用受托人免责条款免除受托人违反谨慎义务导致的责任。

制定法中对免责条款的自由放任立场未对受托人违反信托的主观状态作任何限制，承认信托文件中的受托人免责条款效力，不问受托人违反谨慎义务的程度，甚至允许受托人由于重大过失违反信托导致的责任被免除。这种立法方式的代表是《统一信托法案》（Uniform Trust Act，简称 UTA）[58]。UTA 的第 17 节允许信托委托人免除受托人除若干与忠实义务相关的义务之外，任何或全部该法规定的义务、限制和责任。[59] 当时仅有六个州和地区采用了 UTA。[60] 在这些司法管辖区，除了一些细微的例外[61]，法案第 17 条基本被逐字采纳。此外，历史上的华盛顿州、宾夕法尼亚州[62]和得克萨斯州[63]也采取了类似的

---

[58] 《统一信托法案》于 1937 年被美国统一州法委员会会议（The National Conference of Commissioners on Uniform State Laws，简称 NCCUSL）和美国律师协会（American Bar Association）通过。参见 UNIF. TRUSTS ACT, 7B U. L. A. 763 (1937)。该法案虽然名称看似包罗万象，但实际仅涵盖了信托法中有限的几个问题，且并未得到广泛的采纳，与 2000 年颁布的《统一信托法》（Uniform Trust Code，简称 UTC）名称相似实则大相径庭。参见 UNIFORM TRUST COD, by NATIONAL CONFERENCE OF COMMISSIONERS ON UNIFORM STATE LAWS, January 15, 2013, p2.

[59] "任何受此法案拘束的信托委托人可以……免除其受托人的任何或全部由本法案规定的义务、限制和责任，但委托人不得免除受托人由本法案第 3 节（将信托资金借贷给自己或关联方），第 4 节（公司受托人将信托资金与自有资金混同存款），以及第 5 节（受托人自我交易）规定的受托人义务、限制和责任。"参见 Uniform Trust Act, §17, 7B U. L. A. 787 - 88 (1937)。

[60] 路易斯安那州、内华达州、新墨西哥州、北卡罗来纳州、俄克拉荷马州、南达科他州和维京群岛。参见 UNIFORM TRUST COD, by NATIONAL CONFERENCE OF COMMISSIONERS ON UNIFORM STATE LAWS, January 15, 2013, p2.

[61] 前引[57]，Whitman, Robert 文, p. 132. Note 64。

[62] "立遗嘱人或委托人在设立信托的文件中，可以预先规定受托人就信托本金和收益的投资与否以及在其管理下的任何财产的购买或处置相关的权力、义务和责任；在信托文件条款与本节规定相冲突时，这些条款应优先于本节规定被适用。"参见 PA. CoNs. TAT. ANN. § 7319 (a) (Purdon 1975)。

[63] 1984 年《得克萨斯州财产法典》第 113.059 节："（a）除非如本节的（b）款所规定，在设立、变更、修正或撤销信托的文件中，委托人可以通过条款免除受托人根据本节规定需承担的义务、责任或限制。（b）委托人不得免除公司受托人在本法第 113.052 节或第 113.053 节项下的义务、限制或责任。"参见 TEX. PROP. CODE ANN. § 113.059 (Vernon 1984)。第 113.052 节禁止公司受托人自我借贷，第 113.053 节禁止公司受托人从信托财产处购买或向信托财产出售的行为。

立法方式。华盛顿州1959年的《遗嘱与信托法》第30.99.020节采用了与UTA第17条相似的语言，对受托人免责条款的效力几乎未加任何公共政策方面的限制，甚至也未提及对受托人自我交易的禁止。[64]

对信托受托人免责条款的温和中立立场认为，除某些主观状态的限制情形之外，受托人可以被允许使用免责条款来免除责任。这些主观状态的限制情形一般包括重大过失或故意以及不诚信、恶意等。温和中立立场的代表是《信托法重述二》。《信托法重述二》第222节同《信托法重述一》第222节相比，在条文方面未作任何修改，认为免除受托人因不诚信（bad faith）或故意（intentionally）或由于无视（reckless indifference）受益人利益而违反信托导致的责任，或者免除受托人因违反信托而获利的责任的免责条款无效。[65] 在

---

[64] CHAPTER 124. [S. B. 106.] WASHINGTON TRUST ACT. SEC. 2. The trustor of a trust may by the provisions thereof relieve the trustee from any or all of the duties, restrictions and liabilities which would otherwise be imposed by this act, or may alter or deny any or all of the privileges and powers conferred by this act; or may add duties, restrictions, liabilities, privileges, or powers to those imposed or granted by this act. If any specific provision of this act is in conflict with or inconsistent with the provisions of a trust, the provisions of the trust shall control whether or not specific reference is made therein to this act. WASH. REV. CODE ANN. § 30.99.020 (1959) http：//leg.wa.gov/CodeReviser/documents/sessionlaw/1959c124.pdf? cite = 1959%20c%20124%20%C2%A7%202. 2018 – 03 – 01.

[65] 《信托法重述二》第222节：（1）除了第（2）和第（3）款规定的情形之外，受托人可以因信托文件中的条款规定而被免除违反信托导致的责任。（2）信托文件中，下列条款无效：免除受托人因不诚信（bad faith）或故意（intentionally）或由于无视（reckless indifference）受益人利益而违反信托导致的责任，或者免除受托人因违反信托而获利的责任。（3）下列情形下，信托文件中免除受托人违反信托责任的条款无效：该条款是受托人滥用其与委托人之间的信义或信任关系的结果。

§ 222 Exculpatory Provisions

(1) Except as stated in Subsections (2) and (3), the trustee, by provisions in the terms of the trust, can be relieved of liability for breach of trust.

(2) A provision in the trust instrument is not effective to relieve the trustee of liability for breach of trust committed in bad faith or intentionally or with reckless indifference to the interest of the beneficiary, or of liability for any profit which the trustee has derived from a breach of trust.

(3) To the extent to which a provision relieving the trustee of liability for breaches of trust is inserted in the trust instrument as the result of an abuse by the trustee of a fiduciary or confidential relationship to the settlor, such provision is ineffective. Restatement (second) of Trusts § 222 (1959)

1992年，五个州[66]在制定法中采纳信托法重述，并都实施了类似于《信托法重述二》第222节的条文，仅仅做了细微的改动。[67]康涅狄格州[68]和华盛顿州虽未采纳信托法重述，但也在其立法中采取了温和中立立场。华盛顿州《遗嘱与信托法案》在1984的修订中，将上文提及的原第30.99.020节进行了大幅度修订，并重新编号为第11.97.010节，该条提及，"在任何情形下，受托人都不应当被免除以诚信和诚实的判断行事的义务"。[69]

2. 各州制定法立场分类标准的反思

结合各州的制定法条文和Robert Whitman的分类，其所谓的严格限制、自由放任和温和中立，所依据的是制定法是否在表面上从受托人违反信托的主观状态（包括是否诚实守信以及谨慎注意）角

---

[66] 这五个州为加利福尼亚州、佐治亚州、印第安纳州、路易斯安那州和蒙大拿州。前引[57]，Whitman, Robert文，p. 147。

[67] 例如，加利福尼亚州在《信托法重述二》第222节列明的公共政策的基础上增加了"重大过失"（gross negligence），参见 CAL. PROB. CODE § 16461 (West 1991)。

[68] 康涅狄格州《受托人权力法案》(The Fiduciary Powers Act) 第38小节规定：受托人可以据此免除其由于继续持有、出售或经营导致的责任，无论因……，只要其在管理信托财产过程中诚实守信（acting in good faith），且以合理的谨慎和注意行事，但受托人不能就其不诚信（bad faith）、故意的不当行为（willful misconduct）或重大过失（gross negligence）而免责。参见 CONN. GEN. STAT § 45a - 234 (38) (1990)。

[69] The trustor of a trust may by the provisions of the trust relieve the trustee from any or all of the duties, restrictions, and liabilities which would otherwise be imposed by chapters 11.95, 11.98, 11.100, and 11.104A RCW and RCW 11.106.020, or may alter or deny any or all of the privileges and powers conferred by those provisions; or may add duties, restrictions, liabilities, privileges, or powers to those imposed or granted by those provisions. If any specific provision of those chapters is in conflict with the provisions of a trust, the provisions of the trust control whether or not specific reference is made in the trust to any of those chapters, except as provided in RCW 6.32.250, 11.96A.190, 19.36.020, 11.98.002, 11.98.200 through 11.98.240, 11.98.072 (1), 11.95.100 through 11.95.150, and chapter 11.103 RCW. In no event may a trustee be relieved of the duty to act in good faith and with honest judgment. Notwithstanding the breadth of discretion granted to a trustee in the terms of the trust, including the use of such terms as "absolute," "sole," or "uncontrolled," the trustee must exercise a discretionary power in good faith and in accordance with the terms and purposes of the trust and the interests of the beneficiaries. WASH. REV. CODE ANN. § 11.97.010 (West 1987)

度进行了公共政策（public policy）考量的限制，而不仅仅是或者说并非是实质结果上对受托人免责条款的接受程度。

第一，采严格限制态度的纽约州立法例，采取了一刀切的方式，将所有可能削减受托人谨慎义务的免责条款均视为无效，而不曾考察受托人违反义务时的主观状态，无论故意、重大过失或一般过失，均不能免责。

第二，采自由放任态度的立法例，并非在一切情形下都认可免责条款的效力，而是从受托人义务类型以及受托人身份的角度进行切分，将禁止公司受托人自我交易、自我借贷等忠实义务排除在讨论范围之外。实质上，在这些具体义务上，所谓自由放任态度的立法例，可能采取了不考察受托人违反义务的主观状态的绝对禁止免责的态度。而在剩余的受托人义务或非公司受托人的范围内，Robert Whitman 分类之下采取"自由放任"态度的立法例，才采取了无论受托人违反义务时主观状态如何，都可以通过免责条款免于承担责任的立场。在这一范围内，这些州的制定法确实是相对自由放任的。

第三，所谓的"温和中立"立场，认可受托人免责条款的一般效力，但施加了受托人主观状态的前提限制。允许免责条款在免除受托人诚信行事的前提下，免除受托人一般过失违反信托义务的责任。但对受托人不诚信、故意或重大过失违反信托义务导致的责任，则不得通过免责条款事先免除。本文认为，之所以将此类立法例称作"温和中立"，是因为主观状态的判断并不是非黑即白的，受托人的行为是否构成了"重大过失"，是否违反了诚实守信和善意，都需要法院结合个案进行斟酌和判断。温和中立立场承认受托人免责条款的一般效力，但却施加底线的限制，并将最终的判断交给法院，避免用制定法中简单的客观判断标准去僵硬地限制个案的审判，在美国的判例法传统下，这种立场与其他两种立场相比，确实更加具有合理性。

3. 各州制定法立场分歧的分析维度重构

以上对各州立场分歧的分类标准是，在判断受托人免责条款效力时，是否考察受托人的主观状态这一标准。为后文探寻受托人义务和责任排除限度之便，笔者着眼于制定法所规定的免责条款无效情形，从是否允许免除受托人谨慎义务、忠实义务和善意管理信托义务等维度，对上文提及的立法例重新进行分析。

从忠实义务的可排除性角度来看，只有UTA和1983年《得克萨斯州财产法典》在制定法中明确禁止受托人尤其是公司受托人的自我交易，且不得通过信托文件的免责条款排除受托人该等义务，其余无论是严格限制立场、温和中立立场，还是持自由放任立场的其余两个立法例，都未作相关禁止性规定。

表1 各州制定法中受托人免责条款无效情形比较

立场分类	代表州	立法例	忠实义务	谨慎义务	善意管理义务
严格限制	纽约州	纽约州《遗产、权力与信托法》第11-1.7条： (a) 试图将下列权力或免责事由授权给遗嘱执行人或遗嘱信托受托人，或其各自的接任者的行为，是违反公共政策的： (1) 对此类受托人未能以合理的注意、勤勉和谨慎行事而导致的责任进行的免责； (2) 对任何用于分红、分配或其他相关用途的财产进行有约束力的终局性定价的权力。	未提及	不可排除	未提及

续表

立场分类	代表州	立法例	忠实义务	谨慎义务	善意管理义务
自由放任	路易斯安那州、内华达州、新墨西哥州、北卡罗来纳州、俄克拉荷马州、南达科他州、维京群岛	UTA 第 17 节：任何受此法案拘束的信托委托人可以……免除其受托人的任何或全部由本法案规定的义务、限制和责任，但委托人不得免除受托人由本法案第 3 节（将信托资金借贷给自己或关联方）、第 4 节（公司受托人将信托资金与自有资金混同存款）以及第 5 节（受托人自我交易）规定的受托人义务、限制和责任。	禁止免除自我交易的责任，尤其是公司受托人	可排除	可排除
	得克萨斯州	1983《得克萨斯州财产法典》第 113.059 节：（a）除非如本节的（b）款所规定，在设立、变更、修正或撤销信托的文件中，委托人可以通过条款免除受托人根据本节规定需承担的义务、责任或限制。（b）委托人不得免除公司受托人在本法第 113.052 节或第 113.053 节项下的义务、限制或责任。	公司受托人自我交易不可排除	未提及，可排除	可排除
	宾夕法尼亚州	《宾夕法尼亚州法典》第 20 编《被继承人、遗产和信托人》第 7319（a）节：立遗嘱人或委托人在设立信托的文件中，可以预先规定受托人就信托本金和收益的投资与否以及在其管理下的任何财产的购买或处置相关的权力、义务和责任；在信托文件条款与本节规定相冲突时，这些条款应优先于本节规定被适用。	可排除	可排除	可排除

续表

立场分类	代表州	立法例	忠实义务	谨慎义务	善意管理义务
自由放任	华盛顿州	华盛顿州 1959 年《遗嘱与信托法》第 30.99.020 节：信托委托人可以通过信托文件的约定免除受托人对本法为受托人规定的任何或者全部责任、限制和责任，也可以变更或者拒绝任何或者全部本法所赋予受托人的特权和权力；或者增加由本法强加或授予受托人的义务、限制、责任、特权或权力。如果本法的任何具体规定与信托条款相抵触或不一致，应以信托条款为准，无论信托条款是否具体引用了本法的相关条款。	可排除	可排除	可排除
温和中立	华盛顿州	华盛顿州 1984 年《遗嘱与信托法案》第 11.97.010 节：信托委托人可以通过信托条款免除受托人任何或所有本法第……节施加给受托人的义务、限制和责任……在任何情形下，受托人都不应当被免除以善意和诚实的判断行事的义务……	未提及，可排除	未提及，可排除	不可排除

续表

立场分类	代表州	立法例	忠实义务	谨慎义务	善意管理义务
温和中立	加利福尼亚州、佐治亚州、印第安纳州、路易斯安那州、蒙大拿州	《信托法重述二》第222节： (1) 除了第（2）和第（3）款规定的情形之外，受托人可以因信托文件中的条款规定而被免除违反信托导致的责任。 (2) 信托文件中，下列条款无效：免除受托人因不诚信（bad faith）或故意（intentionally）或由于无视（reckless indifference）受益人利益而违反信托导致的责任，或者免除受托人因违反信托而获利的责任。 (3) 下列情形下，信托文件中免除受托人违反信托责任的条款无效：该条款是受托人滥用其与委托人之间的信义或信任关系的结果。	未提及，可排除	故意违反信托不得免责	不可排除
	康涅狄格州	1969年《受托人权力法案》第38小节： 受托人可以据此免除其由于其继续持有、出售或经营导致的责任，无论因……只要其在管理信托财产过程中诚实守信（acting in good faith），且以合理的谨慎和注意行事，但受托人不能就其不诚信（bad faith）、故意的不当行为（willful misconduct）或重大过失（gross negligence）而免责。	未提及，可排除	故意、重大过失违反信托不得免责	不可排除

从谨慎义务的可排除性角度来看，严格限制立场的纽约州禁止委托人在遗嘱信托中以受托人免责条款免除受托人任何违反谨慎义务的责任，持自由放任立场的各州以及温和中立立场的华盛顿州1984年《遗嘱与信托法案》都未对通过免责条款免除和减轻受托人谨慎义务的行为作任何禁止性规定，但温和中立立场的《信托法重述二》和康涅狄格州1969年《受托人权力法案》则分别将免除受托人违反谨慎义务、故意和重大过失违反信托等情形导致的责任的免责条款规定为无效。

从善意管理信托义务的可排除性角度来看，严格限制立场的纽约州未提及该义务的强制性，但该州对遗嘱信托受托人违反谨慎义务导致的责任尚不允许免责，举轻以明重，更不会允许违反诚实和善意的受托人的逃脱责任。持自由放任立场的立法例，均采取了宽泛的表述，允许委托人通过信托文件免除任何受托人的义务和责任，且未将善意管理信托义务作为例外。而持温和中立立场的各个立法例则均将信托受托人管理信托时的诚实守信和善意作为底线，将所有免除受托人以善意和诚信管理信托义务和责任的免责条款均视为无效。

其中，仅有宾夕法尼亚州的制定法和华盛顿州1959年《遗嘱与信托法》对上述信托文件通过免责条款排除上述三项义务均未作任何限制，是真正意义上的"自由放任"立场。

（二）21世纪各州立场的统一趋势和细微差异

1. 各州立场的统一趋势

制定法中采取温和中立立场的州，在判例法中均贯彻了该立场，结合具体案情，对个案中受托人的主观态度进行考察，从而判断受托人能否援引免责条款而免于承担违反信托的责任。制定法中未采取温和中立立场或未制定相关法条的州，在判例法中也逐渐表现出了向温和中立立场靠近的趋势。

首先，在制定法持严格限制立场的纽约州，虽然在制定法中对遗嘱信托免除受托人谨慎注意义务的免责条款持严格否定的态度，却通过判例法为生前信托的受托人免责条款留出了适用空间。法院将 EPTL 第 11－1.7 条的适用严格限定在遗嘱信托之内，在广泛的生前信托中，直接引用《信托法重述二》第 222 节，明确采取了温和中立的立场。

其次，在以得克萨斯州为代表的，在制定法中持自由放任立场的各州，也逐渐通过判例法施加了对受托人违反信托时的主观状态的考察。虽然得克萨斯州制定法仅仅将某些禁止受托人自我交易相关的客观义务作为强制性义务排除在外，允许信托文件免除受托人责任而不问其违反义务的主观状态，但在判例法中，法院却逐渐向温和中立立场靠近，从绝对尊重立遗嘱人意图、允许受托人在重大过失状态下免责，转向对《信托法重述二》第 222 节的直接引用，建立起制定法、判决先例加《信托法重述二》第 222 节立场的三重考察标准，用以判断免责条款能否有效保护受托人免于承担违反信托的赔偿责任。

最后，在既未就免责条款的效力问题制定法条、又未在判例法中直接引用《信托法重述二》的州，在其判例中的说理逻辑中，发展出了与《信托法重述二》相似的温和中立立场，即在认可信托文件中免责条款的一般效力前提下，对受托人欺诈、不诚信等主观状态的考察考虑在内，以确定免责条款能否在特定案件背景下有效保护受托人。[70]

除了判例法对制定法的影响，随着《信托法重述三》的编撰和 2000 年美国《统一信托法》（Uniform Trust Code）的颁布，在信托文件中受托人免责条款的效力问题上，各州的立场进一步趋同。

《统一信托法》的序言中明确写道，1937 年颁布的 UTA 已被吸

---

[70] 详见本文三（三）受托人违反的义务类型 3. 善意管理信托义务部分中提到的密歇根州 Matter of Green Charitable Trust 一案。

纳入《统一信托法》中，采取 UTA 的 6 个州应当废除该法案。根据美国统一州法委员会会议 2017 年的统计，已有 32 个州在制定法中采纳了《统一信托法》。[71] 其中包括曾经在受托人免责条款效力问题上持自由放任态度的新墨西哥州、北卡罗来纳州等。

自由放任立场的其他立法例代表，如得克萨斯州制定法，也于 2003 年回应了其判例法中对《信托法重述二》的引用和立场转变的倾向，在对其 1983 年《得克萨斯州财产法典》的修改中，将第 113.059 节进行了修改，在其原有表述的基础上，加上了类似《信托法重述二》的表述，在制定法中开始转向温和中立立场。[72] 而该法 2005 年的修改中，彻底删去了原第 113.059 节，新增了第 114.007 节，采取了与《信托法重述二》几乎一致的表述，彻底完成了制定法向温和中立立场的转变。

---

[71] Refs & Annos, Unif. Trust Code Refs & Annos, Copr. (C) Thomson Reuters 2017. https://1.next.westlaw.com/Link/Document/FullText?findType=l&cite=lk(ULTCOR)&originatingDoc=N4AA3F6A0025811DD93B594B1C5A4C9CA&refType=CM&sourceCite=Unif.Trust+Code+%C2%A7+105&originationContext=document&transitionType=DocumentItem&contextData=(sc.Category)#co_anchor_ID132E39008DC11E78CDF982901565010, 2018-2-20.

[72] § 113.059. Power of Settlor to Alter Trustee's Responsibilities
(a) Except as provided by this section, the settlor by provision in an instrument creating, modifying, amending, or revoking the trust may relieve the trustee from a duty, liability, or restriction imposed by this subtitle.
(b) A settlor may not relieve a corporate trustee from the duties, restrictions, or liabilities of Section 113.052 or 113.053 of this Act.
(c) A settlor may not relieve the trustee of liability for:
(1) a breach of trust committed:
(A) in bad faith;
(B) intentionally; or
(C) with reckless indifference to the interest of the beneficiary; or
(2) any profit derived by the trustee from a breach of trust.
(d) A provision in a trust instrument relieving the trustee of liability for a breach of trust is ineffective to the extent that the provision is inserted in the trust instrument as a result of an abuse by the trustee of a fiduciary duty to or confidential relationship with the settlor. Tex. Prop. Code Ann. § 113.059 (West) Effective: September 1, 2003 to December 31, 2005. Acts 2005, 79th Leg., ch. 148, § 29 repeals this section effective January 1, 2006.

在新近的美国信托法文献中，在该问题上各州的分歧已经被转而表述为新的三种立场，信托法重述立场、《统一信托法》立场以及以纽约州为例的在制定法中否定免责条款效力的立场。(73) 从下文的分析中我们将会看到，《信托法重述三》和《统一信托法》也是典型的温和中立立场。

至此，美国各州对信托受托人免责条款效力的态度完成了基本的统一。

2. 信托法重述立场(74)与《统一信托法》立场的比较

《统一信托法》第1008节对受托人免责条款规定如下(75)：

（a）信托文件中免除受托人因违反信托所导致之责任的条款在下列情形中不能强制履行：

（1）免除受托人因不诚信（bad faith），或者无视（reckless indifference）信托目的或受托人利益；或者

（2）该条款是受托人滥用其与委托人之间的信义或信任关系的结果。

（b）受托人提议或者起草的免责条款因滥用信义或信任关系而

(73) 前引(54)，Parker，Kevin J文，p. 55. 前引(56)，Hill，Louise Lark文，p. 843.

(74) 《信托法重述二》与《信托法重述一》第222节的表述完全一致，本文将其与《信托法重述三》第96节的规定合称为“信托法重述立场”，以与《统一信托法》立场相比较。

(75) SECTION 1008. EXCULPATION OF TRUSTEE.

(a) A term of a trust relieving a trustee of liability for breach of trust is unenforceable to the extent that it:

(1) relieves the trustee of liability for breach of trust committed in bad faith or with reckless indifference to the purposes of the trust or the interests of the beneficiaries; or

(2) was inserted as the result of an abuse by the trustee of a fiduciary or confidential relationship to the settlor.

(b) An exculpatory term drafted or caused to be drafted by the trustee is invalid as an abuse of a fiduciary or confidential relationship unless the trustee proves that the exculpatory term is fair under the circumstances and that its existence and contents were adequately communicated to the settlor.

无效，除非受托人证明免责条款在当时的情境下是公平的，且该条款的存在和内容已经被充分适当地传达给委托人。

2012年出版的《信托法重述三》的第96节被认为很大程度上遵循了《信托法重述二》第222节的表述。[76]《信托法重述三》第96节第（1）小节就免责条款效力问题规定如下[77]：

（1）信托文件中免除受托人因违反信托导致之责任的条款，且该条款在信托文件中的订立并非受托人滥用信义或信任关系的结果时，是可强制实施的，除非该条款在以下情形下试图免除：

（a）受托人因不诚信（bad faith）或者忽视（indifference）受托人信义义务、信托条款或目的，或受益人利益而违反信托导致的责任；或

（b）受托人因违反信托所获利益的归入责任信托。

从以上条文表述来看，《统一信托法》与《信托法重述三》都为温和中立立场，并无本质区别，都在原则上承认信托受托人免责条款的效力，严格考察条款的订立过程，同时列明若干例外情形，并注重对受托人违反信托之主观状态的考察。

两者都认为，委托人可以在一定程度上通过信托文件减轻受托人的义务、免除受托人的责任，但即使委托人愿意彻底地为受托人开脱，信托法仍要求受托人至少遵守某些最低限度的标准。[78] 允许受

---

[76] 前引[54], Parker, Kevin J. 文, p.56。

[77] Restatement (Third) of Trusts (2012) § 96 Exculpatory and No – Contest Clauses

(1) A provision in the terms of a trust that relieves a trustee of liability for breach of trust, and that was not included in the instrument as a result of the trustee's abuse of a fiduciary or confidential relationship, is enforceable except to the extent that it purports to relieve the trustee

(a) of liability for a breach of trust committed in bad faith or with indifference to the fiduciary duties of the trustee, the terms or purposes of the trust, or the interests of the beneficiaries, or

(b) of accountability for profits derived from a breach of trust.

(2) A no – contest clause shall not be enforced to the extent that doing so would interfere with the enforcement or proper administration of the trust.

[78] § 1008. Exculpation of Trustee, comment. , Unif. Trust Code § 1008.

托人违反超过限度的义务种类和违反程度的受托人免责条款应当被认定为违反公共政策而无效。⁷⁹ 这些底线被信托法重述和《统一信托法》以受托人免责条款无效情形的形式从法学理论和司法实践中总结概括出来。值得注意的是，不同于前文所述之采取自由放任立场的立法例，信托法重述和《统一信托法》一样，在规定受托人义务免除之限度或者说免责条款无效情形时，都未将表现为禁止各种形式自我交易的忠实义务列于不得免除的强制性义务地位。

两者都强调了考察免责条款之订立是否为受托人滥用其与委托人之间的信义关系的结果。⁸⁰ 这是出于对受托人与委托人、受益人之间信义关系的保护，防止受托人滥用委托人对其信任，违背委托人意愿或在其不知情的情况下将免责条款加入到信托文件中。具体而言，在判定是否存在信义关系之滥用时，需要考虑以下因素：该信托文件是否受托人或受托人的代理人所起草；受托人是否在信托设立之时或之前与委托人存在信义关系，例如作为委托人的保护者（conservator）或负责起草信托文件的律师；委托人是否就信托文件的条款得到了合格的独立的建议；委托人是否对信托文件中免责条款的存在有充分的认识，且根据指导，能充分理解该条款并作出相关的判断；该免责条款的免责程度和合理性。⁸¹

作者将两个文件中规定的信托受托人免责条款无效的情形作了简单的整理，并将其对应关系于下表中列明，为方便比较，将前两次信托法重述的相应表述也一并列出。

---

⁷⁹ See Restatement (Third) of Trusts § 96 (2012), Comment c on Subsection (1).

⁸⁰ 例如，当一位律师在为一位七十岁高龄"身体欠佳"的委托人起草其本人为受托人的信托文件时，未能提醒委托人注意并向其解释该免责条款的含义，该条款即被认定被受托人"不当地加入"到信托文件中而无法得到承认。McGovern Jr, William, et al. *Wills, Trusts and Estates Including Taxation and Future Interests*. Fifth Edition, West Academic, 2017, p. 624.

⁸¹ Restatement (Third) of Trusts § 96 (2012), comment d on Subsection (1).

表 2　信托法重述与 UTC 中受托人免责条款无效情形比较

序号	信托法重述一、二	信托法重述三	统一信托法	比较
1	免除受托人因不诚信（bad faith）而违反信托导致的责任	免除受托人因不诚信（bad faith）而违反信托导致的责任	免除受托人因不诚信（bad faith）而违反信托导致的责任	相同
2	免除受托人故意（intentionally）违反信托导致的责任	/	/	Intentionally→/
3	免除受托人因无视（reckless indifference）受益人利益而违反信托导致的责任	免除受托人因忽视（indifference）受托人信义义务、信托条款或目的、或受益人利益而违反信托导致的责任	免除受托人因无视（reckless indifference）信托目的或受托人利益而违反信托导致的责任	reckless indifference vs. indifference 受益人利益→受托人信义义务、信托文件的规定、信托目的、或受益人利益→信托目的或受托人利益
4	该条款是受托人滥用其与委托人之间的信义或信任关系的结果	该条款是受托人滥用信义或信任关系的结果	该条款是受托人滥用其与委托人之间的信义或信任关系的结果	相同
5	免除受托人因违反信托而获利的责任	免除受托人因违反信托所获利益的归入责任	/	《统一信托法》未严格规定受托人不得因违反信托而获利
6	/	/	该免责条款是受托人提议或者起草的，除非受托人证明免责条款在当时的情境下是公平的，且该条款的存在和内容已经被充分适当地传达给委托人	《统一信托法》增加了受托人提议免责条款时的证明责任

由上表可见，三次信托法重述与《统一信托法》都将免除受托人因不诚信而违反信托的责任视为无效。不同之处在于：

第一，《统一信托法》并未将委托人免除受托人因违反信托获利的归入责任的条款视作无效，只要该等对信托法之违反并非出于不诚信。在《统一信托法》看来，受托人可以保有其获利，这似乎是对受托人传统上"仅为受益人之利益管理信托"的忠实义务之进一步放松。

第二，在受托人提议或者起草信托文件中的免责条款之情形下，《统一信托法》将该条款订立之公平和委托人之充分理解的证明责任从受益人转移给了受托人，进一步严格了免责条款在信托文件中的订立规则，对受托人未滥用其与委托人之间的信任或信义关系之认定提出了更高的要求。《统一信托法》这一证明责任从受益人处向受托人处转移的规定是合理的。在受托人能够向委托人提议免责条款或起草免责条款的情形中，受托人往往在与委托人的协商中处于优势地位，例如身为委托人的律师，不仅直接负责起草文件，而且拥有更完备的专业知识，受托人有更高的概率滥用信义关系，作此规定并无不妥。相应地，委托人和受益人相对受托人来说处于劣势地位，参考合同法中格式条款的效力规则，法律的保护向委托人和受益人倾斜就不难理解。同时，在他益信托中，受益人作为接受赠与者，往往不会直接参与到信托文件的制定中来，也难以获知信托文件中免责条款的订立过程，更何况该免责条款的提议者和起草者是与其更加没有关系的受托人。因此，这种举证责任的转移也有利于案件事实的查明。

第三，在信托法重述内部，《信托法重述三》在无效情形中删去了"reckless"一词，从"无视"（reckless indifference）转变为"忽视"（indifference），且将对象由"受益人利益"扩充为"受托人信义义务、信托条款或目的、或受益人利益"，重申并强化了对信托受益人之保护，并进一步强调了受托人应当重视其所承担的信义义务以及对信托条款和信托目的之遵循。这体现出，在《信托法重述三》的起草者眼中，受托人之信义义务和遵守信托文件之义务，也被认为是不容委托人随意排除的。

第四，后起草的《信托法重述三》和《统一信托法》与之前的信托法重述文件相比，删去了故意（intentionally）违反信托这一免责条款无效之情形。作者尚未找到此种变化之官方解释。鉴于对信托之故意违反并不必然构成不诚信[82]，若出于善意、为受益人利益之故意违反信托义务，例如为保护信托财产免于贬值而采取的自我交易，虽为故意，但必须严格禁止而不允许委托人事先允许责任免除之必要。真正需要禁止的是为受益人带不来利益之故意违反信托之行为，而此种故意违反信托，往往伴随着不诚信（bad faith），因此，出于立法目的，违背诚实信用而违反信托可以将必须禁止之故意违反信托包括在内。这与后文提及的，忠实义务严格禁止自我交易原则的强制性在历史发展过程中之放松，也是能够相互印证的。

三、可能导致受托人免责条款无效的因素分析

由本文第二部分可见，在承认信托文件中受托人免责条款一般效力的前提下，美国各州的制定法、判例法以及《统一信托法》、信托法重述等都认为，出于公共政策（public policy）的考虑，受托人免责条款的有效性应当受到限制。[83]

所谓公共政策，根据《元照英美法词典》，一般指被立法机关或法院视为与整个国家和社会根本相关的原则和标准，该原则要求将一般公共利益（general public policy）与社会福祉（good of communi-

---

[82] Pettit, Philip H. *Equity and the Law of Trusts*, Twelfth Edition, Oxford University Press, 2012, p. 520.

[83] 前引㉗, Austin Wakeman Scott, William Franklin Fratcher and Mark L. Ascher 书，第 1805 页。参见 Restatement (Third) of Trusts § 96 (2012), Reporter's Notes on § 96, comment b and c。

ty）纳入考虑的范围，从而使法院可以有理由拒绝承认当事人某些交易或其他行为的法律效力。在大陆法系，与之相对应的是公共秩序或称公序良俗。在不同的案件中和不同的历史时期，公共政策并不会一直保持不变。[84]

出于公共政策考虑而将受托人免责条款认定为无效情形，包括在遗嘱信托中、受托人不诚信、受托人无视受益人利益、受托人故意违反信托、受托人有重大过失、专业受托人，等等。概括而言，影响法院认定受托人免责条款效力，或者说决定受托人能否依据免责条款而免于承担责任的公共政策考虑因素包括信托类型、受托人身份、受托人所违反的义务类型和违反的程度等。会对法院判断产生影响的受托人所违反的义务类型，主要是本文第一部分受托人的义务小节详细介绍的三种：按照信托文件和遵守法律诚实善意管理信托的义务、谨慎义务和忠实义务。

由于这些因素本身常常有着对应关系，其对免责条款效力的影响也往往不是单独发生，而是交叉地共同发生的。[85] 同时，由于公共政策本身的变化，这些因素之考量所导致的效力判断在不同的历史时期有所变化，在同一时期也可能在各地或者不同的文件中有不同的取舍。由于美国信托法源于英国，两国又有着相同的公共政策考虑之传统，在本部分中，笔者也会引用一些英国法资料作为论据。

（一）信托类型

在明示信托之范围内，从信托目的来看，有私益信托和公益信托之分；从设立时间来看，有遗嘱信托和生前信托之分；从设立方式来看，可能是通过遗嘱或合同或宣言；还有传统的典型的管理祖

---

[84] ［美］A. L. 科宾：《科宾论合同》下册，王卫国、徐国栋、夏登峻译，中国大百科全书出版社 1997 年版，第 727 页。转引自唐妍琳：《美国合同法的公共政策研究》，中国政法大学 2014 年硕士学位论文。

[85] 例如，不同类型的信托往往对应着不同的受托人身份，当我们在考察专业受托人的特殊性时，实际上也对应着现代的投资信托等信托类型。

产之信托和现代的商业的投资信托。面对不同类型的信托，各州的立法机关和法院常有着不同的考虑。

1. 遗嘱信托与生前信托

纽约州在制定法中严格否定了遗嘱信托中免责条款的效力，但将生前信托中的免责条款效力判断留给了法院。

在司法实践中，纽约州法院严格执行 EPTL 第 11 – 1.7 节的规定，将违反该条的遗嘱信托免责条款视为无效。例如，在 Matter of Will of Allister[86] 一案中，案中遗嘱第 6 条第 2 款允许受托人以其"无限的裁量权"（uncontrolled discretion）来持有和维持遗产，且"无需为持有期间财产的任何价值贬损承担责任"。法院认为，该免责条款试图免除因受托人过失导致的信托财产损失而排除受托人合理的注意和谨慎义务，与公共政策相抵触，根据 EPTL 第 11 – 1.7 节第 a 条第 1 款，该条款无效。

纽约州法院将 EPTL 第 11 – 1.7 节进行了严格的文义解释，将其适用范围限制于"遗嘱执行人或遗嘱信托受托人"（"an executor or testamentary trustee"）[87]，并在解决生前信托中免责条款效力问题时采取了信托法重述的温和立场。

例如，在 In re Cowles' Will[88] 一案中，法院直接引用了《信托法重述二》的第 222 条。[89] 该案中，1955 年，两位当时的信托受益人（原信托受益人的孙女）认为，银行作为受托人，在管理信托中的投资行为导致了损失，从而反对银行提出的就信托账目进行司法结算的请求。在 1917 年到 1921 年，银行按照当时的信托受益人 Russel

---

[86] Matter of Will of Allister, 144 Misc. 2d 994, 545 N. Y. S. 2d 483 (Sur. 1989).
[87] EPTL § 11 – 1.7.
[88] 22 A. D. 2d 365, 367, 255 N. Y. S. 2d 160, 164 (1965), aff'd, 17 N. Y. 2d 567, 215 N. E. 2d 509 (1966).
[89] Restatement (second) of Trusts § 222 (1959), case citations, https://1.next.westlaw.com/Document/I20be36a3dac711e2b36b0000833f9e5b/View/FullText.html?originationContext = documenttoc&transitionType = CategoryPageItem&contextData = %28sc. DocLink%29 2018 – 02 – 01.

信托受托人免责条款效力探析
——美国法的立场及其启示

的要求，将大量信托资金用于购买 Ansonia Clock 公司的股票。但在持有期间，该公司股票持续贬值。银行于 1928 年将 Ansonia Clock 公司的股票换成了 Tork Clocks 公司的股票并持有数年，但仍未挽回最初购买 Ansonia Clock 公司股票造成的损失。两位受益人认为，银行的投资并非基于其独立的判断，而仅仅是按照第一顺位信托继承人 Russel 的指示和个人利益行事。信托文件中约定，受托人可以按照受益人的指示进行投资，并约定，"当任何出售、变动、投资或再投资，是如此作出时，受托人不应当就此类出售、变动、投资或再投资可能的损失承担责任"。[90]

法院认定，当时的信托受益人 Russel 建议并批准了对其担任副总裁的 Ansonia Clock 公司股票的购买，也对银行转而购买 Tork Clocks 公司的股票进行了批准。法院认为，信托文件中的免责条款可以在不涉及受托人重大过失、自我交易或不诚信（willful negligence, self-dealing or bad faith）时，免除受托人责任，并援引了《信托法重述二》。[91] 根据信托文件，这些投资完全符合信托文件中的约定，受托人不存在重大过失、自我交易或不诚信，因此可以适

---

[90] "The party of the second part [the trustee] may invest and reinvest the proceeds of such sales in such other securities as are legal investments for Trust Funds and in such other securities as may be approved in writing by the same persons who are required to give consents to selling or changing the securities and investments constituting the Principal of the Trust hereby created, and under the same conditions. No sale, change, investment or reinvestment, as the case may be, shall be made unless the party of the second part hereto also approves of the same. When any such sales change, investments or reinvestments are so made the party of the second part hereto shall not be responsible for any loss resulting from such sales, changes, investments or reinvestments, as the case may be." In re Cowles' Will, 22 A. D. 2d 365, 375, 255 N. Y. S. 2d 160, 171 (1965), aff'd, 17 N. Y. 2d 567, 215 N. E. 2d 509 (1966)

[91] Therefore, the exculpatory clause relieves the trustee from liability for any surcharge in the absence of a showing of willful negligence, self-dealing or bad faith on its part. Matter of City Bank Farmers Trust Co. (McGovern-Crane), 270 App. Div. 572, 61 N. Y. S. 2d 484; aff'd. 296 N. Y. 662, 69 N. E. 2d 818; see, also, Crabb v. Young, 92 N. Y. 56, 65; 1 Restatement of Trusts 2d, § 222, p. 516 (1959).

In re Cowles' Will, 22 A. D. 2d 365, 378, 255 N. Y. S. 2d 160, 174 (1965), aff'd, 17 N. Y. 2d 567, 215 N. E. 2d 509 (1966).

用免责条款，免于就投资的损失承担赔偿责任。

由于遗嘱信托在委托人死亡后方生效力，相对于生前信托，更难以确知委托人的真实意图，受托人的行为也更难得到足够的规制，受托人应当以更高的信义标准履行义务，所以纽约州认为允许遗嘱信托的受托人通过免责条款，免除其违反信托的责任是违反公共政策的，并通过制定法将其固定下来。诚然，这种态度有一定的道理，但从本文第二部分可以清晰地看到，除纽约州之外，其他大部分州并没有据此而全面地否定遗嘱信托中的免责条款效力，足见公共政策选择在各州的差异。

2. 养老金信托等特殊类型的信托

美国 1974 年《雇员退休收入保障法》（Employee Retirement Income Security Act，简称 ERISA）是一部规范全国范围内的职工退休金计划的法案[82]，该法第 404 节规定，在养老金信托中，养老金信托的受托人应当"以一个拥有相似的能力且熟悉此类事务的人会用在具有相似性质和目标的企业中的注意、技能、谨慎和勤勉"来行事[83]，且除了若干列明的例外，"协议或文书中任何旨在免除受托人任何职责或本部分规定的任何职责、职务或义务导致的责任的条款，都因违反公共政策而被视作无效"。[84] 养老金信托事关全社会福祉，受托人应当以更高的注意和技能来管理信托，这种信托下的受托人免责条款是无效的。

---

[82] 前引[27]，Austin Wakeman Scott, William Franklin Fratcher and Mark L. Ascher 书，第 1807 页。

[83] ERISA § 404 (a) (1) (B), 29 U.S.C. § 1104 (a) (1) (B). "with the care, skill, prudence, and diligence under the circumstances then prevailing that a prudent man acting in a like capacity and familiar with such matters would use in the conduct of an enterprise of a like character and with like aims".

[84] ERISA § 410 (a), 29 U.S.C. § 1110 (a). "Except as provided in sections 405 (b) (1) and 405 (d), any provision in an agreement or instrument which purports to relieve a fiduciary from responsibility or liability for any responsibility, obligation, or duty under this part shall be void as against public policy."

在英国，出于公共政策的考虑，若干特殊类型的信托的制定法也规定了受托人不得通过免责条款事先排除责任，同样包括养老金信托[95]、集合信托[96]、信用债券信托（debenture trusts）[97] 等。[98]

（二）受托人身份

受托人身份的考量有专业受托人与非专业受托人之分，非专业受托人常常是委托人的家人或朋友，这一受托人与委托人之间的特殊关系也会进一步影响法院对信托受托人免责条款效力的判断。

1. 家庭成员担任受托人

在以家庭成员为受托人的信托中，法院更愿意保持克制，减少对信托文件中免责条款效力的干预。在此类信托中，信托委托人希望使受托人免责，他们信任受托人，并且认为受托人会在其管理信托过程中达到足够诚信。[99]

内华达州的 In Bank of Nevada v. Speirs[100] 一案中，法院认可了遗嘱信托文件中的免责条款，但更多的是出于对家庭事务干预的克制。Lena Coulthard 以其女儿为受益人设立了一个遗嘱信托，指定丈夫作为受托人，并授予了受托人对信托资金投资的全权裁量。女儿作为受益人起诉其父亲称，其父作为受托人未能及时为信托购买某公司的股票，却为其自己购买了该公司的股票，从而违反了信义义务。当地的地方法院支持了受益人的请求，认为受托人行为不当。在上诉中，内华达州最高法院推翻了下级法院的判决，认为受托人在为自己购买该公司股票而未为信托购买时，并非投资的过失，也未构成自

[95] Pensions Act 1995，§ 33.

[96] Companies Act 2006，§ 750.

[97] Financial Services and Markets Act 2000，§ 253.

[98] Hudson，Alastair. Equity and trusts. Sixth Edition，Routledge，2010，p. 379. 前引[84]，Pettit，Philip H. 书，p. 521。

[99] 前引[57]，Whitman，Robert 文，p. 136。

[100] 95 Nev. 870，603 P. 2d 1074（1979），cert. denied，449 U. S. 994（1980）.

我交易,并认可了信托文件授予受托人的广泛的自由裁量权,写道:"信托文件中这一广泛的授权和对受托人错误行为的免责,应当得到法院的尊重。在家庭这一背景下,很显然,作为妻子和母亲的委托人会希望作为丈夫和父亲的受托人在管理其为他们的女儿设立的信托时,拥有全权的裁量权,因为她相信他会满怀着爱小心谨慎地行事。"[101]

此外,一些信托文件中的免责条款显然是委托人为其作为受托人的配偶而拟定的,若其后一位专业人士继任了该受托人之位,法院可能并不会允许该专业受托人依据原信托文件中的免责条款而得以免除其违反信托之责任。[102]

2. 专业受托人问题

专业受托人和非专业受托人在委托人的期待和目标、谈判背景、监督成本和对责任相关的规则应对等方面迥然不同[103],因此需要在公共政策考量方面对专业受托人和非专业受托人区别对待。第一,委托人选择亲戚、朋友等非专业受托人时一般是看重其擅长处理家庭矛盾和利益分配事宜,其期待主要是受托人能诚实善意地行事,而并非其专业出色的投资能力;而选择专业受托人时,其看重受托人声称的更高的信托财产管理能力。第二,委托人与专业和非专业受托人缔结信托契约时谈判背景不同,委托人在与专业受托人谈判时,存在更严重的信息不对称问题。专业受托人以管理信托为业,重复地与委托人缔结信托契约,对市场现状和自己有利的条款更加了解和熟悉,在谈判中占优势地位;非专业受托人则和委托人一样缺乏经验和专业知识,信息不对称问题就不会如此突出。第三,委托人对专业受托人的监督成本高于对非专业受托人。专业受托人违反信托的行为可能更加隐秘,受益人需要具备相当的专业技能才能衡量受托人是否违反了义务,且

---

[101] 95 Nev. 870, 603 P. 2d 1074 (1979), cert. denied, 449 U. S. 994 (1980), at 1076.

[102] Restatement (Third) of Trusts § 96 (2012), comment b on Subsection (1).

[103] Leslie, Melanie B. "Common Law, Common Sense: Fiduciary Standards and Trustee Identity," *Cardozo Law Review* vol. 27, no. 6 (April 2006): p. 2713.

受益人监督受托人的渠道也基本依赖于受托人向其提供的账目和报告，难以直接监控受托人的具体行为。这些区别使得专业受托人更应当被课以更严格的信义标准和更高的要求，在允许用免责条款免除其违法信托的责任时，也相应地应当更加谨慎。Leslie 教授认为，面对专业受托人，应当区别免责条款的类型来认定效力。[104] 概括的免责条款（broad waivers），如规定"受托人无需为其行为导致的任何损失承担责任，除非其行为是出于不诚信或无视受益人利益"，将会极大地降低专业受托人承担违反信托责任的可能，更可能是不对等协商的结果，不利于受益人利益的保护，一般不应当被允许。而具体的免责条款（transaction–specific waivers）就受托人进行的某一类具体的交易可能带来的责任进行免除，适用范围更狭窄。这样的条款更可能是双方公正协商的结果，其效力被认可也有更高的合理性。

此外，相对于非专业受托人，专业受托人更有可能会收取报酬。而法院在面对不收取报酬的受托人时，更愿意对受托人免责条款持肯定态度。[105]

对以公司受托人（corporate trustee）为代表的专业受托人和非专业受托人在公共政策考量方面的区别对待，曾表现在制定法中。如本文第二部分提到的得克萨斯州在 2003 年前的立法模式，禁止通过信托文件条款免除公司信托人自我交易和借贷等导致的责任，但未对非专业受托人加以限制。不过，得克萨斯州在 2005 年之后的修法中不再在这一点上通过一般的信托制定法之规定区分对待专业受托人和非专业受托人。

（三）受托人违反的义务类型

1. 谨慎义务

从本文第二部分可以看到，早期美国各州对信托条款效力的关

---

[104] 前引[105]，Leslie, Melanie B. 书，p. 2743。

[105] Leslie, Melanie B. "Trusting Trustees: Fiduciary Duties and the Limits of Default Rules," *Georgetown Law Journal* vol. 94, no. 1 (November 2005): p. 107.

注点，主要集中于受托人违反信托时的主观状态，其中最明显的区分点，在于受托人违反信托是出于故意、重大过失还是一般过失，也即受托人对谨慎义务的违反。在 20 世纪 90 年代以前，美国各州制定法中表现出的严格限制、自由放任、温和中立三种立场，正分别对应着不允许任何削弱谨慎义务的免责条款、允许任何削弱甚至免除谨慎义务的免责条款以及允许免除一般过失导致的责任但不允许免除故意或重大过失导致的责任之免责条款三种态度。可见，谨慎义务的违反与否和违反程度，曾经是公共政策考量中影响免责条款效力的因素之一。但在 21 世纪美国各州主流的立场——《信托法重述》立场和《统一信托法》立场中，受托人对谨慎义务的违反及其程度，无论是故意还是重大过失，都未被规定在信托条款无效情形中，体现了谨慎义务这一因素在公共政策考量中重要性的下降，谨慎义务不再是强制性义务。

1977 年的 Corpus Christi National Bank v. Gerdes[106] 一案中，得克萨斯州法院认可了一个遗嘱信托中一般免责条款的效力，存在重大过失的受托人得以免于承担责任。信托文件中的免责条款写道，受托人可以就其"任何错误或有误差的判断或者过失"免责，而"仅就其不诚信承担责任"。信托受益人起诉称，受托人 Corpus Christi National Bank 在处理和分割信托财产中的不动产时存在过失和重大过失。初审法院允许受托人辞任，并判决受托人赔偿受益人的损失。上诉法院否决了初审法院要求受托人赔偿损失的判决。上诉法院认为，该案主要争点在于，信托文件中的该项免责条款是否对受益人产生约束力。[107] 上诉法院写道，信托文件和遗嘱的一般解释规则是探知委托人或立遗嘱人的真意，但本案中，立遗嘱人的意图不存在含糊不清的情形，无须进行解释；遗嘱信托文件中清晰明确地表达了

---

[106] Corpus Christi Nat. Bank v. Gerdes, 551 S. W. 2d 521, 523 – 24（Tex. Civ. App. 1977），writ refused NRE（Nov. 30, 1977）.

[107] Corpus Christi Nat. Bank v. Gerdes, 551 S. W. 2d 521, 522（Tex. Civ. App. 1977），writ refused NRE（Nov. 30, 1977）.

信托受托人免责条款效力探析
——美国法的立场及其启示

免除受托人责任的意图,受托人的权限和责任应当按照遗嘱信托文件的规定。[108] 如前文所述,当时的相关制定法《得克萨斯州信托法》第7425b–22条允许委托人通过信托文件中的条款免除任何受托人的义务、限制或责任,信托资金贷款、公司受托人将信托资金与其自由财产混同和受托人自我交易等相关的义务、限制和责任除外。[109] 由于本案中的受托人不涉及上述三种情形,免责条款对其重大过失导致的责任之免除当属有效。上诉法院由此认可了免责条款的有效性并免除了受托人因重大过失导致的责任。

在英国,关于受托人免责条款效力最著名的案件是英国上诉法院于1998年审判的Armitage v. Nurse[110]一案。同样地,在该案中,上诉法院法官Millett肯定了涉诉信托中免责条款的效力,允许免责条款免除受托人因重大过失违反信托导致的责任。在判决书中,Millett法官提及,在英国法中,不同于大陆法系,并无区分一般过失(ordinary negligence)或重大过失(gross negligence)导致的责任的规则,而对区分过失(negligence)与欺诈(fraud)则有明确的界限。[111] 他认为,一般过失与重大过失只是程度问题,没有必要以过失是否重大为界,来划定免责条款的有效与否。而故意这一主观状态,也

---

[108] Corpus Christi Nat. Bank v. Gerdes, 551 S. W. 2d 521, 523 (Tex. Civ. App. 1977), writ refused NRE (Nov. 30, 1977).

[109] "The trustor of any trust affected by this Act may, by provisions in the instrument creating the trust, or by an amendment of the trust if the trustor reserved the power to amend the trust, relieve his trustee from any or all of the duties, restrictions, and liabilities which would otherwise be imposed upon him by this Act; or alter or deny to his trustee any or all of the privileges and powers conferred upon the trustee by this Act; or add duties, restrictions, liabilities, privileges, or powers to those imposed or granted by this Act; but no act of the trustor shall relieve a corporate trustee from the duties, restrictions, and liabilities imposed upon it by Sections 10, 11, and 12 of this Act." Corpus Christi Nat. Bank v. Gerdes, 551 S. W. 2d 521, 524 (Tex. Civ. App. 1977), writ refused NRE (Nov. 30, 1977).

[110] Armitage v Nurse [1998] Ch 241 (CA) [Armitage] per Millett U.

[111] Armitage v Nurse [1998] Ch 241 (CA) [Armitage] per Millett U. 转引自 Butler, A. S.; Flinn, D. J. "What is the Least That We Can Expect of a Trustee – Exclusion of Trustee Duties and Exemption of Trustee Liability," New Zealand Law Review vol. 2010, no. 3 (2010): p. 480.

并不重要。正如前文已提及的,故意违反信托并不一定是不诚信的[12],有时对信托的故意违反可能有利于受益人利益,所以无须禁止。Millett 法官认为受托人是否有不诚信(bad faith),才是判定其是否能够被免责的关键。由此可见,谨慎义务是否被违反及其违反之程度,在英国法中也已经不再是影响受托人免责条款效力的主要因素。

2. 忠实义务

类似于谨慎义务,自我交易(self – dealing)曾经是不允许通过免责条款免除责任的行为。以得克萨斯州为例,该州曾在制定法中严格禁止自我交易行为,后将其改为仅禁止公司受托人的自我交易行为,相应地在免责条款的效力判断中也作了相应的无效情形规定;再后来则在制定法中放弃了对忠实义务的强制性规定。

得克萨斯州 1967 年的著名案例 Langford v. Shamburger[13] 一案是严格禁止公司受托人自我交易的判例法代表。该案中,信托文件的免责条款规定:"任何受托人都不应当因其作为或不作为而承担责任,除非该行为是重大过失或恶意导致的,或是受托人对信托财产的侵吞……"[14] 得克萨斯州上诉法院认为,尽管有这样的免责条款存在,受托人仍无法通过该条款而免除其对信托资金的滥用(the misapplication or mishandling of trust funds)导致的责任,该案中,受托人为其利益从信托资金中借款,并未曾运用足够多的信托资金进行投资。得克萨斯州当时的制定法确实严格禁止非公司受托人将信

---

[12] Armitage v Nurse [1998] Ch 241 (CA) [Armitage] per Millett U. 转引自前引[84],Pettit,Philip H. 书,p. 520.

[13] Langford v. Shamburger, 417 S. W. 2d 438, 441 (Tex. Civ. App. 1967), writ refused NRE (Oct. 25, 1967), and disapproved of by Texas Commerce Bank, N. A. v. Grizzle, 96 S. W. 3d 240 (Tex. 2002).

[14] No trustee shall ever be liable for any act of omission or commission unless such act is the result of gross negligence or of bad faith or of the trustee's own defalcation, and no trustee shall ever be liable individually for any obligation of the trust. Langford v. Shamburger, 417 S. W. 2d 438, 441 (Tex. Civ. App. 1967), writ refused NRE (Oct. 25, 1967), and disapproved of by Texas Commerce Bank, N. A. v. Grizzle, 96 S. W. 3d 240 (Tex. 2002).

托资金借给自己,或其亲属、雇主、雇员、合伙人或其他商业合作伙伴。[115]但该案法官进一步提出了一项规则,"认可信托文件中此类允许受托人自我交易的条款是违反公共政策的"[116]。这一规则在后续近三十年中影响深远,1978 年的 Three Bears, Inc. v. Transamerican Leasing Co.[117]、1987 年的 InterFirst Bank Dallas, N. A. v. Risser[118]、1991 年的 McLendon v. Mandel[119]、1995 年的 Demoulas v. Demoulas Super Markets, Inc.[120]等案件都引用了该规则,得克萨斯州法院也一直对信托受托人的自我交易行为持严格禁止的态度,直至 2002 年 Texas Commerce Bank, N. A. v. Grizzle[121]一案否定了 Langford v. Shamburger 一案的判决和该项规则。

得克萨斯州最高法院在 Texas Commerce Bank, N. A. v. Grizzle 中针对 Langford v. Shamburger 案中就"认可信托文件中此类允许受托人自我交易的条款是违反公共政策的"这一观点,进行了反驳。法院在判决书中写道,正如我们一直认可的那样,一个州的公共政策体现于该州的制定法中,且本州的立法机关已经在信托法中就受托人免责条款和自我交易进行了规定。[122]制定法明确规定,允许免责条

---

[115] "Except as provided in Section 11 of this Act, (Corporate trustee depositing trust funds with self) a corporate trustee shall not lend trust funds to itself or an affiliate; nor shall any non-corporate trustee lend trust funds to himself, or to his relative, employer, employee, partner, or other business associate." Art. 7425b, s 10, p. 228. Langford v. Shamburger, 417 S. W. 2d 438, 444 (Tex. Civ. App. 1967), writ refused NRE (Oct. 25, 1967), and disapproved of by Texas Commerce Bank, N. A. v. Grizzle, 96 S. W. 3d 240 (Tex. 2002).

[116] It would be contrary to the public policy of this State of permit the language of a trust instrument to authorize self-dealing by a trustee. Langford v. Shamburger, 417 S. W. 2d 438, 444 (Tex. Civ. App. 1967), writ refused NRE (Oct. 25, 1967), and disapproved of by Texas Commerce Bank, N. A. v. Grizzle, 96 S. W. 3d 240 (Tex. 2002).

[117] 574 S. W. 2d 193, 197, Tex. Civ. App. – El Paso.

[118] 739 S. W. 2d 882, 888, Tex. App. – Texarkana.

[119] 1991 WL 167093, *3, Tex. App. – Dallas.

[120] 1995 WL 476772, *71 +, Mass. Super.

[121] 96 S. W. 3d 240, 249 +, Tex.

[122] But as we have previously acknowledged, the State's public policy is reflected in its statutes. Texas Commerce Bank, N. A. v. Grizzle, 96 S. W. 3d 240, 250 (Tex. 2002).

款的使用,且免责条款可以免除公司受托人的责任,除非涉及某些特定范围狭窄的自我交易类型。[123] 法院认为,根据制定法的规定,公共政策并未禁止公司受托人进行信托法第 113.052 和 113.053 节规定的将信托资金借贷给自己、自己从信托财产购买或出售之外其他类型的自我交易。因此,法院否定了 Langford v. Shamburger 案中涉及所有类型自我交易的免责条款均无效的观点,遏制了判例法扩张解释制定法,从而严格了禁止受托人自我交易的趋势。

随着得克萨斯州制定法对判例法趋势的回应和进一步发展,如 2012 年的 Martin v. Martin[124] 中所述,Texas Commerce Bank, N. A. v. Grizzle 案的效力为制定法的规定所否定。得克萨斯州信托法在 2005 年的修订中,删去了原第 113.059 节,新增了第 111.0035 节[125]和第

---

[123] 1984 年《得克萨斯州财产法典》第 113.059 节:"(a) 除非如本节的(b) 款所规定,在设立、变更、修正或撤销信托的文件中,委托人可以通过条款免除受托人根据本节规定需承担的义务、责任或限制。(b) 委托人不得免除公司受托人在本法第 113.052 节或第 113.053 节项下的义务、限制或责任。"参见 TEX. PROP. CODE ANN. § 113.059 (Vernon 1984).

[124] Martin v. Martin, 363 S. W. 3d 221 (Tex. App. 2012).

[125] Section 111.0035 Default and Mandatory Rules; Conflict Between Terms and Statute:
(a) Except as provided by the terms of a trust and Subsection, this subtitle governs:
(1) the duties and powers of a trustee;
(2) relations among trustees; and
(3) the rights and interests of a beneficiary.
(b) The terms of a trust prevail over any provision of this subtitle, except that the terms of a trust may not limit:
(1) the requirements imposed under Section 112.031;
(2) the applicability of Section 114.007 to an exculpation term of a trust;
(3) the periods of limitation for commencing a judicial proceeding regarding a trust;
(4) a trustee's duty:
(A) with regard to an irrevocable trust, to respond to a demand for accounting made under Section 113.151 if the demand is from a beneficiary who, at the time of the demand:
(i) is entitled or permitted to receive distributions from the trust; or
(ii) would receive a distribution from the trust if the trust terminated at the time of the demand; and
(B) to act in good faith and in accordance with the purposes of the trust...

114.007 节[126]。第 111.0035 节认可了信托法作为默示规则的性质，规定了信托文件的优先适用，但也规定了若干受托人的强制性义务，但并未包含任何对自我交易的禁止；第 114.007 节则规定了信托受托人免责条款的效力判断规则，几乎是《信托法重述二》的翻版。自此，以禁止自我交易为表现的忠实义务，在得克萨斯州彻底由不允许信托文件排除的强制性规则转变为了任意性规则。

3. 善意管理信托义务

本文第一部分已经对善意诚信管理信托作了介绍。从本文第二部分可以看出，信托制定法和司法实践中，各地不约而同地将是否违反了诚实信用或无视受托人利益等，作为判断受托人免责条款效力的重要影响因素，不允许任何受托人在恶意或无视受托人利益的情况下，被免除违反信托的责任。

在 1987 年的 InterFirst Bank Dallas, N. A. v. Risser 一案中，得克萨斯州法院不再局限于制定法提出的三个具体义务方面的限制，直接引用了《信托法重述二》，将主观状态的考察纳入判断标准中，展现出该州司法实践中向温和中立立场的转化。法院首先根据制定法的规则认可了信托文件中免除受托人责任条款的一般效力，其次引用了 1967 年的 Langford v. Shamburger 一案，认为允许自我交易的免责条款是违反公共政策的，还引用了《信托法重述二》，将对不诚信（bad faith）和故意或无视受托人利益等主观状态的考察纳入判断标准中。[127]

---

[126] TEX. PROP. CODE ANN. § 111.0035 (West Supp. 2011). Section 114.007
§ 114.007. Exculpation of Trustee：

(a) A term of a trust relieving a trustee of liability for breach of trust is unenforceable to the extent that the term relieves a trustee of liability for：

(1) a breach of trust committed：

(A) in bad faith；

(B) intentionally；or

(C) with reckless indifference to the interest of a beneficiary；or

(2) any profit derived by the trustee from a breach of trust.

[127] InterFirst Bank Dallas, N. A. v. Risser, 739 S. W. 2d 882, 888 (Tex. App. 1987).

密歇根州的 Matter of Green Charitable Trust[128]一案中,虽然有免责条款的存在,法院还是要求不诚信、非善意的受托人承担赔偿责任。在该案中,两位受托人在出售信托财产中的一宗土地时,未进行合理评估和广告,给予其他购买者更高的报价,并最终将该宗土地以低价卖给了共同受托人之一 Jaffe 所在律所的一位客户。初审法院认为受托人未能就土地的出售争取更高的价格,且在交易中存在利益冲突,判决解任两位受托人,并要求其赔偿 190 万美元的损失。两名受托人上诉称,初审法院对信托文件中免责条款的效力判断存在错误。上诉法院肯定了初审法院的判决,写道:"免责条款的存在并不能排除司法审查或基本的注意标准……涉及自我交易的业务应当被仔细审查,以确定受托人的行为是否存在任何欺诈、不诚信和作为受托人角色的越界行为。"[129] 上诉法院认为受托人的行为存在不诚信的行为,从而无法获得免责条款的保护。

为受益人利益诚实善意管理信托之义务对信托而言是如此重要,以至于任何试图免除受托人这一义务和相关责任的免责条款,都会因为违反公共政策被认定为无效。

四、引申与启示

上文对信托受托人免责条款的效力探析,至少可以从两方面给予我们启示。一方面,是理论上的。通过观察美国法认定信托受托人免责条款无效的情形,我们可以看出信托的合同性、信托法的任意性以及在一般的任意性之下,免责条款效力判断中的强制性规则所体现的信托受托人义务不可削减的核心(irreducible core)。另一方面,是制度上的。美国法在信托受托人免责条款效力判断规则方面的制定法和判例法以及其一般分析框架,可以为我国《信托法》

---

[128] Matter of Green Charitable Trust, 172 Mich. App. 298, 431 N. W. 2d 492 (1988).
[129] 172 Mich. App. 298, 431 N. W. 2d 499 (1988).

的相关制度改进提供宝贵的经验借鉴。

(一) 诚实善意——信托受托人义务的核心

1. 信托的合同性与信托法的任意性

英美法系信托的起源早于合同法理论的建构，并一直依托独立的衡平法获得维护和发展。但随着合同法理论的进步与合同理论在各种制度解释中的扩张，越来越多的美国学者开始正视信托的合同性。信托受托人免责条款的效力演变和司法强制力在各种信托义务面前的逐渐让步，可见英美司法实践中对信托性质的实然态度，也从侧面体现出英美学术界的"合同论者"的胜利。

信托法究竟是任意性规范还是强制性规范，在美国学界有所争论。一种观点认为，信义关系是当事人自愿情形下意思表示一致而形成的，故信义义务是一种默示条款，在当事人没有相反约定情况下自动适用。[130] 持这一观点的学者通常被称为"合同论者"。另一种观点则认为，信义关系的法律结构明显区别于合同关系，而其所推崇的价值目标亦非合同法领域所能涵盖。故相关当事人不能自由地偏离法律所规定的信义义务。[131] 持这一观点的学者通常被称为"强制规范论者"。

20世纪末，受公司法合同解释的影响，越来越多的信托法学者认为，信托产生于协议，该协议是委托人与受托人之间的协议，其与第三人利益合同在功能上相似。受托人在接受信托前，并无义务处理信托事务。受托人的权利义务是双方都同意确立的合同条款规定的。信托法的大部分规则都是任意性规则，当事人可以对其进行修改，信托法规则只有在信托文件没有做不同规定时才适用。[132] 但信

---

[130] 肖百灵：《受托人的忠实义务与注意义务研究》，北京大学2010年民商法学博士学位论文，第42页。
[131] 前引[130]，肖百灵文，第42页。
[132] 前引[130]，肖百灵文，第42页。

托法作为独立于合同的制度，也有其独特性。这种独特性，通过信托法中的强制性规则得以体现。这些信托法中的强制性规则，是禁止委托人变更和排除的。[133]

信托文件中受托人的免责条款正是委托人变更或排除受托人的义务和责任的重要手段。免责条款效力的公共政策限制，尤其是涉及信托受托人义务的考量因素，从另一个角度看，就是信托法上有关受托人义务的强制性规则在立法和司法上的发展和权衡。上文对排除谨慎义务、忠实义务以及诚信管理信托义务的免责条款效力之考察，已经从实然层面揭示出目前美国各州和统一示范法对谨慎义务、忠实义务和诚信管理信托义务之强制性的态度。

《统一信托法》的起草者认为，该法整体上是由默示规则组成的。该法第105条规定，该法对受托人的义务和权力、受托人之间的关系以及受益人的权利和利益的规定，仅在信托文件的条款没有其他规定时适用，同时，该条列明了若干禁止信托文件任意约定的14项强制性规则，其中包括"受托人以诚实信用并按照信托文件和信托目的、为受益人利益行事的义务"和该法第1008条有关受托人免责条款效力的规定。[134]《统一信托法》仅将"为受益人利益诚实管理信托"这一义务作为强制性义务，未将包括受托人的谨慎义务和

---

[133] Langbein, John H. "Mandatory Rules in the Law of Trusts," *Northwestern University Law Review* vol. 98, no. 3 (2004): p. 1105.

[134] §105. Default And Mandatory Rules., Unif. Trust Code §105.105条（b）款列举的14个强制性规则具体包括：信托设立的要件；受托人善意或根据信托目的行为的义务；信托及其条款应有利于受益人的要求，信托目的应合法而不与公共政策违背且有实现可能；法院根据第410至416条修改或终止信托的权力；浪费信托的效果及某些债权人或受让人该法第五章行使追及的权利；法院根据第702条要求、放弃、修改或终止保证金的权力；法院根据第708条调整信托文件中规定的不合理的受托人报酬的权力；第813条（b）款（2）（3）项规定的对不可撤销信托中年满25周岁的合格受益人告知其有关信托存在、受托人身份和享有要求受托人报告的权利等义务；第813条（a）规定的要求受托人应合格受益人的要求做出报告和披露与信托管理相关信息的义务；第1008条规定的免责条款的效果；第1010、1013条中受托人与受益人之外的其他人的权利；启动诉讼的时效期限；法院为公正所需而采取行动或行使管辖的权力；法院的标的管辖和第203、204条规定的启动诉讼的审判地。参见前引[132]，肖百灵文，第43页，注4。

忠实义务在内的其他所有信托受托人义务作为强制性规定，允许委托人在信托文件中另行安排。

2. 受托人免责条款效力判断中的强制性规则与受托人义务的核心

本文第二部分主要观察了受托人免责条款效力判断规则的制定法发展，第三部分则对若干可能导致受托人免责条款无效的因素进行逐一分析。

其中，信托的类型对免责条款效力的影响主要体现在遗嘱信托与生前信托之分，例证是纽约州的 EPTL，前文已述，这是出于对遗嘱人意愿的特别保护。而制定法对养老金信托等特殊类型信托的受托人施加更高的谨慎注意义务标准，并且严格禁止通过免责条款进行排除，也是由于此类信托的委托人往往人数众多、分布广泛，牵涉巨大的社会利益，而委托人对受托人的监督又绝非易事，因此通过制定法的强制性义务对委托人和受益人进行倾斜保护。法律对家庭成员担任受托人的宽容和对专业受托人相对严苛的强制性规则，也是出于代理问题、信息不对称和成本－收益分析等经济学考虑，为了更好地实现委托人的信托目的而设置。

谨慎义务和忠实义务虽然在历史上曾被不同程度地作为受托人的强制性义务，被禁止通过受托人免责条款进行排除，但后来也逐渐发展成了任意性规则，允许委托人在信托文件中作出其他的规定。这是因为谨慎义务和忠实义务的设置，都是为了更好地实现委托人的信托目的，若委托人在公平环境中，自愿地放弃受托人的这部分义务和相应的责任，是委托人对自己权利的处分，并无通过强制性规则禁止的绝对必要。

而善意管理信托义务所包含的诚信善意和为受益人利益，则明确作为强制性规则而存在，在各州的立法和司法实践中被不约而同地坚持。这是因为，信托法允许委托人在信托文件中免除受托人的义务和责任，但是当然不允许委托人免除受托人的所有义务和责任。

Bogert 教授认为，信托之所以为信托，是因为受益人拥有在受托人不当管理信托时进行求偿的权利，如果委托人免除了受托人所有的责任而受益人无从求偿，那么委托人究竟是否设立了一个信托将值得高度怀疑。[135] Langbein 教授同样指出，排除所有信义义务将使信托的存在变得虚幻。[136]

由此可见，信托受托人免责条款效力判断中的强制性规则实际上可以分为两大类。

信托的类型和受托人身份对免责条款效力的影响方面的强制性规则是出于纯粹的公共政策、社会福利角度的考虑，是为了更好地实现信托目的和促进经济效率、社会福祉而设定的。谨慎义务、忠实义务在还被作为强制性规则的时候，也同样是为了更好地实现信托目的。此类强制性规则是法政策选择的结果，常常因为社会经济的发展和各地实际情况的不同而有所不同。

第二类，也即善意管理信托义务这一不可排除的强制性义务，则是出于信托存在的考虑。剥离了该义务，信托将是虚幻的、不复存在的。这与信托法中其他强制性规则，例如信托设立的要件一样，是涉及信托是否存在的强制性规则。

善意管理信托义务是信托之为信托，最低限度不可排除的受托人义务（irreducible core）。其中所蕴含的善意管理（Good Faith）包含以下几种心理状态：（1）忠诚地对待信任；（2）诚实地履行义务、承担责任；（3）在交易中严格遵守合理的商业标准；（4）不得欺诈或获取不当利益。[137]

前文所列举的美国制定法、判例法和统一示范法都不允许受托人在违反诚实信用恶意违反信托时逃脱责任。Langbein 教授指出，

---

[135] 前引⑱, Amy Morris Hessa, George Gleason Bogert, George Taylor Bogert 书，§673。

[136] 前引㉝, Langbein, John H. 文，p. 1122。

[137] Bryan A. Garner, editor in Chief, Black's Law Dictionary（8th ed. 2004），p. 2038，转引自赵磊："信托受托人的角色定位及其制度实现"，载《中国法学》2013 年第 4 期，第 84 页。

将诚实信用的要求作为强制性规则的理由与信托设立相关规则的强制性一样。[138] 如果信托文件允许受托人管理信托时违反诚信，则受托人完全可以将信托财产挪为己用，从而在事实上终止信托。[139] 换言之，允许违反诚实信用可能会危及信托的存在，因此，受托人的诚实信用是不可排除的义务。

类似地，在英国，著名的 Armitage v. Nurse[140] 一案中，Millett 法官做了一段经典论述："……受托人对受益人负有不能削减的核心义务，这种义务的存在和受益人对其的强制执行，事关对信托这一概念的根本。如果受益人没有针对受托人的可强制执行的权利，那么信托也不存在。但我不认同进一步认为这些核心义务包括谨慎、勤勉、注意义务。受托人以诚实信用和善意（honestly and in good faith）为受益人利益管理信托的义务，是给予信托以实质的最低限度的必需义务，而且我认为，这一义务已经足够……"[141] 这段话被几乎所有论及信托受托人免责条款的英国信托法教材所引用，代表了信托之核心和受托人之核心义务的通说。

诚实善意作为信托受托人义务的核心与信托的起源也是可以互相印证的。14 世纪末 15 世纪初，use 中的受益人（用益权人）因为受托人违反承诺侵害其"用益权"时，向大法官法院请求救济的基础为信用（fides）、被给予的信赖以及诚信义务，而大法官获得管辖权的基础也在于大法官法院是"良心"的看护人。[142] 大法官认为，

---

[138] 前引[135]，Langbein, John H. 文，p. 1122.

[139] Restatement (Third) of Trusts § 96 (2012), Reporter's Notes on § 96, Comment b and c.

[140] Armitage v Nurse [1998] Ch 241 (CA) [Armitage] per Millett U.

[141] Armitage v Nurse [1998] Ch 241 (CA) [Armitage] per Millett U. 转引自 Penner，第 311 页。

[142] 英国普通法院因诉讼程序繁复、补偿方式不足、诉因有限等问题，无法满足民众的需求，得不到救济的当事人诉请国王运用特权来保护他们的权益。国王一度在御前会议时解决这些争讼，后因讼日多，国王将此工作委托给他的首席大臣——大法官。早期的大法官通常又为国王的首席神父和忏悔者、国王良心的守护人，在国王将其保留的司法权授予大法官后，当事人可以以维护"良心"的名义请求大法官的救济。

受托人违背已达成的约定，拒绝受益人对土地的经营，或者未在规定时间内向受益人转移占有，则受托人在"衡平上"违背了良心。由此可见，信托自滥觞之日起就以信赖、诚信和良心为核心，经历数百年的兴衰和演化，虽披上了各式各样的外衣，却始终葆有着相同的内核，这也正是信托制度独立于其他法律制度的基础。

（二）我国制度改进建议

参考美国权威的信托法教材和文献可知，信托法重述立场和《统一信托法》立场，基本代表了美国法对受托人免责条款效力的通说。一般而言，信托文件中限制或免除受托人责任的条款都能有效地免除受托人的责任，但在以下情形中除外：（1）受托人对信托的违反行为不在该条款免责的范围内；（2）该免责条款由于违反公共政策而无效；（3）该免责条款订入信托文件的过程不正当。[43] 也即美国法承认受托人免责条款的一般效力，但严格考察其订立过程，并设置了一些导致受托人免责条款无效的强制性规则，在使用中则对受托人免责条款采取限制的解释。

2006年，《日本信托法》仅规定了受益人对受托人责任的免除[44]，并未涉及委托人通过信托文件条款事先免除受托人责任的问题。我国台湾地区"信托法"也未规定受托人免责条款。我国《信托法》未规定受托人免责事宜，更未涉及受托人免责条款的效力问题。

本文无意于纠结信托受益人权利的性质或建立起完善的受托人违反信托责任体系，无论受托人违反信托责任的性质为何，其终究在民事责任范畴之内。而信托文件尤其是信托合同中的受托人免责条款，作为当事人处分民事权利的手段，可以在民法中处理免责条款的一般规则中找到基本的分析框架。崔建远老师认为，免责条款

---

[43] 前引㉗，Austin Wakeman Scott，William Franklin Fratcher and Mark L. Ascher 书，第1799页。

[44] 2006年《日本信托法》第42条。参见张军建著：《信托法基础理论研究》，中国财政经济出版社2009年版，第337页。

信托受托人免责条款效力探析
——美国法的立场及其启示

有效以它成为合同的组成部分为前提，或者说以它成为合同条款为先决条件。[145]

不同于美国法以衡平法为信托相关的救济提供依据，并且不愿意将合同法的规则适用于信托，在我国，虽然《民事案件案由规定》明确了信托纠纷这一类别，但在司法裁判中，法院表现出了强烈的信托案件审判合同法化的倾向。法院仅仅对《信托法》作原则性引用，但甚少直接引用其中的具体条款作为直接的裁判依据，而是主要以信托合同的约定为依据，判定受托人是否履行了合同约定的义务，从某种程度上将受托人违反信托的责任简化为了违反信托合同的违约责任。我国实践中罕见的遗嘱信托、宣言信托在不被承认的大环境下，几乎所有信托都是通过合同设立的，这种倾向似乎无可厚非。当然，信托有其不同于一般合同安排的特殊性和强制性，但从法院的实践和中国法的逻辑来看，至少在作为合同的一部分的受托人免责条款的效力判断上，适用合同法的相关规则并无不妥。目前，我国《合同法》第52条、第53条[146]已经对合同无效和合同免责条款的无效情形做了规定，第39条和第40条[147]也对格式条款中的免

---

[145] 崔建远："免责条款论"，载《中国法学》1991年第6期，第78页。

[146]《合同法》第五十二条 有下列情形之一的，合同无效：
（一）一方以欺诈、胁迫的手段订立合同，损害国家利益；
（二）恶意串通，损害国家、集体或者第三人利益；
（三）以合法形式掩盖非法目的；
（四）损害社会公共利益；
（五）违反法律、行政法规的强制性规定。
第五十三条 合同中的下列免责条款无效：
（一）造成对方人身伤害的；
（二）因故意或者重大过失造成对方财产损失的。

[147]《合同法》第三十九条 采用格式条款订立合同的，提供格式条款的一方应当遵循公平原则确定当事人之间的权利和义务，并采取合理的方式请对方注意免除或者限制其责任的条款，按照对方的要求，对该条款予以说明。
格式条款是当事人为了重复使用而预先拟定，并在订立合同时未与对方协商的条款。
第四十条 格式条款具有本法第五十二条和第五十三条规定情形的，或者提供格式条款一方免除其责任、加重对方责任、排除对方主要权利的，该条款无效。

责条款的特别说明义务以及格式条款中免责条款无效的情形进行了规定。虽然这些规定不尽合理，但要对民法上的免责条款效力判断做一新的梳理并重构立法模式并不是寥寥数语就能完成的，非本文所能囊括，在此不作展开。

美国法中对受托人免责条款使用时采取限制的解释态度以及严格考察订立过程，在我国现行的《合同法》中能够找到对应的规则。对英美法信托受托人免责条款效力的判断经验之进一步借鉴，应当着眼于就《信托法》对信托受托人义务规定的强制性等问题。本文认为，结合英美法的经验，立足我国的相关实践对我国《信托法》的改进提出以下几点建议。

1. 承认信托受托人免责条款的一般效力

在美国，信托文件中的受托人免责条款在一般情况下都能被赋予效力。[148] Bogert 教授认为，在几乎所有的信托安排中，委托人在实质上都在为无偿赠与，受益人无权强制命令委托人对其进行无对价的赠与。而委托人通过免责条款对受托人义务和责任的减免，可能会贬损委托人对受托人的赠与价值。一般认为，委托人有权选择其为赠与的方式并对赠与本身施加条款和条件。既然受益人尚无权强制执行该项赠与，更无论其对通过信托实施的赠与之质量或价值大小。[149] 委托人在信托文件中通过免责条款对受托人义务和责任之减免应当在原则上被允许。

这种承认一般效力的态度也许受到传统英国法态度的影响。在英国，对免责条款效力的承认还是出于历史上的实用主义考虑。[150]

首先，在遗嘱信托和家族信托兴起的早期，信托受托人往往是委托人的亲友。委托人信任受托人，也希望为作为受托人的亲戚和

---

[148] 前引㉗，Austin Wakeman Scott, William Franklin Fratcher and Mark L. Ascher 书，第 1799 页。

[149] 前引⑱，Amy Morris Hessa, George Gleason Bogert, George Taylor Bogert 书，§542。

[150] Davies, Paul S., and Graham Virgo. *Equity & Trusts: Text, Cases, and Materials.* Oxford University Press, 2013, p. 731.

朋友提供一定的免责保护。同时，许多潜在的受托人可能因担心管理信托不当可能带来的沉重的赔偿责任而不愿接受受托人职位。在信托文件中加入适当的免责条款是解决该问题的一种直接手段。而免责条款的发展也推动了家族信托的繁荣。[151] 英国《1925年受托人法》第61条允许法院在受托人诚实合理地行事且免除其责任是公平的情况下，免除受托人违反信托的责任。[152] 既然受托人可以获得这种事后的（ex post facto）免责，则在符合委托人意图的情况下，也不妨允许受托人获得在信托文件中事前的（ex ante）免除责任。[153] 通过信托文件中的免责条款事先免责的方式，相比于频繁地诉诸法院衡平判断以免除责任，更加高效和经济。

其次，有时对信托义务的违反是有利于受益人利益的，承认免责条款的效力能够保护受托人此类"善意的""精明理智的（judicious）"违约[154]，从而更好地保护受益人利益。例如，信托文件中为受托人设定的投资范围可能因时代的迅速变迁而显得不合时宜，如有免责条款存在，受托人更能在瞬息万变的投资环境中把握机会，作出更合理的决策。尽管受托人可以在行动前征求受益人的同意或是法院的允许，但相比而言，恰当的免责条款是更简便和直接的选择。[155]

最后，由于信托在近年成为相当普遍的投资手段，信托常常是通过委托人和受托人详细协商并签订合同而设立，委托人也有在各家信托公司或资产管理公司中挑选的自由。受托人责任过于严苛在实务中的反映就是管理费用的增加，适当的免责条款可以将受托人的责任适度降低，从而降低信托的管理费用。[156] 至于在公共政策允许

---

[151] 前引[152]，Davies, Paul S., and Graham Virgo. 书，p. 731。
[152] Trustee Act 1925, s 61.
[153] 前引[152]，Davies, Paul S., and Graham Virgo. 书，p. 731。
[154] 前引[152]，Davies, Paul S., and Graham Virgo. 书，p. 731。
[155] 前引[152]，Davies, Paul S., and Graham Virgo. 书，p. 732。
[156] 参见前引①，方嘉麟书，第184页。

范围内免责程度的高低，已经反映在价格上，由市场选择来发挥优胜劣汰的功能即可。这也是免责条款在现代投资信托中被允许和应用的原因。

本文建议我国《信托法》以专条认可信托受托人免责条款的一般效力。我国的信托实践起步较晚，主要以商事信托为主，作为投资的手段，因此也常常是自益信托或者有偿的他益信托，Bogert 所称的无偿馈赠并不多见。但在一个公平交易的有偿信托中，受益人所支付的对价与委托人愿意通过信托提供的利益相匹配，Bogert 教授所说的基本逻辑依然基本适用，委托人事先通过免责条款改变所提供的对价之价值也应当被允许。前文所述的基于经济效益的分析在我国同样可行，因此，信托受托人免责条款在我国也应当被允许。虽然基于合同法的基本逻辑，通过合同设立的信托中包含免责条款并无不妥，但由于还存在遗嘱设立的信托，并且我国《信托法》并未对自身作为强制性规则还是任意性规则的整体性质作出说明，作者建议未来在《信托法》的修订中，在完善信托受托人违反信托的责任归责原则、承担方式和免责事由基础上，补充一款，允许在信托文件中约定受托人免责条款，但免除《信托法》规定的受托人强制性义务的除外，其他信托法律法规对特殊类型的信托受托人之免责另有规定的，从其规定。

2. 区分受托人义务的强制性和任意性

本文建议，可以借鉴英美相关法律的规定，区分我国《信托法》中规定的受托人义务的强制性和任意性，确立为受益人利益诚实善意管理信托这一强制性义务，并独立规定受托人的谨慎注意义务和忠实义务等，但仅作为任意性规定、允许委托人通过信托文件的规定进行排除和变更。

在我国，诚实信用原则是民法中的一项基本原则，即使未在法律和合同中明确写出，也是题中应有之义。但信托作为一项以信任为基础的制度，英美法中更是将为受益人利益以诚实信用管理信托作为受托人最低限度的义务和信托的核心。

目前，我国《信托法》第25条已经明确提及了"诚实、信用……的义务"，也规定了受托人应当遵守信托文件的义务，为受益人的最大利益处理信托事务[150]，表述上与美国信托法重述和《统一信托法》的规定差异不大。第25条的问题在于，将"谨慎""有效"等词语混杂在受托人的善意管理信托义务中。"谨慎"管理信托属于谨慎注意义务的范畴，我国《信托法》并未对受托人的谨慎注意义务做单独的条文规定，也未规定受托人的注意义务标准，仅仅在第25条中混入了"谨慎"二字。按照前文的论证，谨慎注意义务应当作为一项可以由信托文件变更和排除的任意性义务，而为受益人利益以诚信管理信托则是强制性义务，将二者混杂在一起规定显然并不适当。而"有效"则是信托管理的结果，将其列在义务之中，也令人疑惑。就忠实义务而言，我国《信托法》第28条进行了专条规定，该条款的优点在于认识到了忠实义务的任意性，允许在"受托人在信托文件另有规定或者经委托人或者受托人同意"的情况下，以公平市场价发生自我交易（受托人固有财产与信托财产之间或者不同委托人的信托财产之间）。[158] 但该条文仅涉及自我交易问题，没有认识到受托人与受益人之间的利益冲突可能发展在单纯的交易之外的更多情形之中，缺乏原则性规定。

本文建议，第一，借鉴美国《信托法重述》和《统一信托法》的相关规定，在我国《信托法》中，将受托人的善意管理信托义务以单独的条文明确规定，例如，"一旦接受了受托人职位，受托人应当按照信托文件的条款、信托目的以及受益人的利益，遵循本法，以诚实信用管理信托"。并将其作为强制性规定，不得通过约定排

---

[150]《信托法》第25条 受托人应当遵守信托文件的规定，为受益人的最大利益处理信托事务。受托人管理信托财产，必须恪尽职守，履行诚实、信用、谨慎、有效管理的义务。

[158]《信托法》第28条 受托人不得将其固有财产与信托财产进行交易或者将不同委托人的信托财产进行相互交易，但信托文件另有规定或者经委托人或者受益人同意，并以公平的市场价格进行交易的除外。受托人违反前款规定，造成信托财产损失的，应当承担赔偿责任。

除。这种规定方式也为 2006 年《日本信托法》所采纳。该法第 30 条规定,受托人必须为受益人利益忠实处理信托义务。[59] 该条文的名称虽为"忠实义务",但内容与本文所指的受托人为受益人利益诚信管理信托义务是一致的,只是命名不同而已。至于忠实义务的指称与外延,本文已在第一部分之三,美国法下的信托受托人义务小节做了说明,在此不再赘述。

第二,单条规定受托人的谨慎注意义务,在注意义务的标准方面,借鉴日本法,对一般的受托人课以善良管理人的注意标准[60],并允许信托文件就谨慎注意义务另做约定。至于专业受托人特殊的注意义务标准,请见下一小节关于特殊的信托类型与专业受托人问题的讨论。

第三,在忠实义务方面,借鉴美国法"禁止受托人从事一切可能涉及自我交易以及涉及或可能导致受益人与受托人之间利益冲突的交易"这一原则性表述,再加以若干类型的列举示例,并将信托文件另有约定和法律法规另有规定作为例外。至于专业受托人的忠实义务,可以在单行的法律法规中另做规定,同样详见下一小节。

3. 重视特定类型信托与专业受托人

最后,本文建议,《信托法》与其他信托相关的法律法规应当注重特殊的信托类型与专业受托人问题。在我国,个人之间的民事信托实践较少,以银行、信托公司等为受托人的商事信托为主,公益信托方兴未艾。英美法认识到了专业受托人和某些信托类型的特殊性,或是曾经在一般的信托制定法中给专业受托人施加更严格的义务,或是在特殊种类信托的单行法中分别对特定类型信托的受托人施加更严格的义务,又或是继续在判例法中对免除专业受托人违反某些信托义务责任的条款持更加保留的态度。本文认为,有必要对

---

[59] 2006 年《日本信托法》第 30 条。参见张军建著:《信托法基础理论研究》,中国财政经济出版社 2009 年版,第 336 页。

[60] 2006 年《日本信托法》第 29 条第 2 款 受托人必须以善良管理人的注意义务处理信托事务,但信托行为中另有规定的应其规定之注意而为。张军建著:《信托法基础理论研究》,中国财政经济出版社 2009 年版,第 336 页。

专业受托人施加更高、更严格的义务，在涉及专业受托人的免责条款时，持更加谨慎的态度。具体而言，本文不建议在《信托法》中一概地对专业受托人相关的免责条款效力进行否定，建议借鉴英美法现行的做法，这样处理：一方面，在规定受托人谨慎注意义务时，采纳类似于《统一信托法》的双重标准，对一般的受托人施加普通的善良管理人注意义务标准，但如果受托人声称其拥有比一般人更高的技能从而得以获得或保有其受托人地位，则该受托人应当因此而被课以更高的与其技能相适应的注意义务标准；另一方面，在相应的信托业法和其他特殊类型信托的单行法规中，根据需要对相应的信托受托人施加不同的强制性义务，并分别就其是否能在信托文件中约定免责条款以免除自身违反义务带来的责任做出规定。

目前，《信托公司管理办法》《信托公司集合资金信托计划管理办法》已经对受托人忠实义务做了一些严格的禁止性规定，也未提及可以通过在信托文件另有规定或委托人同意进行排除。[60] 但是，《信托公司管理办法》《信托公司集合资金信托计划管理办法》以及《慈善信托管理办法》等，都采取了类似《信托法》的模糊、概括

---

[60] 《信托公司管理办法》第33条 信托公司开展固有业务，不得有下列行为：
（一）向关联方融出资金或转移财产；
（二）为关联方提供担保；
（三）以股东持有的本公司股权作为质押进行融资。
信托公司的关联方按照《中华人民共和国公司法》和企业会计准则的有关标准界定。
《信托公司集合资金信托计划管理办法》第27条 信托公司管理信托计划，应当遵守以下规定：
（一）不得向他人提供担保；
（二）向他人提供贷款不得超过其管理的所有信托计划实收余额的30%，但中国银行业监督管理委员会另有规定的除外；
（三）不得将信托资金直接或间接运用于信托公司的股东及其关联人，但信托资金全部来源于股东或其关联人的除外；
（四）不得以固有财产与信托财产进行交易；
（五）不得将不同信托财产进行相互交易；
（六）不得将同一公司管理的不同信托计划投资于同一项目。

的表述[102]，并未对专业受托人和这些特殊类型信托的受托人提出相应的更高的注意义务标准，建议在未来对这些法规进行修订时，加入相关的条款，以更好地实现信托目的、保护受益人利益、促进社会福祉。

结　语

本文考察了美国法对受托人免责条款效力的立场演进，并对若干可能导致受托人免责条款无效的公共政策考量因素进行相对深入的讨论，特别就受托人善意管理信托义务、谨慎义务和忠实义务的可排除性进行了分析。在理解美国法对信托受托人免责条款效力判断逻辑的基础上，结合美国法对信托法的任意性和强制性之争议，得出了初步的结论：受托人的忠实义务和谨慎义务都是可以允许委托人另做约定进行一定程度排除的，而信托受托人义务之核心是为受益人的利益诚实善意地管理信托，这是不可削减的强制性规则。

本文的研究有两方面的启示。一方面，是理论上的。通过观察美国法认定信托受托人免责条款无效的情形，我们可以看出信托的合同性、信托法的任意性以及在一般的任意性之下，免责条款效力判断中的强制性规则所体现的信托受托人义务不可削减的核心（irreducible core）是以诚实和善意（good faith）为受益人利益管理信托。第二个方面是制度上的，结合我国现有的信托法制，在信托受托人免责条款的相关立法和司法方面，本文也提出了一

---

[102] 《信托公司管理办法》第24条　信托公司管理运用或者处分信托财产，必须恪尽职守，履行诚实、信用、谨慎、有效管理的义务，维护受益人的最大利益。

《信托公司集合资金信托计划管理办法》第4条　信托公司管理、运用信托计划财产，应当恪尽职守，履行诚实信用、谨慎勤勉的义务，为受益人的最大利益服务。

《慈善信托管理办法》第24条　受托人管理和处分慈善信托财产，应当按照慈善信托目的，恪尽职守，履行诚信、谨慎管理的义务。

些建议，主要包括允许信托受托人免责条款的一般效力，区分受托人义务的强制性和任意性，并对特殊类型的信托和专业受托人进行特别规定等。

在具体的制度改进建议之外，作者从本文第二部分对美国法态度演进以及第三部分公共政策选择差异中看到，法律制度的完备并不是一蹴而就的，而是一个逐渐完善的过程。而所谓完备的法律制度，也仅仅是适应了某个时期某个区域的社会公共利益和经济发展水平。我们始终要以运动的发展的眼光看问题，适应社会经济的变化，把握法律制度演进和事物发展的内在规律，更好地以法律制度服务社会的发展。

An Analysis of the Effectiveness of the Exculpatory Clause in Trust Terms
——The Position of U. S. Law and Its Enlightenment

Wang Yian, Lou Jianbo

Abstract: This article observed the position of the U. S. laws on the effectiveness of the exculpatory clause for trustees, and found that the position of the states had undergone a process from disagreement to general unification. Factors which may affect the validity of the trust, including the type of trust, the identity of the trustee, and the duty of care and loyalty among the types of obligations breached by the trustee, may be set as default rules due to choices and changes in legal policy, which allows parties to agree to exclude such factors in the trust terms. However, the obligation to manage trust in good faith for the benefit of the beneficiaries is generally considered to be a mandatory rule that cannot be excluded through the exculpatory clauses in trust terms, and is deemed as the irreducible core of the trustee's duties.

Key Words: Trust, Effectiveness of the Exculpatory Clause, Mandatory Rules, Irreducible Core of the Trustee's Duties

关于是否适用均衡税的研究

[韩] 李俊俸[*]

摘要：本稿从租税政策的观点、法律观点以及适用实务上的观点对均等税能否有效地发挥"数字交易相关可发生的征税问题的短期对策"的问题，考核各国的立法经验。根据研究结果，均等税是一种基于数字消费本身的税，与传统的国际租税体制相冲突，也不能有效地执行来源国与居住国之间的正当的征税权分配功能。即使将均等税单方面引进到国内法，从租税政策的观点、法律观点、适用实务的观点来看都会引起诸多问题。从韩国的立场来说，国际上引进单方措施的国家成为多数之前，没有必要提前承担引进均等税的危险以及反作用。数字经济的新的征税要以对数字经济没有不利为目标，征税对象也是比照对法人总销售额进行征税，谋求在法人税的脉络上对所得本身进行征税的方向更为妥当。

关键词：均等税，数字消费，数字投资，数字用役税，重要经济现存，预扣税

---

[*] 李俊俸，成均馆大学法学院教授。

一、引言

数字经济的新型商业模式系基于现代信息和通信技术以及对于海量数据的运用,而数字经济的价值创造(value creation)大为分散,并与实体性存在(physical presence)脱钩。因现行国际直接税(direct tax)税收规则的适用对象是传统企业(brick and mortar business),数字经济下的新型商业模式暴露出现行国际直接税规则中潜在的薄弱环节。各国政策制定者们一直在努力寻求解决之道,以期在经济更快地向数字化转型的过程中,实现公平有效的征税。然而,考虑到经济数字化的普及性(pervasive nature)日益加强,出于税收目的将数字经济与其他经济门类加以清晰地区分,即便不是完全不可能,也是非常困难的。因此,即使有不少国家认为,传统方法在很大程度上没有能够针对数字经济,也没有能够建立针对数字经济的有效课税方案。无论是经济合作与发展组织(Organization for Economic Cooperation and Development, OECD)的税基侵蚀与利润转移(Base Erosion & Profit Shifting, BEPS)项目,还是欧盟的反避税指令(Anti-Tax Avoidance Directive, Council Directive 2016/1164 of 12 July 2016),都没有能够全面地处理数字经济带来的课税难题。

数字经济带来的课税难题中,关于数字经济课税的主流立场为:有一些基本可以通过调整(adjustments)或改善(refinements)转让定价税制(transfer pricing regime)和利润分割方法得到部分解决。同时,在政治和技术层面的讨论中,可以清楚地看到一种发展趋势,一是提倡运用效用理论(utility theory),二是认为对所得的征税更多地与市场所在地管辖区的需求因素相关,而较少与居民管辖区的供应因素相关。

本文将以均衡税(equalization levy)为重点,探讨适用均衡税的利弊。应对数字经济的税收规则中,均衡税是 OECD 主张的在构建符合各方利益的全球性长期方案之前的临时性短期备选方案,其基础理论是对所得的征税更多地与市场所在地管辖区的需求因素相关，而较少与居民管辖区的供应因素相关。因此，在探讨均衡税时，也先关注国际机构、超国家机构以及各国对数字经济税收规则的态度、数字经济特殊课税的合理性及课税方式等争议。①

综上，本文内容主要是，关于数字经济课税的全球总览（包括均衡税）、数字经济的特殊课税理论依据、均衡税的利弊、均衡税的争议点、均衡税的实行以及未来前瞻。

二、关于数字经济课税的全球总览

（一）OECD 和 UN 的观点

OECD 的 BEPS 项目行动 1 最终报告书②主要内容是数字经济课税面临的挑战。该项行动的最终报告书也触及了数字经济在直接税方面带来的较大范围的挑战，并讨论了三项宽泛的改革措施：（1）为确保收入来源国的征税权，以联结度规则（nexus）引入显著经济存在定义，如"数字化"或"虚拟化"常设机构 [digital or virtual Permanent Establishments (PEs)]；（2）对数字交易实行预提税；（3）实行均衡税。不过，上述最终报告书并没有提出具体建议。之所以不提出具体建议，出于以下几个原因。首先，部分 BEPS 措施会缓解更大范围内税收挑战的某些方面，消费税将在市场国家实现有效征税。其次，进行讨论的所有备选方案都需要实质性地改变国际税收标准，这要求开展进一步的工作。行动 1 指出各国可以在这三种方案中作出选择，将其用于本国的国内法之中，作为应对 BEPS 的预防措施，

---

① 数字服务税（digital service tax）、网络税（web tax）虽与均衡税的名称不一样，但本质是相同的，所以在本文中将对其一起进行探究。

② OECD (2015), *Addressing the Tax Challenges Raised by the Digital Economy*, Action 1 – 2015 Final Report, OECD/G20 Base Erosion and Profit Shifting Project, OECD Publishing, Paris. http：//dx. doi. org/10. 1787/9789264241633 – en (이하 '액션 1'으로 인용한다).

同时各国需要尊重现行税收协定义务；或者，各国也可以将备选方案用于双边税收协定。① 随着 BEPS 行动 1 提出的备选方案主导着目前的讨论，部分管辖区已经采取了单边行动。具体内容将在以下各国政策立法例中阐明。尽管在 BEPS 行动 1 最终报告书中并未形成共识，但 OECD 关于这些问题的工作并未宣告终止。该最终报告书已经指出，在 BEPS 项目其他后续工作完成之后，将继续开展相关工作，并且将在 2020 年提交一份报告，反映在数字经济方面继续开展工作的成果。②

数字经济的税收问题也登上了联合国（UN）的议事日程，其缘由在于"通过制定政策，处理数字经济问题，发展中国家的收获将会是最多"。③为建立"数字化常设机构"概念拉开序幕，关于技术服务费（fee for technical services），2017 年《UN 税收协定范本》提出了一项新的分配规则，"无论在来源国是否具有实体性存在，都将征税权赋予来源国"。根据《UN 税收协定范本》第 12 条 A 第二款规定，允许对支付给非居民的技术服务费征收预提税。④ 这是一个忽视实体性存在（physical presence）而赋予来源国征税权的条款。⑤

---

① *Id.*, at paras. 115 and 364; Executive Summary of *id.*, at p. 13 para. 243 et seq. and para. 357.

② *Id.*, at para. 361.

③ Committee of Experts on International Cooperation in Tax Matters, Tax Challenges in the Digitalized Economy: Selected Issues for Possible Committee Consideration, E/C. 18/2017/CRP. 22 (11 October 2017), at para. 17, available at http://www.un.org/esa/ffd/wp-content/uploads/2017/10/15STM_CRP22_-Digital-Economy.pdf.

④ "2. However, notwithstanding the provisions of Article 14 and subject to the provisions of Articles 8, 16 and 17, fees for technical services arising in a Contracting State may also be taxed in the Contracting State in which they arise and according to the laws of that State, but if the beneficial owner of the fees is a resident of the other Contracting State, the tax so charged shall not exceed ___ percent of the gross amount of the fees [the percentage to be established through bilateral negotiations]."

⑤ The Secretariat Paper for the Committee of Experts on International Cooperation in Tax Matters, Tax consequences of the digitalized economy – The taxation of fees for technical, managerial and consultancy services in the digital economy with respect to Art 12A of the 2017 UN Model, E/C. 18/2017/CRP. 23 (10 Oct. 2017), at paras. 80 et seq., available at http://www.un.org/esa/ffd/wp-content/uploads/2017/10/15STM_CRP23_Technical-Services.pdf.

（二）欧盟（European Union；EU）观点

在欧盟层面上，数字经济税收专家组委员会（Commission Expert Group on Taxation of the Digital Economy）2014年度报告主张，为新创办的创新型公司，尤其是数字化公司，改善税收环境。对于数字化应税存在（digital taxable presence）这一新概念，该报告大胆发声并指出，委员会对此问题进行了广泛的思考，得到的结论是，目前并不存在正当的理由，明确针对数字化活动，实施根本性的改变。① 该报告建议可以通过增值税方式来确保国家税收。

对数字经济采取新型税收方法的呼吁，最近几个月以来，得到了极大的政治推动。② 爱沙尼亚（Estonian presidency）在担任欧盟联合委员会（the Council of the European Union）轮值主席国期间，把数字经济的税收问题排在了税收议事日程的首位；奥地利已经宣布将在其轮值期间，即从2018年下半年开始，推动建立数字化常设机构（digital permanent establishment）的概念。③ 此外，欧洲议会也对这一问题施加了重大的政治压力。④ 而且，法国、德国、意大利和西班牙都要求作为权宜之计，以数字化公司在欧洲范围内产生的营业额为对象征收均衡税，同时表示并不排除其他长效解决方案。2017年9月16日在塔林举行的非正式ECOFIN会议期间，⑤ 有另外6个

---

① Commission Expert Group on Taxation of the Digital Economy, Report (28 May 2014), at 47.

② Georg Kofler, Gunter Mayr and Christoph Schlager, Taxation of the Digital Economy: "Quick Fixes" or Long-Term Solution?, European Taxation, December 2017, at 525.

③ Schelling-Plan zur Schließung der internationalen Steuerflucht-Routen (10 July 2017), available at https://www.bmf.gv.at/presse/Schelling-Plan.html.

④ P. Tang & H. Bussink, EU Tax Revenue Loss from Google and Facebook (Sept. 2017), available at https://paultang.pvda.nl/wp-content/uploads/sites/424/2017/09/EU-Tax-Revenue-Loss-from-Google-and-Facebook.pdf.

⑤ Political Statement-Joint Initiative on the Taxation of Companies Operating in the Digital Economy (9 Sept. 2017), available at http://www.mef.gov.it/inevidenza/banner/170907_joint_initiative_digital_taxation.pdf, ch. 2.2.

成员国表示同意采取上述方法。在此次会议上，部分成员国强烈反对针对数字经济改变现行税收规则，或者对此表示担忧；其他成员国则倾向于为数字经济税收努力寻求一种全面且有效的方法，这种方法将以现行公司所得税税收规则中经受了时间考验的各项规则为基础。① 这需要对来源国征税所要求存在的联结度（nexus）重新认识，修改 PE 概念［以及为反映价值创造（value creation）而进行利润分配的规则］，并以此改造既定的国际税收规则。② 这种数字化商业机构（digital business establishment）可以被涵盖在共同公司税税基（the Common Consolidated Corporate Tax Base，CCCTB）之中。③ 2017 年欧洲议会在"行动 1"成果的基础之上，提出了更为具体的建议，将纳入到 CCCTB 之中。④ 另外，还提出了修订 OECD 范本第 5 条的设想。⑤

欧盟委员会（the European Commission）发布了主题为"欧盟范围内针对数字化单一市场的公平有效的税收体系"⑥ 的委员会通报

---

① Presidency Issues Note for the informal ECOFIN Tallinn, 16 Sept. 2017 – Discussion on corporate taxation challenges of the digital economy, para. 10 et seq., available at https://www.eu2017.ee/political-meetings/ecofin.

② ECOFIN Press Release, EU finance ministers agreed to develop new digital taxation rules (16 Sept. 2017), available at https://www.eu2017.ee/news/press-releases/eu-finance-ministers-agreed-develop-new-digital-taxation-rules.

③ Proposal for a Council Directive on a Common Consolidated Corporate Tax Base, COM (2016) 683 final (25 Oct. 2016), EU Law IBFD [the Proposed CCCTB Directive] and Proposal for a Council Directive on a Common Corporate Tax Base, COM (2016) 685 final (25 Oct. 2016), EU Law IBFD [the Proposed CCTB Directive].

④ Amendments 9, 19, 36, 37 and 38 in the Draft Report on the proposal for a Council directive on a Common Corporate Tax Base, PE 608.050v01-00 (13 July 2017) and Amendments 6, 12, 15, 16, 19, 26 in the Opinion of the Committee on Legal Affairs for the Committee on Economic and Monetary Affairs on the proposal for a Council directive on a Common Corporate Tax Base, PE 602.948v03-00 (19 Sept. 2017), available at http://www.europarl.europa.eu/committees/en/JURI/opinions.html.

⑤ P. Tang & H. Bussink, *op. cit.*, at 11.

⑥ European Commission, A Fair and Efficient Tax System in the European Union for the Digital Single Market, COM (2017) 547 final (21 Sept. 2017).

(commission communication)。该通报讨论了相关背景问题（background issues）和目标，并且相当抽象地讨论了各种长期和短期的备选方案，最后呼吁"针对数字经济的税收问题，形成坚强有力且雄心勃勃的欧盟立场"，并进而与国际上目前正在进行中的工作，或者与欧盟单一市场相结合。

（三）关于各国单边行动的概述

OECD和欧盟正在努力寻求多边解决方案①，而有不少国家已经采取了单边行动。具体措施，请参考以下表格。②

表1 应对数字经济，已经或预计实行间接税
（indirect tax）税收规则的国家

间接税（对数字服务征收的增值税除外）		
国家	预计实行/实行/修订	税种
欧盟国家		
匈牙利	实行（2014），修订（2017）	对广告活动课税（广告税）
英国	预计实行（2019）	对在线广告的中介业务和提供服务征收预提税
意大利	预计实行（2020）	对特定数字交易（B2B）征收网络税
法国	实行（2003），修订（2016）	VOD（video-on-demand）或影音基金中（cinematography fund），对基于网络在线平台（over-the-top online platform）访问（数字）产品的交易课税

---

① Multilateral Convention to Implement Tax Treaty Related Measures to Prevent Base Erosion and Profit Shifting (24 Nov. 2016), Treaties IBFD, signed in Paris on 7 June 2017.
② European Commission, Commission Staff Working Document, Impact Assessment, Accompanying the document Proposal for a Council Directive laying down rules relating to the corporate taxation of a significant digital presence and Proposal for a Council Directive on the common system of a digital services tax on revenues resulting from the provision of certain digital services, {COM (2018) 147 final} – {COM (2018) 148 final} – {SWD (2018) 82 final}, Brussels, 21. 3. 2018 SWD (2018) 81 final, at 53 – 55.

续表

间接税（对数字服务征收的增值税除外）		
国家	预计实行/实行/修订	税种
德国	实行（2004），修订（2010）	VOD或影音基金中，对基于网络在线平台访问（数字）产品的交易课税
罗马尼亚	实行（2005），修订（2008）	VOD或影音基金中，对基于网络在线平台访问（数字）产品的交易课税
克罗地亚	实行（2007）	VOD或影音基金中，对基于网络在线平台访问（数字）产品的交易课税
葡萄牙	实行（2007）	VOD或影音基金中，对基于网络在线平台访问（数字）产品的交易课税
比利时（特定地区）	实行（2009）	VOD或影音基金中，对基于网络在线平台访问（数字）产品的交易课税
捷克	实行（2012）	VOD或影音基金中，对基于网络在线平台访问（数字）产品的交易课税
其他国家		
美国（特定州）	实行（2015—2016）	对数字产品及流媒体服务（streaming services）课税
印度	实行（2016）	对非居民提供的在线广告服务课税
加拿大（特定地区）	实行（2018）	对数字产品及流媒体服务课税
巴西（特定州）	实行（2018）	对数字产品及流媒体服务课税

表2　应对数字经济，已经或预计实行直接税（direct tax）税收规则的国家

直接税		
以防止滥用规定及重心定义显著经济存在（significant economic presence）方法为中心		
国家	预计实行/实行/修订	税种
欧盟国家		
意大利	正式通过（2017），发生效力（2018）	针对大型非居民跨国企业的行政程序规定

续表

直接税		
以防止滥用规定及重心定义显著经济存在（significant economic presence）方法为中心		
国家	预计实行/实行/修订	税种
斯洛伐克	正式通过（2017），发生效力（2018）	对通过网站或在线平台提供的中介服务收入课税
其他国家		
英国	实行（2015）	转移利润税（diverted profits tax）
以色列	实行（2016）	针对非居民外国企业的显著经济存在
澳大利亚	实行（2017）	转移利润税和针对大型非居民跨国企业的反避税规定
印度	实行（2018）	显著经济存在
美国	正式通过（2017），发生效力（2018）	针对大型跨国企业的税基侵蚀与反滥用税（base erosion anti-abuse tax；BEAT）

  阿根廷地方政府数年来一直尝试对非居民数字化企业的收入课税，最终未能落实，而且其合法性也受到了质疑。作为权宜之计，从 2017 年 12 月开始，联邦政府对非居民数字化企业向阿根廷居民提供的流媒体服务（digital streaming services）征收 20% 的增值税。[①]

  依据 2020 年《数字税法［Digital Tax Act 2020（Digitalsteuergesetz 2020）］》，澳大利亚将对在线广告收入征收 5% 的数字营业税（digital business tax）。此税是区别于传统广告税（advertising tax）的另外一个税种。[②]

[①] Jimena Milessi, "Argentina's Journey to a Digital VAT", *Bulletin for International Taxation*, 2018（Volume 72）, No. 4a/Special Issue, 26 March 2018, at 1.

[②] Gunter Mayr, "New Digital Business Tax on Online Advertising in Austria", *European Taxation*, IBFD, July 2019, at 350.

(四) 针对数字服务课税已采取单边行动的国家立法例

1. 印度的均衡税

印度政府从 2016 年开始依据《财政法案（the Finance Bill 2016）》第 8 章规定征收均衡税，但均衡税并未构成 2016 年预算案中的所得税。因此，关于均衡税的一些举措并不属于 1961 年《印度所得税法案（the Income Tax Act 1961；ITA）》的所得税课税范畴。此操作可能是为了避免均衡税是否违反税收协定的争论。

均衡税适用于印度全国［查谟和克什米尔地区（Jammu and Kashmir）除外］，其征税对象是非居民在印度提供如下服务产生的收入：一是带有在线广告性质的服务，二是数字化广告位，三是用于在线广告活动所有设施或服务。[①]

根据《财政法案（the Finance Bill 2016）》的规定，对非居民通过向以下两类付款方提供特定服务所取得的收入总额或应收账款总额课征 6% 的均衡税。其中，付款方为在印度境内开展商业活动或者专业活动的印度居民，或在印度境内拥有常设机构的非居民。该规定中的特定服务仅限于非居民服务供应商提供的在线服务用于印度境内居民为开展商业活动或专业活动的情况。即印度的均衡税主要征税对象是非居民为印度境内的商业活动提供数字化广告位（digital advertising space）而收取的收入。[②]

均衡税的纳税主体是向非居民供应商购买在线广告服务的付款方（印度居民/非居民在印度的常设机构），即付款方是代扣代缴义务人。如果代扣代缴义务人未能足额扣缴税款，会产生税务机关无法向非居民供应商通知征税处分或其他处分的问题。所以在这种情况下，付款方应主动承担均衡税，并补缴应纳均衡税税款和利息。

[①] Sagar Wagh, "The Taxation of Digital Transactions in India: The New Equalization Levy", *Bulletin For International Taxation*, September 2016, at 549.

[②] Id.

《财政法案（2016）》明确规定，如果付款方已履行代扣代缴义务，就购买服务支付的款项允许作为费用在计算当年所得税时进行扣除。①

以下情况，印度不征收均衡税。②

（1）提供特定服务的非居民在印度境内拥有常设机构，且所提供的特定服务与该常设机构具有实际联系（effectively connected）。这种情况下，就特定服务支付的款项将适用40%高税率，并作为费用在计算常设机构所得税时进行扣除。

（2）非居民在前一年度内通过向位于印度境内开展商业活动、专业活动的印度居民或者在印度拥有常设机构的非居民提供特定服务取得的收入总额或应收账款总额不超过10万卢比。这种操作是为了减少小规模纳税人或个人的纳税负担。

（3）购买的特定服务未用于印度境内的商业活动或专业活动时，均衡税的联结度（nexus）为服务购买方开展印度境内商业活动而使用该特定服务的。

2. 法国的数字服务税

2019年7月11日，法国议会正式通过数字服务税（digital service tax）法案。纳税义务人是为法国居民消费者或用户提供特定数字服务而产生年度收入总额超过特定额度的大型跨国企业。③ 数字服务税是应对数字经济采取的补充性税收措施。数字化公司的特点是可以不构成实体性存在（physical presence）的常设机构而开展商业活动。2019年初，法国上诉法院裁定，谷歌（爱尔兰）公司在法国境内并不具有常设机构。④ 法国不是第一次实行数字服务税。法国曾在2016年采用过所谓的"Youtube税"，对Youtube或Netflix等提

---

① *Id.*

② *Id.*

③ Bertrand Hermant, France Taxes the Digital Economy in: Digital Economy, Bloomberg Tax, Summer 2019, at 18.

④ *Id.*

供流媒体服务的公司的总收入适用2%的税率。[①]

根据法国数字税法第299条的规定，数字服务税的主要核心是中介服务（interfacing service）和广告服务（advertising services）。[②] 中介服务是指为用户之间的合同签订、商品、服务交易提供数字化中介平台（digital interface）。广告服务是指为网络广告商使用用户提供的数据（如用户在搜索引擎输入的关键词）向居住在法国境内的用户插播广告，提供数字化中介平台广告位的销售服务。

以下服务，不属于征税对象。[③]

（1）数字产品的引进［例如流媒体（streaming video）、音乐点播（on-demand music）］。

（2）通信服务［例如收费邮件（mail paid-for services）］。

（3）支付服务（payment services）［例如银行或保险领域（banking and insurance sector）的支付服务］。

（4）企业之间的服务（intercompany services）［例如直接或间接关联企业之间的服务、为企业的联合（for consolidation purpose）在企业集团内提供的服务］。

数字服务税取决于是否在法国境内提供了服务，所以其定义至关重要。例如，是否通过位于法国的终端（terminal）访问中介平台、用户是否有在法国注册账号（account）等都能成为判定标准。[④] 根据数字税法，法国将只对全球年度总收入超过7.5亿欧元（8.44亿美金）且来源于法国境内年度总收入超过2500万欧元（2800万美金）的互联网企业征收数字服务税，法国企业与外国企业同等适用。存在排他性支配关系的企业，可以通过联合统计所得的方式适用上述标准。[⑤]

---

① *Id.*
② *Id.*, at 19.
③ *Id.*
④ *Id.*
⑤ *Id.*

业界一直对法国数字服务税与欧洲法或国际规定之间的兼容性问题争论不休。① 首先是数字服务税与欧盟条约（the Treaty of the EU），尤其是关于国家补助金的欧洲法（the legislation of state aid）是否可以同时适用的问题。因法国数字服务税的纳税义务人数量有限且大部分是外国企业，数字服务税可能会成为该类企业的制约（restriction）。另外一种情况是，美国企业将成为法国数字服务税的主要纳税义务人，符合条件的29家企业中美国企业有21家。对此，美国根据《1974年贸易法》第301条规定对法国数字服务税发起了调查，分析该税是否歧视性对待美国企业。调查结果显示，美国将对法国企业实行报复性的征税。②

3. 英国的数字服务税

英国最早是在宣布2018年预算计划时提出了数字服务税，在进行意见征集程序（consultation process）之后，英国政府正式决定实行数字服务税，于2019年7月11日宣布数字服务税的立法案及指南（guidance）。③ 英国的数字服务税，对向英国用户提供网络搜索引擎、社交媒体平台（social media platforms）以及在线集市（on-line marketplace）的大型企业的总收入适用2%税率。纳税义务人是每年在全球的总收入超过5亿英镑（6.09亿美元），基于英国用户产生的年度总收入超过2500万英镑的企业。④ 对基于英国用户产生的收入低于2500万英镑的企业，不征收数字服务税。英国数字服务税可以作为费用在计算企业所得税时进行扣除，也可以根据转让定价税制在企业集团内分摊。⑤ 数字服务税将在2020年4月1日开始正式实行，预计在2025年进行第二次检讨。遵从OECD的建议，英

---

① *Id.*, at 20.

② *Id.*

③ Ross Robertson · Arjun Bhatia, U. K. Digital Service Tax – What Does it Mean for Multi-national Corporations? in: Digital Economy, Bloomberg Tax, Summer 2019, at 33.

④ *Id.*

⑤ *Id.*

国的数字服务税是一个临时性的措施,无明确的日落条款(sunset clause)。①

数字服务税针对的是提供网络搜索引擎、社交媒体平台(social media platforms)以及在线集市(on-line marketplace)的数字服务。其中,通过企业集团提供的数字服务包含的在线广告业务。在线广告业务是指通过允许刊载在线广告的在线平台开展的商业活动。②

社交媒体平台包含社交网站(social networking sites)、小规模博客平台(micro-blogging platforms)、视频/照片共享平台(video/image sharing platforms)、在线约会网站(on-line dating websites)以及用户评价共享平台(platforms for sharing user reviews)等。③

实时传送、直播或发布电影或音乐等媒介的商业活动不属于数字服务税的征税对象。同样,在线销售自己的物品、提供在线产品以及提供电台或电视播放服务也不属于数字服务税的征税对象。④

如果搜索引擎的搜索对象是全部网络,那么搜索引擎是征税对象。但如果搜索引擎只在一个网站发挥搜索功能,或者使用内部搜索引擎则不属于数字服务税的征税对象。

在线集市是指为用户可以向其他人销售特定商品或服务而提供的在线平台。数字服务税只针对平台作为中介给用户牵线搭桥的情况。⑤

B2C、B2B以及C2C交易/商业模式属于数字服务税的征税对象,为介绍产品(products)使用平台也属于数字服务税的征税对象。⑥

插播广告的受众是英国用户,或者在线集市的交易当事人是英

---

① Id.
② Id.
③ Id.
④ Id.
⑤ Id.
⑥ Id.

国用户时，所产生的收入属于数字服务税的征税对象。英国用户是指被认定为定居在英国，或为开展商业活动定居在英国的个人。如果数字服务税征税对象收入与其他收入混合发生时，按照公平合理标准进行分配。①

三、数字经济特殊课税的必要性及其规范依据

均衡税的实行涉及数字经济是否有必要特殊课税、如有必要其依据是什么等问题。均衡税是应对数字经济而采取的特殊课税措施之一，所以在探讨均衡税特性时，还应研究数字经济是否有必要特殊课税、如有必要其依据是什么等问题。在关于数字经济特殊课税的必要性及其依据的争论中，以下是与均衡税有关的。②

（1）经济数字化环境下，调整现行国际税收规则的原因是什么？
（2）区别对待（大规模）数字经济存在的问题是什么？
（3）数字经济特殊课税是否会影响数字经济的商业模式？
（4）怎样依据市场需求征税？
（5）数字投资概念是否能成为规范依据？
（6）如何在数字存在与数字投资之间分配利润？

本文将按照上述顺序，探讨关于数字经济特殊课税的必要性及其依据。③

（一）经济数字化环境下，调整现行国际税收规则的原因是什么？

经济数字化环境下，国际上的主流趋势是调整在制造业经济环

---

① *Id.*, at 33~34.
② Wolfgang Schön, "Ten Questions about Why and How to Tax the Digitalized Economy", *Bulletin for International Taxation*, 2018（Volume 72）, No. 4/5.
③ 下文以 W. Schön, "Ten Questions about Why and How to Tax the Digitalized Economy", 72 Bull. Intl. Taxn. 4/5（2018）, *Bulletin for International Taxation IBFD*（accessed 9 March 2018）为中心进行论述。

境下形成的现行国际税收规则。在政策①和技术②层面的讨论中,可以看到对现行国际税收规则的诸多不满。然而,税法与其他法律一样,没有必要一定要跟着经济的创新,作定期修改。③

"修改现行国际税收规则"的立场,存在着两个前提:④ 一是数字经济不需要通过税收管辖(market jurisdictions)的常设机构或子公司向全世界消费者提供商品或服务;⑤ 二是对于在数字领域里取得成功的企业,驱动其商业模式的是无形财产权和规模经济。⑥ 跨国企业可以任意选择发挥核心功能和价值创造的场所,且该场所可能既不属于最终消费者居民国家,也不属于母公司居民国家。⑦

主张修改现行国际税收规则的主要观点如下。⑧

1. 经济数字化下,BEPS 可能会导致歪曲竞争

在数字经济领域内,企业借助全球价值链管理进行激进的税收筹划已是包括发达国家在内的国际社会税收收入锐减、财政危机加重的重要原因之一。这些跨国企业可能无须在市场国实质性纳税,

---

① European Commission, "A Fair and Efficient Tax System in the European Union for the Digital Single Market", 21 Sept. 2017, COM (2017) 547, final, p. 2, 6; HM Treasury, *Corporate tax and the digital economy: position paper*, 2017, para 1.4.

② Y. Brauner & P. Pistone, Adapting Current International Taxation to New Business Models: Two Proposals for the European Union, 71 Bull. Intl. Taxn. 12, p. 681 et seq. (2017), Journals IBFD; G. W. Kofler, G. Mayr & C. Schlager, Taxation of the Digital Economy: "Quick Fixes" or Long – Term Solution?, 57 Eur. Taxn. 12, p. 523 et seq. (2017), Journals IBFD.

③ W. Schön, *op. cit.*, at 1.

④ Id.

⑤ European Commission, "A Fair and Efficient Tax System in the European Union for the Digital Single Market", 21 Sept. 2017, COM (2017) 547 final, at p. 2; 액션 1, para. 246 et seq.; M. Olbert & C. Spengel, *International Taxation in the Digital Economy: Challenge Accepted?*, 9 World Tax J. 1, p. 3 (4) (2017), Journals IBFD.

⑥ European Commission, supra., at pp. 2, 5; OECD, supra., at para. 180 et seq.; Commission Expert Group on Taxation of the Digital Economy, Report, 2014, p. 5 et seq., p. 11 et seq.

⑦ OECD, supra., at para. 253 et seq.; HM Treasury, supra., at paras. 1.3, 3.8 et seq.

⑧ W. Schön, *op. cit.*, at 2~3.

同时在其他国家也无须纳税或适用低税率。跨国企业出于避税的需要，将资产和利润转移至避税天堂或具有税收优惠的国家，从而相较于市场国经营企业更具有竞争优势。因此，数字经济下现行国际税收规则的调整方向应是对市场国的财政支援而不是转移征税权。

2. 数字经济已扩展了课税基础，其规模可构成征税条件

此观点的焦点仅在于公司的总收入，所以适用对象也仅限于高收入企业，如 Apple、Google、Amazon 等企业。而且，即使这些企业创造了收入，市场国仍须证明其税基与市场国存在联系，从而可以对其征税。然而，这些企业的收入不仅与市场国存在关联，与居民国、数据库、研究开发中心的生产地（production site）所属国家也存在关联。所以，这种观点将引发对征税权的竞争。

3. 以认可现行国际税收规则的原理为前提，通过重新调整可执行征税的连接点（connecting factors），确保市场国的征税权

上述观点的依据是：第一，在居民国与来源国的征税分配上，传统标准是常设机构（Permanent Establishment，PE）和子公司的设立，既然经济数字化环境下常设机构概念无法发挥作用，应修改这一传统概念，恢复来源国的征税权；第二，国际交易的征税权标准是经济关联性（economic allegiance）和个人关联性（personal allegiance），常设机构的存在是属于前者的判断标准，居民或居民国是属于后者的判断标准，如今经济关联性存在并不与常设机构实体性存在必然挂钩，经济关联性概念可能会涉及多个国家。第三，BEPS项目之后，征税权分配标准应是价值创造（value creation）概念。但是，价值创造的概念本身很不明确，与其说是征税权分配的理论依据，不如说是鲜明的政治性口号，业界对于价值创造与数字经济的关系也不断存在意见分歧。

（二）区别对待数字经济存在的问题是什么？

区别对待数字经济而构建特殊国际税收规则，会引发数字经济

与其他经济之间的差别对待问题。数字技术适用于各个经济领域，很多企业也会同时从事传统的物理性交易和数字交易，故如何区分数字经济也是一项艰难工作。若区别对待以数字化商业模式为业务核心的企业，会存在违反公平原则的风险。根据企业使用何种技术而区别对待，也有悖于税法中立性。而且在实施过程中，发生的实务难点也会不断增加。①

尽管如此，有一些特例可以不适用国际税收的一般原则。根据《OECD 税收协定范本》第 5 条第 2 款规定，建筑工地属于常设机构，是常设机构实体性存在一般定义进行特殊适用于特例的典型案例。② 对建筑工地的区别对待，不存在争议。对艺术家和运动员的区别对待亦是如此。因为在这种操作中，国际税收的一般原则是依据现实生活进行实施或调整的。区别对待数字经济与应寻求与现行国际税收规则兼容的解决措施应同时进行。因此，需要在数字技术或数字化商业模式中，识别出有构建新税收规则需求的要素。

差别对待数字商业模式的大型公司与中小企业也存在风险。欧盟只对每年收入超过 750 万欧元的跨区企业要求提交国别报告（country - by - country report）。③ 不管中小企业是否参与外国市场，都会在居民国产生税负，而大型公司将在国际市场上受到特殊课税待遇。这种操作可能会违反各国的宪法平等原则及欧洲宪章（the European Charter of Fundamental Rights）第 20 条的规定。④

（三）数字经济特殊征税是否会影响其商业模式？

数字商业模式中的商业形态具有多样性，与来源国形成联结度的方法也存在差异。以下研究内容是，不同数字商业模式对经济数

---

① *Id.*, at 2 참조.
② *Id.*, at 3.
③ Confederation Fiscale Europeenne, Comment, in: OECD, Tax Challenges of Digitalization: Comments Received on the Request for Input, Part I, 25 October 2017, at 3/108.
④ W. Schön, *op. cit.*, at 3.

字化税收规则产生的影响。①

第一，与传统分配体系有紧密联系的商业模式。Amazon 通过互联网销售图书及其他商品，无须在市场国组建销售场所。但为了及时配送，会在毗邻的地方组建物流仓库。按照《OECD 税收协定范本》的规定，此类仓库不构成常设机构。BEPS 项目行动 7 及多边公约都有明确涉及，如果这些物流中心的运作属于公司的核心功能，那么就不再适用《OECD 税收协定范本》第 5 条第 4 款关于不构成 PE 的相关规则。②

第二，如果 Amazon 通过下载方式销售商品，上述解决方法显然是无效的。例如，Apple 提供的 iTunes 音乐数据库下载服务。瑞典的 Netflix 和 Sportify AB 与消费者的联结度仅仅是为访问它们的视频或音乐的消费者提供临时的链接平台。③ 微软（Microsoft Inc.）也变更了 Office 软件的供给方式，初期的供给方式是向电脑生产商销售软件或零售/远程销售 CD - ROMs，而到后期消费者无须通过中介或实体性存在，也可以直接下载软件。如今消费者可以通过 Office360 在线访问软件。④ Salesforce.com 也存在类似的商业模式。Salesforce.com 向消费者提供云计算服务，消费者无须下载软件，通过在线访问就可以使用公司的宣传设备。消费者可以通过使用 Salesforce.com 的数据中心开展商业活动，而这种数据中心可以位于世界各地。在这种情况下，软件的提供带有服务性质。⑤ 科学及学术领域也存在类似的商业模式。Reed Elsevier 出版社以通过大数据（Big Data）创造市场利润为目的，建立了名为 RELX 的科学数据库，消费者可以通过支付使用费的方式使用其集合的信息。⑥

---

① W. Schön, *op. cit.*, at 4~5.
② Blum, *op. cit.*, at 316 et seq; W. Schön, *op. cit.*, at 4.
③ W. Schön, *op. cit.*, at 4.
④ *Id.*, at 4~5.
⑤ *Id.*, at 5.
⑥ *Id.*

第三，上述商业模式都存在传统的供应商和消费者两者关系，而消费者的使用行为对价值创造有贡献时，通过用户的使用行为创造服务的情况又是不一样的。① Facebook 和其子公司 WhatsApp、YouTube 就属于这种情况。这类企业有偿提供社交网络服务、网络对话服务、作品共享机制（content – sharing mechanism），从中收集数据并向客户销售用于广告目的的用户访问（user – access）。② 这时会发生三者关系（a tri – polar situation）。Facebook 和其子公司向产生数据的个人用户提供服务，有时（例如 YouTube）还对用户的作品提供经济补偿。同时，Facebook 和其子公司会向客户提供广告位与算法，并收取现金对价。③ 搜索引擎 Google 和具备通信功能的 Twitter 也存在类似的商业模式。从税法角度看，数字服务供应商通过上述模式创造利润，而客户用于购买广告位的支出可作为费用在计算所得税时扣除。④

第四，关于中介服务供应商（intermediary service providers）的商业模式。⑤ Expedia 的商业模式属于中介服务供应商。该公司是 Booking.com 和其他数字旅行社的母公司，在酒店预约及类似服务领域内有着较高的市场占有率。这些公司的收入付款方是酒店，而不是用户，提供的服务也跟国境无关。Booking.com 在欧洲市场上的运营地是荷兰，酒店支付的手续费可以在酒店居民国以费用进行扣除，而服务供应商只在荷兰纳税。

（四）怎样依据市场需求征税？

为给市场国分配更多的税收，有必要向通过数字技术提供产品和服务的外国公司阐明市场贡献度的理论依据。

---

① *Id.*
② *Id.*
③ *Id.*
④ *Id.*
⑤ *Id.*

首先，上述立场是基于受益原则（benefit principle）而得出的结论。市场的存在不仅需要消费者，还需要通信设备、社会基础设施及法律环境等要素。商品和服务的提供使用了这类要素，所以应该支付相应的对价。而且这些要素对价值创造也有贡献，如没有消费者的需求，供应商的产品毫无价值，用户的使用行为也对产品的价值创造有贡献。①

在此基础上，还须研究市场存在，以及因市场国、市场国消费者和市场国企业发生的价值创造。即便基于需求征税有正当依据，对于数字经济在企业阶段征税也是有分歧的。②

（1）受益的研究是与市场中的商品和服务相关的，与分配渠道是否带有数字化性质毫无关联。特别是以数字经济的商品和服务对价高额为由，对数字化交易征税同样也会面临这种批判。③

（2）不管是民营还是国营数字化基础设施，仅以使用基础设施为依据征税是不合理的。数字化基础设施与道路、铁路基础设施相比，对公共领域的投资需求较低。④

（3）市场需求存在，即有购买商品或服务需求的地域性消费者的购买力，通常是以增值税等消费税形式征税。所以，市场国如须在增值税等消费税以外增加其他税种，须提出新的论据，并阐明数字经济特别征税的必要性。⑤ 如远程销售无法成为市场国征税的合理依据，更加难以论述对境外数字销售和服务的征税依据。⑥

另外，从历史角度看，修改国际税收规则思路的依据是，"市场国与来源国之间对征税权的妥协，已被全球经济和数字经济毁坏"。⑦ 境内进口交易关税、国内间接税已被《关税及贸易总协定》

---

① Critical, M. Olbert & C. Spengel, *op. cit.*, at 21.
② W. Schön, *op. cit.*, at 8~9.
③ Olbert & Spengel, *op. cit.*, at 21.
④ W. Schön, *op. cit.*, at 8.
⑤ *Id.*, at 9.
⑥ HM Treasury, *op. cit.*, at para 2.6., 3.15.
⑦ European Commission, *op. cit.*, at para 1.4.

（GATT）缩减。自第二次世界大战以来，增值税等间接税成为市场国的主要财政收入来源。与20世纪20年代相反，对市场需求的广泛征税得到了空前的成功。所以，若对境内进口数字交易实行额外征税，须证明增值税等间接税的失灵。[1] 业界一直致力于对数字交易实行增值税等间接税。增值税是目的地国家（destination country）的主要财政收入来源，这是毫无争议的。[2]

（五）数字投资概念是否能成为规范依据？

对实体性存在（physical presence）与数字存在（digital presence）是相似的观点，存在的理论瑕疵是从市场国和消费者关系中识别虚拟常设机构（virtual PE）属性。对生产国和市场国间的征税权分配的政治性讨论已经超越了数字世界的特性。[3] 传统常设机构概念的目的不在于市场国，而是把生产基地、研究开发中心、核心经营管理场所和商业包装（commercial outfits）等对利润创造有贡献的经营场所连接在一起，而其中的大部分场所不是位于市场国。以消费者存在为目的地国家的市场国与作为来源国家的市场国是不同的概念。所以，如果要在数字世界适用常设机构概念，仅专注公司与消费者之间的关系是不妥当的。[4]

企业所得税与流转税（turnover tax）不同，是对投资者的投资回报课税。股东作出的投资，应在投资对价发生的国家征税。判断超越实体性存在的常设机构是否存在，须了解形成无形或有形投资的场所在哪里。[5] 在对外投资中，传统的制造业投资（brick and mor-

---

[1] W. Schöon, International Tax Coordination for a Second Best World (Part I), 1 World Tax J. (2009) at p. 85；下文引用方式为'W. Schön II'。

[2] W. Schön, op. cit., at 9.

[3] J. Li, "Protecting the tax base in the digital economy", in United Nations Handbook on Selected Issues in Protecting the Tax Base of Developing Countries, 2nd Ed., pp. 479, 483 et seq. (Trepelkov, Tonino & Halka eds. 2017).

[4] W. Schön, op. cit., at 11.

[5] W. Schön II, op. cit., at 102.

tar investment）所占比例越来越小。有时，互联网企业也要为进入特定国家的市场作无形投资，同时向该国提供适当的解决方案、推广品牌、运营服务中心。①

若互联网企业为吸引消费者，对特定国家市场投资资本，则该国有权行使征税权。该征税权的依据是公司投资该市场是期待投资回报所得。② 为抑制小规模常设机构在全球范围内的扩散，应通过识别投资的数字特性、或设定最小投资金额等方法，建立有意义的数字投资定义及数量限额（meaningful qualitative and quantitative threshold）。③

基于上述观点，还应深层分析互联网企业的投资战略，识别哪些投资具有一般性，哪些投资针对的是特定市场。像微软、Salesforce.com、RELX、Netflix 和 Sportify AB 等提供下载或流媒体服务、访问云计算服务的公司，须分析是否存在超越一般中央集中投资、针对特定国家的无形/有形投资。④ 针对特定国家的投资包括使用该国语言的网站、满足该国法律要件的行为、在该国设置服务中心等。像 YouTube、Twitter、Snapchat、Instagram 等提供用户制作的作品的公司，应分析为消费者的免费使用而投入的通信服务资本。这些公司的广告收入是通过上述通信服务产生的。⑤ Google 加工的数据也可以适用类似方法。Google 的投资是向消费者免费提供的搜索引擎，收入来源是向客户销售广告位（advertising slots）。⑥

综上，数字投资概念符合企业所得税的基本法律及经济假设，但与传统空间范围内的受益不存在明显的关联性。即使对特定国家的投资目的是该国的消费者，这与市场国或在市场国提供的特定公

---

① W. Schön, op. cit., at 11.
② Id.; Olbert & Spengel op. cit., at 33 et seq.
③ W. Schön, op. cit., at 11.
④ Id., at 12.
⑤ Id.
⑥ Id.

共财产不构成空间上的相互依存连接关系。① 对此,应从数字投资回报中识别出地域特性要素。② 考虑到对特定国家的沉没投资(sunken investment)受益具有的地域针对性以及因税收竞争导致的税基侵蚀艰难性,对投资收益征税具有特殊的经济意义。③

(六)如何在数字存在与数字投资之间分配利润?

对于"公司内的利润分配反映的是资产的使用(use of assets)、机制的作用(performance of functions)以及风险的承受(assumption of risks)"的假设,存在的争议点在于公司投资(包括人力资本)的规模与性质。上述假设符合OECD开发的转让定价税制。但是,上述假设未涉及"市场存在""进入市场的可能性或市场的显著性""消费者贡献度"。这意味着与市场和消费者关联的要素难以转换为技术性标准。因此,需股东出资的资本、该资本的投资金额以及归属于特定市场的投资金额之间的相互关系。无形资产(包括以客户为基础的无形资产)可适用于利润分配,同样也适用于品牌、平台、专有技术及数据储存等价值创造因素。④⑤

支持数字存在的观点也认可现行转让定价税制及利润分配方法无法适用于目的地国家的数字存在。其依据是:数字化商业模式通常使用难以寻迹、评价的无形财产权;现行转让定价税制及利润分配方法依据的资产、功能及风险概念是从供应商对来源国价值创造有贡献的角度出发的;需求存在与公司的资产、功能及风险是毫无相关的。⑥

---

① *Id.*
② M. A. Kane, A Defense of Source Rules in International Taxation, 32 Yale Journal of Regulation 2, pp. 311, 353 et seq. (2015).
③ W. Schön, *op. cit.*, at 12.
④ BlaBlaCar, Comment in: OECD, Tax Challenges of Digitalisation: Comments Received on the Request for Input, Part II, 25 October 2017, p. 3/52.
⑤ Devereux & Vella (Digitalization), *op. cit.*, at 17 et seq.
⑥ W. Schön, *op. cit.*, at 12.

支持数字存在的一方提出了关于利润分配的特殊措施①，比如部分利润提前分配方法②和总收入全面利润分配方法③（formulary apportionment）。但是，如果只对数字交易适用此类方法，会影响与传统产业之间的中立性。④ 数字交易适用总收入，而其他交易不适用的原因也难以解释清楚。即使采取了归属于市场国的利润提前分配的方法，在生产国与市场国（根据总收入分配利润）之间的损失分配问题并无明确的思路。⑤ 依据总收入分配归属利润的方式，忽略了损失金额，市场国分配到的利润并不与损失金额挂钩。

如果须采取传统国际税收规则中的利润分配法，可以适用 OECD 开发的方法。此方法不会形成数字产业与其他产业的不均衡。前提是，须识别出针对特定国家投资的投资金额，包括有形或无形资产。⑥ 根据这种思路，用户价值也可以成为利润分配的标准，因消费者的使用行为也像公司向消费者免费提供特定功能的行为，具有投资性质。⑦ 考虑到公司的数字特性、人工智能及大数据的价值创造，显著人为行使功能（significant people functions）的重要性将会逐渐减少。⑧ 如果只是采取消费者存在的征税方法，显著人为行使功能将会与利润分配完全脱钩。⑨

---

① Digital Economy Group, Comment, in: OECD, Tax Challenges of Digitalization: Comments Received on the Request for Input, Part I, 25 October 2017, at 10/146.
② HM Treasury, *op. cit.*, at para. 4.6.
③ P. Hongler & P. Pistone, Blueprints for a New PE Nexus to Tax Business Income in the Era of the Digital Economy, White Paper IBFD, 20 January 2015, at 33 et seq.
④ Kofler, Mayr & Schlager, *op. cit.*, at 529.
⑤ W. Schön, *op. cit.*, at 12.
⑥ *Id.*, at 12.
⑦ *Id.*, at 12~13.
⑧ Olbert & Spengel, *op. cit.*, at 38.
⑨ *Id.*, at 13.

四、均衡税

（一）均衡税的主要特性

均衡税[①]是应对数字经济的征税方案，通过分析结合均衡税的立法例，主要研究均衡税的特性及其争议点。

（1）各国就均衡税征税对象尚未建立统一标准，原则上是数字服务的提供。

（2）均衡税的纳税义务人是数字服务供应商，增值税的纳税义务人是消费者。

（3）均衡税实质上是对提供数字服务产生的收入征税，但实际操作是对数字服务供应商的总收入征税。

（4）均衡税具有所得税属性，可能会发生双重征税或多重征税的风险。

（5）各国实行的均衡税并不属于所得税范畴，但是对于均衡税是否属于税收协定的适用对象存在诸多争议，由此还可能会引发均衡税是否违反现行税收协定的争议。

（6）即使均衡税属于税收协定的适用对象，消费者对国家是否被赋予了对源泉所得的征税权仍有疑问。

（7）均衡税的纳税义务人是全球总收入和在特定国家的总收入超过标准额度的数字服务供应商。因此，主要纳税义务人是美国的跨国企业。部分国家表面上并不区分居民企业与非居民企业，但因采取了上述标准额度方式，其展现出的效果是区分的。

（8）均衡税可能违反税收协定及《服务贸易总协定（General Agreement on Trade in Services，GATS）》等国际通用规范的非歧视

---

① 下文中使用的均衡税在原则上是概括性地包含了数字服务税和网络税的一项用语，仅在特别地指称数字服务税和网络税的时候才会对应使用。

原则。

（9）均衡税在实务实施过程中存在诸多难点。如捆绑提供数字服务，通过居民中介机构提供数字服务，非居民第三方供应商向企业集团内海外公司提供数字服务、企业集团内居民企业分摊费用，数字服务的提供须借助其他设施和服务，数字服务供应商对消费者的合约设定总额支付约定的情况等。

基于上述主要特性，按照税收政策的观点、法律观点、实物观点，本文探讨数字经济特殊征税的理论依据。

（二）税收政策

均衡税不管是只针对非居民企业提供的在线广告服务（如印度），还是实质上只针对外国服务供应商，按照税收政策角度，存在如下问题。

欧盟委员会（the European Commission）指出，"在针对长期策略开展工作的同时，还应该考虑一些更为直接和补充性的短期措施，以便保护成员国的直接税和间接税税基"。前述短期解决措施备选方案之一，就是针对数字公司总收入的均衡税。但如果均衡税针对的交易只是境外交易，即局限于非居民供应商时，存在违反 WTO 协定及 EU 法律的风险。[1] 而且对数字服务，如果忽视实体存在与否而适用单一税率，可能不符合 OECD 转让定价指南第 1 章的规定。因为，在实施的功能不一致或所实施的功能强度不同的情况下，分配了相同的所得。[2]

与在价值创造所在地课税的观点不同，均衡税对总收入适用单一税率，忽视了研究开发费用和各企业的收益性。[3] 即忽视了企业集

---

[1] W. Schön, *op. cit.*, at 7~8, 13.
[2] Stefano Simontacchi · Francesco Saverio Scandone, *op. cit.*, at 23~24.
[3] *Id.*, at 23.

团的总体收益性和价值创造因素（value driver）。①

作为经济数字化税收规则的课税标准，价值创造概念是不明确的。因价值创造是由政治推动的，也有观点指出无法根据价值创造概念分配征税权。② 这种思路的依据是因所有因素对价值创造具有贡献度，将会有越来越多的国家依据价值创造主张征税权。

如果把均衡税按照统一标准适用于 Amazon、Google、Netflix 等互联网企业，很难解释忽视各企业特性而适用统一标准的理由。③ 各企业的利润率存在差异，适用单一的 6% 或 3% 税率是有问题的。均衡税对典型的 B2B（例如 Google）和 B2C（例如 Amazon、Netflix）商业模式的影响相差甚远，两者的利润率也不相同。2017 年，Twitter 和 Amazon 的合并财务报表上的利润率是 3%，④ 而 Booking.com 和 eBay 的合并财务报表上的利润率超过了 20%。⑤

举意大利为例，分析关于所得税和单一税率课税（flat tax）之间的关系。在意大利，如果把对总收入适用的 3% 单一课税转换为对营业收入适用的税率的话，营业利润率为 12.5% 时，为达到相同效果企业所得税应适用 24% 税率；营业利润率为 20% 时，为达到相同效果企业所得税应适用 15% 税率。可以看出，发生了双重征税的情况，原因是 3% 单一税率课税和企业所得税具有相同的性质。⑥ 上述分析结果与转让定价税制下对常设机构分配所得的 2%~6% 是存在巨大差异的。3% 单一税率假定的是数字领域内公司具有高利润率，

---

① Id.; Barry Larking, A Review of Comments on the Tax Challenges of the Digital Economy, *Bulletin for International Taxation*, 2018（Volume 72）, No. 4a/Special Issue, 26 March 2018, at 5.
② Aleksandra Bal,（Mis）guided by the Value Creation Principle – Can New Concepts Solve Old Problems?, *Bulletin for International Taxation*, 2018（Volume 72）, No. 11, 22 October 2018, at 6.
③ W. Schön, op. cit., at 7~8, 13.
④ Stefano Simontacchi · Francesco Saverio Scandone, op. cit., at 23.
⑤ Id.
⑥ Id., at 22.

而实际情况是存在差异的。① 英国允许数字服务税作为费用在计算企业所得税时进行扣除，但意大利不允许，因而可能会导致双重征税。② 即使英国允许数字服务税作为费用在计算企业所得税时进行扣除，也无法完全消除双重征税。新西兰的数字服务税，也引发了对居民所得双重征税的争论。③

在国际上，因无法确定均衡税是否属于税收协定的适用对象，均衡税可能会产生双重征税或多重征税的问题。④ 新西兰政府明确提出数字服务税不属于税收协定的适用对象。因均衡税不属于税收协定的适用对象，非居民企业的居民国家可能不允许抵免在境外缴纳的均衡税税额。⑤ 即使非居民企业的居民国家允许抵免，低利润率的企业集团，也可能会发生超出抵免限额而无法抵免的情况。⑥ 现行均衡税采取的是交易税模式，外观上与属于税收协定适用对象的所得税相同。OECD 也注意到了关于国际双重征税的问题，其建议的解决办法是将均衡税设计为"仅仅适用于相关所得在其他方面不会受到征税，或者只会按照极低的税率征税的情形"。不过，OECD 并未详细说明，在实践中如何平衡公司税和流转税之间的关系。⑦

目前无法明确的问题是：均衡税是否符合一国国情；均衡税对该国的成长和投资会产生怎样的影响；均衡税的税负是由数字化公司承担还是国内消费者承担等。从数字经济是以准垄断（quasi-monopolies）方式运营的角度出发，均衡税税负可能会从数字化企业转移至消费者，转移的范围取决于供求弹性（the elasticity of demand and supply）。⑧

---

① *Id.*, at 23.
② *Id.*
③ Simon Akozu·Zoe Barnes, *op. cit.*, at 30.
④ W. Schön, *op. cit.*, at 7~8, 13; Barry Larking, *op. cit.*, at 5.
⑤ Simon Akozu·Zoe Barnes, *op. cit.*, at 30.
⑥ Stefano Simontacchi·Francesco Saverio Scandone, *op. cit.*, at 23.
⑦ W. Schön, *op. cit.*, at 7~8, 13.
⑧ *Id.*

根据效用理论，均衡税是一种非效用性税制。均衡税使传统技术享受优待政策，歪曲消费者在传统产品和数字产品之间的选择，也歪曲传统提供模式和高新技术提供模式之间的选择。①

对特定商品或服务征税的合理依据是，该征税可以弥补市场失灵，或者符合公共利益。对烟、酒、化学燃料等征税就属于这种情况，但技术进步除外。因为数字技术不像烟、酒、化学燃料等，有害于公共利益。②

欧盟委员会指出，经济数字化税收规则会在一个市场内引领产业的扩张与创业，建立有助于欧洲市场繁荣的税收环境。针对数字经济创造的价值，增加新课税的理由是什么？如果其目的是从大型企业的高收益中确保财政收入，只需对该收入征企业所得税即可。然而，在数字经济领域内也有很多无收益或低利润公司，Sportify AB 或 Twitter 就属于这种情形。应对数字经济采用新的课税，可能会恶化大型公司的营业利润，甚至会导致数字商业模式的缩减或破产。③

均衡税与关税具有相似性质，即均衡税既违反经济效用性和中立性，也违反关于全球化和自由贸易的政治协议。④

如在国内税法上实行均衡税，税收协定的缔约国相对方可能会采取报复性措施。在全球范围内，法国数字服务税的主要纳税义务人是美国企业。29 家纳税义务人企业中美国企业有 21 家。据此，根据《1974 年贸易法》第 301 条款，美国对法国数字服务税法案发起调查，分析该税法是否歧视性对待美国企业。调查结果显示，美国将对法国企业实行报复性征税。⑤ 新西兰也同样面临相似的风险。考虑到通过 OECD 多边协定的解决方式更为合理、数字服务税对消费

---

① *Id.*; Barry Larking, *op. cit.*, at 5.
② W. Schön, *op. cit.*, at 7~8, 13.
③ *Id.*
④ *Id.*
⑤ Bertrand Hermant, *op. cit.*, at 20.

者的影响等因素，① 澳大利亚最近宣布放弃采用数字服务税。② 澳大利亚也许也考虑到了上述报复风险。

如果对国内产业实行均衡税，可能会对经济产生反技术影响。因此，均衡税的实行还须进行深层次的政治讨论。③ 均衡税可能会阻碍数字领域的投资、创新和发展。新西兰的数字服务税设置了最低适用标准，排除了对数字化新兴公司（digital start – ups）和中小企业的适用。④ 但是均衡税的最低标准目的不仅仅是上述效果，更多的是针对美国跨国企业。

考虑到现行数字技术的发展速度，均衡税成为临时性的财政收入来源可能性会很高。⑤

（三）法律观点

1. 与现行税收协定之间的兼容性

在来源国缴纳的均衡税税额在服务供应商居民国难以抵免。均衡税原则上无法与税收协定中的来源国的义务共存。国家可以在国内税法或双边税收协定中实行均衡税。如果决定实施均衡税，首先要明确国内税法上的细则标准，同时寻求与现行国际法规范可兼容的详细方案。在国内税法中实行均衡税，可能会发生涉及税收协定的诸多问题。非居民通过提供在线服务所取得的收入（例如 Google 或雅虎提供搜索引擎所取得的收入）不属于使用费或技术性服务所得，而属于营业所得。所以，如果要对非居民在线服务供应商（无常设机构）主张征税权，只能修改税收协定。"在国内税法上实行均衡税的目的是为逃脱税收协定的义务，属于对税收协定的适用逃避

---

① Simon Akozu · Zoe Barnes, *op. cit.*, at 31.
② *Id.*
③ W. Schön, *op. cit.*, at 7~8, 13.
④ Simon Akozu · Zoe Barnes, *op. cit.*, at 30.
⑤ W. Schön, *op. cit.*, at 7~8, 13.

(treaty dodging)",① 是一种很合理的观点。

2. 均衡税是否属于税收协定的适用对象

均衡税是否属于税收协定的适用对象，取决于均衡税是否区别于对非居民企业的营业所得征税的另外一个税种。其结论是消极的，均衡税应视为对营业所得的征税。对此，印度提出的依据如下：②

（1）对非居民通过提供特定服务所取得的收入课征均衡税。

（2）印度财政部（the Ministry of Finance）认为，均衡税可以解决与电子商务相关的直接税问题。该问题包括所得性质区分、属于征税对象的交易活动、税收管辖的联结度等问题。

（3）印度财政部在备忘录中指出，均衡税与所得税可能会产生双重征税，因此在《所得税法》第10条中明确规定，依据本条规定增加的征税可免税。

（4）印度2016预算法案第163条第1款规定，均衡税是对非居民服务供应商通过提供服务所取得的收入征税。

（5）所得概念的范围甚广，均衡税的关注点是对服务供应商的利润收益征税，所以对服务供应商的总收入征税是不合理的。

（6）均衡税，与对使用费或技术服务产生的收入征税相似。

（7）"均衡税，与印度的服务税（service tax）或证券交易税（security transaction tax）相似"的观点是不合理的。印度服务税是由服务接收方承担最终税负的一种间接税，纳税义务人的服务所得并不属于征税对象。印度证券交易税属于一种交易税，针对的是在证券市场上可以买卖的证券价值，而不是证券交易中产生的所得。

同时，均衡税是否属于税收协定的适用对象的问题，还涉及均衡税是否符合《OECD税收协定范本》第2条"任何相同的或实质

---

① Dr Amar Mehta, "Equalization Levy" Proposal in Indian Finance Bill 2016: Is It Legitimate Tax Policy or an Attempt of Treaty Dodging?, Asia – Pacific Tax Bulletin, 2016 (Volume 22), No. 2, at 3~4.

② Id., at 4; Sagar Wagh, op. cit., at 549~551.

相似的税收"的规定。税收协定第2条规定可以适用于均衡税。① 其理由是：一、均衡税是针对非居民企业所得的直接税；二、印度力求的方向是，通过实行均衡税可以对不属于税收协定第7条征收范围的营业所得征税。综上，在税收协定中实行均衡税，属于利用国内税法的税收协定推翻（treaty override）。

3. 非居民或常设机构纳税义务人是否具有均衡税的纳税义务

根据大部分国家签订的税收协定的分配条款（distributive articles），均衡税尚未明确区分所得。《OECD税收协定范本》第21条规定，税收协定上未作规定的其他所得，在居民国征税。所以，即使均衡税不属于所得课税，因来源国没有征税权，非居民企业或常设机构不承担纳税义务。

4. 均衡税是否违反非歧视原则

均衡税存在违反《OECD税收协定范本》第24条非歧视原则的风险。非居民提供特定服务时，就特定服务支付的对价无法计入到可扣除的所得税费用中。对于居民服务供应商，大多数情况是，不是没有相应的条款规定，就是无法实际实施。均衡税只对非居民企业征税，而对提供相同服务的居民企业不征税。均衡税不涉及居民和非居民之间的差别对待，涉及的主要差别存在于在一国设置营业场所提供服务的供应商和在一国没有固定场所远程提供服务的供应商之间。②

5. 均衡税是否违反GATS协定

均衡税存在违反《关于服务贸易的一般协定（General Agreement on Trade in Services，GATS）》的风险。③ 均衡税与关税具有相似的功

---

① Dr Amar Mehta, *op. cit.*, at 4.
② Sagar Wagh, *op. cit.*, at 550.
③ Georg Kofler, Gunter Mayr and Christoph Schlager, *op. cit.*, at 529.

能。欧盟会员国家之间或欧洲经济地区之间的数字关税违反了 EU 法上服务的自由移动原则。数字关税也违反了 GATS 第 12 条第 1 款规定的义务，会员国对其他会员国的服务及该服务供应商应遵循同等待遇原则。

（四）实务观点

非居民服务供应商可以强迫最终消费者承担总额支付约定（gross – up clause），将均衡税税负转移至最终消费者，导致居民企业就广告和相关服务承担了更多的费用。即均衡税给该交易增加了不适当的负担。[①]

五、结论与前瞻

本文从税收政策、法律和实际应用的角度，结合各国的立法案例，探讨了均衡税能否有效地充当"应对数字交易税收的短期解决方案"。得出的结论是，均衡税作为一种基于数字消费的征税，与传统的国际税收规则相互矛盾，且不能有效分配来源国和居民国之间的合理征税权。此外，即使在国内法中实施了均衡税，也会给税收政策、法律和实务带来许多麻烦。

当前的国际税收规则与其说是严格逻辑推论出的结果，不如说是国家之间相互妥协的产物。有关数字经济税收的议论与新的国际规范紧密相连，其结论取决于能否找出国际社会公认的妥协方案。只有通过全球范围的协商，才能在各个国家的协助下制定全球性的解决方案。但是，对于过渡期的临时性措施，各国之间并未达成共识。这些临时性措施均有其局限性，可能会给采取这些措施的国家带来风险或不利影响，甚至会妨碍各国已达成的共识。国际合作对有效应对避税至关重要，但各国采取的单边行动可能会阻碍这种国

---

① Id.

际合作，甚至造成更严重的问题。① 此外，对于是否需要改革当前的国际税收规则，各个国家尚存在分歧。OECD 将在 2020 年提交最终报告书。韩国的立场是，在未形成国际性规范的背景下，从经济或法律层面上考虑，没有必要因实行均衡税而承担相关风险和不利影响。

另外，部分观点表示应对数字经济采取的单边征税方案具有"跨国公司缴纳更多税款"的效果，而越来越多的单边征税方案能使各个国家认识到双重征税问题的严重性，可以诱导各国加快达成共识。② 即使这种思路是合理的，因目前只有少数国家采取了单边行动，韩国没有必要在这种时候，因实行均衡税而承担相关风险和不利影响。

目前，难以预测未来国际税收规则的发展方向。只是新的经济数字化的税收规则应有助于数字经济的发展，征税对象也应该是企业所得税上的所得本身，而不是企业的总收入。

Study on the Taxation of Digital Economy through Equalization Levy as Quick Fix

（Republic of Korea）JunBong Lee

Abstract：This paper explores whether equalization levy may function effectively as quick fix against tax challenges orginating from digital transactions through comparative study on current trends and legistrative precedents of relevant countries and international or surpranational institutions on the perspectives of tax policy, legal analysis and practical feasi-

---

① Yasin Uslu, An Analysis of "Google Taxes" in the Context of Action 7 of the OECD/G20 Base Erosion and Profit Shifting Initiative, *Bulletin for International Taxation*, 2018 (Volume 72), No. 4a/Special Issue, 26 March 2018.

② Nana Ama Sarfo, Finding Middle Ground over Unilateral Digital Taxation, *Bulletin for International Taxation*, 2018 (Volume 72), No. 4a/Special Issue, 26 March 2018.

bility. The concise conclusion of the above study is that the taxation of digital economy through equalization levy conflicts with traditional international tax regime and cannot allocate taxing rights duely between source country and residence country, since it is based just upon digital consumption itself, not digital investment. Equalization levy may be introduced as unilateral measure by a country, but it must cause many problems on each perspective of tax policy, legal analysis and practical feasibility. There may be the follwing view. Jurisdictions will continue to implement their own digital taxes. The consequences of these unilateral measures have seemingly been positive for some individual countries which regard to tax revenue. This dynamic will promote more countries to adopt their own measures and result in the serious consequences of double taxation, which drive most of countries to readily go toward internation consensus. This view may have some points, but there is no reasonable ground at all to intentionally take such serious consequences. Although it is uncertain how taxing digital economy comes to conclusion in coping with recent tax challenges, the following points must be observed. First, it is inappropriate to penalize digital economy in comparison with traditional economy. Second, it is reasonable to tax corporate income on a net basis, not to tax it on a gross basis as is the case with equalization levy.

Key words: Equalization levy, Tax avoidance, Digital consumption, Digital investment, Digital service tax, Significant economic presence/withholding

国际征税领域中数字经济方向热点问题与应对动向

[韩] 许 瑷[*]

摘要：目前，以经合组织和欧盟为中心，正在进行一些讨论，其内容主要涉及防止跨国公司参与税收流失，其中包括一项引入适合于数字经济常设机构新概念的计划。2018年3月，经合组织和欧盟发布了数字经济税收计划短期和长期临时报告，其中讨论了基于常设机构新概念的公司税，如作为长期措施的"重大的数字存在"，并讨论了作为短期措施的"数字服务税"的引入计划。

每个国家的短期措施包括英国的 DPT、ORIP 和 DST，澳大利亚的 MAAL 和类似于英国 DPT 的 DPT。采取规避方式侵蚀英国税收的业务在英国的 DPT 中应当纳税。ORIP 对在英国销售商品或服务的低税率国家的离岸公司的无形资产的收入征收所得税。DST 正在对数字服务征税，纳税收入产生于在英国参与该服务的用户。澳大利亚的旁路利润税是在两种应税类型按每种分类法分开后，通过英国的

---

[*] 许瑷，韩国高丽网络大学校副教授。研究方向：税务、会计学。

DPT 确定基准点按顺序引入的。2016 年 1 月，首次引入常设机构反避税制度 MAAL；2017 年 7 月，引入 DPT，以防止利用缺乏经济实质的交易进行避税。

数字经济下的短期国家措施，如 DPT，可以被视为针对具体案例的"TAARs"。同时，还需要关注，在短期措施下，可能与税务条约发生冲突，并可能与其他国家的新型税收措施发生税务纠纷。DPT 的实施，使其成为一种强化相关企业间转移价格税收的措施，从目的和效果上都有利于税务机关。

考虑到各国对长期措施的建议，具体来看：英国的建议很可能违反税收中性原则，只将税收关系和利润分割法应用于数字业务领域；而美国建议的不足则体现在无形财产销售的概念不明确。由于各国对相关公司的判断标准和偏好不同，预计德国和法国的建议难以达成一致，并且建议中的很多原则缺乏具体的细节也成为一个主要问题。同时，鉴于这是一项一般的 BEPS 措施，也有人质疑这项措施是否适合作为数字经济的长期措施。考虑到数字经济的税收问题源于税收关系，G24 的建议被认为在方法上最具有合理性。同时，在 2020 年准备好后续报告之前，DPT 等短期国家措施可能会作为临时性基础措施而实施，以支持 BEPS 项目的实施并解决悬而未决的问题。

关键词：数字经济，BEPS，常设机构，迂回利益税（DPT），域外无形资产所得税（ORIP），数字服务税（DST）

一、数字经济的税收问题与应对策略

（一）现状和问题

根据现行国际标准（税收协定），若针对外国法人的国内营业所得征税，需要外国法人在国内设有常设机构（又称固定事业场）。就

IT 服务而言，由于将服务器视为常设机构，针对服务器在国外的谷歌 App 市场收益等，无法在国内（即韩国）征收法人税。

（二）国际上的热点问题

为了解决数字经济下的税收问题，以经合组织和欧盟为中心的国际机构正在积极讨论重新定义常设机构概念等。在 2018 年 3 月，经合组织和欧盟发布了囊括数字经济长期和短期税收方案的暂行报告书。就长期对策而言，该方案提议通过提出类似"显著经济存在"（significant economic presence）等的新常设机构概念征收法人税，以完成税收目的。就短期对策而言，该方案提议针对数字服务销售额征收一定税率（3%）的"数字服务税"。然而，2018 年 12 月的欧盟理事会未能对作为短期对策的数字服务税达成一致。虽然英国和法国等主要国家表示赞同，但是，爱尔兰和北欧等中小会员国提出了反对意见。在引进数字服务税的方案方面，法国和德国提出了缩小税收范围（限于网上广告）并延长开征时间点（2020—2021）的修改方案，这一修改方案正处于讨论之中。对于长期对策而言，经合组织表示将于 2020 年开展协商。基于无法有效展开长期和短期对策的协商，英国、澳大利亚、德国等国家一方面努力促成协商，另一方面着手实施了适合自身的短期对策。

（三）BEPS 第一课题的选定和数字税收 TF 的新设

经合组织认为"数字经济中的税收问题"是 BEPS[①] 项目的重要领域，因此，将该问题选定为第一课题。经合组织通过新设数字税收 TF（TFDE）制作了 2015 年 BEPS 第一课题最终报告书。

有关数字经济中直接税的税收问题，报告书中总结了三点。第一，"关联点"相关问题，即现行关联点（Nexus）的规定是否妥当的问题。第二，数据（Data）相关问题，即处理数据要素的问题、

[①] Base Erosion and Profit Shifting.

数据相关活动和管辖权之间形成关联点的问题。第三,"特征区分(Characterisation)"的问题,即基于数字经济的新型商业模式而言,这一模式创造出的所得属于何种性质的问题。总之,由于数字经济世界中,存在国家之间分配直接税税收权的问题,因此,有必要重新探讨利润分配和关联点标准的问题。

(四)TFDE 中期报告书

TFDE[①]于 2018 年 3 月制作并提交了中期报告书(Interim Report),囊括了关于数字经济税收问题的启示和对策等内容。TFDE 计划于 2020 年基于国际协商完成最终报告书。

根据中期报告书的内容,数字经济商业模式的主要特征有三种。第一,无需物理上的机构也可能实现收益。第二,依赖无形资产。第三,数据和用户的参与构成重要要素。由于这些特征,数字经济中的 BEPS 问题将愈发恶化,最终将超越 BEPS 问题引发更为广泛的税收问题。

(五)2018 年 7 月 TFDE 会议

为了寻找数字经济税收问题的解决方案,英国、美国、德国、法国基于 2015 年 BEPS 第一课题最终报告书和 2018 年 3 月 TFDE 中期报告书提出了将来的工作方向。

英国和美国提交的个别提案书重点考虑了数字经济中的概括性、广泛性税收问题。为了实现基于价值创造原则而分配征税权,该个别提案书中建议修订利润分配和关联点标准。然而,针对价值创造的基础要素等问题而言,英国主张采纳使用者参与方案,美国则主张营销型无形资产方案。

德国和法国提交的联合提案书重点考虑了数字经济的一般性 BEPS 问题的解决方案。该提案书提出了解决关于向低税率国家移转

---

① The Task Force on the Digital Economy (OECD TF).

利润侵蚀税基问题的核心规则和方法、要素等。①

（六）2019年1月经合组织CFA②以及IF③会议

为了寻找针对数字经济的长期对策，经合组织、美国、德国、澳大利亚等认为有必要并行如下两种方案（2 pillar approach）。第一，利润分配和征税关联点标准的修订（英国、美国方案）。④第二，引进全球最低限度税等强化BEPS标准（德国、法国方案）。⑤

另一方面，G24⑥另行提出了关于修订利润分配和征税关联点标准的提案书。该提案书明示，当与使用者存在持续性数字相互作用等显著经济存在时，视为存在常设机构以及征税权。另外，不同于英国和美国方案中优先考虑利润分配问题的做法，G24的提案书优先解决征税关联点问题，再以此解决分配利润的问题。

二、针对数字经济的国别短期对策现状

（一）英国的移转利润税（Diverted Profit Tax，DPT）

1. 采纳背景

英国先于经合组织发布的BEPS项目最终课题（Actions）报告书（2015），于2014年4月为应对跨国企业避税问题，公布采纳移

---

① 将所得计入应计利润项的规则，针对侵蚀税基支付的征税规则（针对漏报应纳税所得的支付，否认扣除的方法；附条件适用协定特惠的方法）等。
② OECD Committee on Fiscal Affairs.
③ OECD/G20 Inclusive Framework on BEPS 会员国（OECD/G20 BEPS 概括性履行体制相关137个国家）。
④ （目前）设有物理上常设机构时，认可征税权，并基于独立企业原则分配征税权。（修订）考虑数字经济的特征，扩大常设机构的概念，强化消费地国的征税权。
⑤ 针对向特殊关系人支付的费用而言，当特殊关系人所在地国仅征收最低限度税率时，否定扣除已支付费用的措施等。
⑥ 印度、哥伦比亚等与国际税收相关的24个发展中国家集团。

转利润税（又称迂回利益税，以下简称"DPT"）作为预防性措施（又称先制性措施）。2012年至2013年，星巴克、谷歌、亚马逊等跨国企业的避税问题成为政治、社会上的热议问题，作为政治上的应对策略，英国采纳了惩罚性质的征税措施。该征税措施规定2015年的财政法（Finance Act 2015）以2015年4月1日以后发生的收益为对象。

2. 目的

针对发生于英国境内经济活动的利润，即发生于英国境内的经营实质，通过实施稳健的征税活动，实现防止侵蚀税基的跨国企业避税战略。就移转价格（TP）领域而言，由于税务机关的TP调查需要相当长的时间，同时由于纳税人的不配合，采纳事前征税措施（upfront tax charge）的目的主要是引导企业的行为变化。

3. 征税对象

以移转的方法侵蚀英国税基的交易行为，将成为征税对象。第一，通过人为的约定，规避常设机构规定的交易。第二，以避税为目的，利用经营实质不充分的交易或者实体，移转所得的交易。制度上虽然不以特定部分（企业）为对象，但在实践中主要适用于知识产权以及无形资产（IP）企业，主要以跨国企业的交易为征税对象。针对第一种类型，通过假设在英国境内存在常设机构，计算可能归属的所得。针对第二种类型，通过模拟非为避税目的的情形，依照正常价格计算移转收益。①

4. 征税标准以及税率

DPT是区别于法人税的个别税目。相较现行法人税率（19%），

---

① 根据移转价格调整协议，调整正常价格的情形不属于征税对象（Finance Act 2015 Article 83）。

DPT 适用较高的 25% 税率。① 基于可能归属的所得或者以正常价格计算移转收益为征税标准，适用相应税率。针对该年所得，已经缴纳的英国或者外国法人税的，在计算 DPT 时，予以扣除。然而，当计算其他税目的所得时，不能以费用的形式扣除 DPT。

5. 适用程序

虽然 DPT 是缴纳告知方式的税款，但是又规定了在征税期间终结后，三个月内自行申报的义务。因此，具体程序如下：第一，纳税人自行申报；第二，税务机关事前通知；第三，纳税人书面答复；第四，税务机关最终通知；第五，纳税人缴税；第六，相互调整程序；第七，纳税人不服程序。依照税务机关的最终通知发放告知书后，纳税人应当在 30 日内完成缴纳。在纳税人欲提起不服程序的情形下，也应当在完成纳税后，进入争讼程序。在限定期限内未申报相应所得或者未按期缴纳的，征收滞纳税款（又称加算税）等。

6. 征税现状

采纳 DPT 的初期，与追加税收类似，税收处于持续增加的态势（参考表1）。这一措施获得了一定的税收效果，同时自发性纳税部分也呈现增长趋势。因此，DPT 能够引导企业自行申报正常所得。

表1 英国 DPT 征税现状（2015—2018 年）

征税年度	告知件数	总税收（征税通知部分*）
（2015/16 年）	48 件	3100 万£
（2016/17 年）	145 件	28100 万£（13800 万£）
（2017/18 年）	220 件	38800 万£（21900 万£）

出处：HMRC TP & DPT Statistics 17/18

* 征税通知部分外的部分为自发性纳税部分

---

① 英国的法人税采纳了单一税率。2013 年的税率为 23%，2014 年为 21%，2015 年下调至 20%，目前（2017 年修改）为 19%。英国 Ring fence 油田事业收益而言，适用 55% 的税率。

7. 各类征税对象的具体内容

各类 DPT 的具体内容如表 2。

表 2　英国 DPT 各类征税对象的具体内容

	规避常设机构规定的类型	经营实质不充分交易的类型
概况	注册于外国的企业,并非通过设立 PE 而是通过活动于英国境内的人 (person) 向英国顾客提供财货、劳务,而获得销售收益的情形	英国境内企业、PE 和外国企业之间的交易,具有明显避税目的情形时,模拟非为避税目的的情形,计算收入并予以征税
征税标准计算	将英国境内的人 (person) 视为 PE,计算能够归属的收入 (观念上 PE 收益)	根据正常价格,决定移转收益 (适用 TP 规定)
具体要件	不一致的条件,避税条件	不一致的条件
免于适用的标准	▶ (SME) 当英国境内的人 (person) 以及注册于外国的企业属于 SME 的情形 ▶ (贷款交易) 与关系贷款 (loan relationship) 交易相关联的收益情形 ▶ (销售额) 注册于外国的企业向英国顾客提供财货、劳务而获得销售总额,在一个会计年度 (12 个月) 处于 1000 万英镑以下的情形	▶ (SME) 当英国境内的人 (person) 以及注册于外国的企业属于 SME 的情形 ▶ (贷款交易) 与关系贷款 (loan relationship) 交易相关联的收益情形

8. 分析和评价

(1) 与一般反避税条款 (GAAR) 之间的关系。

DPT 属于以特定情形为对象的反避税规定 (TAAR: Targeted Anti – Abuse Rules)。2013 年引进的 GAAR 规定 (General Anti – Abuse Rules),需要分别满足"避税目的 (tax avoidance purpose)"和"双重合理性标准 (double reasonableness test)"才可以适用。因此,

GAAR 几乎无法实际适用于案件。这是采纳 DPT 的理由之一。尤其是在 TP 问题介入的情形下，更难以适用 GAAR。

（2）税收协定整合性问题。

DPT 不属于税收协定的对象税目（taxes covered），也不属于类似税目（substantially similar taxes）。因此，英国财务部认为，DPT 属于 OECD 税收协定范本注释中认可的反避税措施。[①]

采纳 DPT 的初期，虽然担心该制度与税收协定之间有可能发生冲突，以及有可能与他国发生征税纷争，但至目前为止并未发生严重纷争案件或者有关违反协定的事例。

但是，HMRC[②] 的 DPT 指南（guidance）中的规避常设机构（PE）交易事例（虽然在英国境内设有支持销售的法人，然而，该法人实质上履行了协商合同条款等签署合同上的重要功能。此时，将此种行为视为是规避 PE 交易的行为，适用 DPT），事实上可以视为是与 OECD 协定范本（2017）中有关从属代理人 PE 修订事项相同的事例，如果观察现行英国的协定标准，可以认为属于违反协定的情形。

（3）目的以及效果。

就 DPT 的表面目标而言已经基本达到。然而，就 DPT 的实质而言，只能认为采纳 DPT 是为了方便税务机关强化针对特定关系企业之间移转价格的征税。

从引导企业行为（behavioral change）的功能方面而言，初期的 DPT 缴纳告知和法人税的缴纳金额比例为 2∶1（DPT，法人税），而目前为 1∶2。由此，通过统计可以发现采纳 DPT 具有引导企业行为变化的效果。[③] DPT 增加税收的效果可以参考上述表 2。

[①] 税收协定的对象税目，仅限于所得、法人税和资本得利税。OECD 税收协定范本注释中，明示了发生避税行为时，可以否认协定特惠的做法。

[②] HM Revenue and Customs.

[③] HMRC TP & DPT Statistics 17/18.

（4）纳税顺应度。

虽然 DPT 属于缴纳告知（charging notice）方式的税收，然而，完税行为临时缴纳 12 个月的协商期间（review period），通过移转价格协商的情形占据多数。因为企业一旦成为适用 DPT 的对象，将被世人冠以"避税企业"的称号。为了保障其形象，企业更倾向于与税务机关协商后完成纳税。

然而，有批判观点认为，适用于经营实质不充分交易类型的 DPT（第 80 条、第 81 条），与移转价格征税规定的执行效果相同。

（二）英国的域外无形资产所得税（ORIP, Offshore Receipts in respect of Intangible Property）

1. 制度概况

英国的域外无形资产所得税（以下简称 ORIP）是 2017 年秋季预算案中引进的项目，立法机关于 2017 年 12 月至 2018 年 2 月征求意见后，2018/2019 征税年度财政法中增设，于 2019 年 4 月施行。[①] 原则上，在英国境内提供财物或者劳务的低税率国、域外企业，应负担无形资产所得所得税。若低税率国、域外企业以特许权使用费等，在英国境内或者境外构成侵蚀税基行为时，将英国境内财物或者劳务销售所得，视为英国来源税，税收机关应对该企业行使征税权。

2. 主要内容

企业在使用无形资产时，在英国境内产生的财物或者劳务销售所得，最终流入低税率国时，针对该无形资产相关所得应征收 20% 的所得税。[②]

低税率国是指未与英国缔结税收协定，同时域外企业居住国的

---

① 起初使用了特许权使用费预扣税（royalty withholding tax）一词，经征求意见后，改成了域外无形资产所得税。
② 专利权、商标权、设计、客户名单、技术方法、销售收益权等整体无形资产。

无形资产所得率不足 ORIP 之 50% 的国家。

通过在英国境内提供财物或者劳务而发生的销售额，直接或者间接产生域外无形资产的收益时征收 ORIP，不考虑与销售企业是否存在特殊关系的问题。

就征税标准而言，基于全球销售额，以英国境内销售额比例按份计算。第一，域外企业集团的英国境内销售额不足 1000 万英镑时，免于征收 ORIP。第二，从无特殊关系的企业获取无形资产后，在居住国实施该无形资产相关实体经营活动时，免于征收 ORIP。

以外国法人的缴纳申报方式征税，当未纳税时，由域外企业集团子公司负担连带纳税义务。

3. 分析和评价

ORIP 是防止跨国企业利用无形资产实施避税行为的强化征税措施，与 DPT[①]、DST[②] 一并构成防止避税措施。ORIP 主要适用于善于使用 IP 的企业，有别于 DPT 广泛适用于所有企业的特征，也不同于仅适用于网络服务等数字交易的 DST。ORIP 与美国海外无形资产所得税制度（GILTI）类似。[③]

ORIP 可适用于以无形资产保留在低税率国的方式保障所得的企业，预计会有较好的效果。2020/2021 征税年度的预计税收在 4.75 亿英镑。

由此发现，即使没有英国境内 PE 等的征税根据，通过征收 ORIP，仍能扩大英国来源所得的范围。因此，跨国企业使用低税率国无形资产的交易结构将会受到一定程度的影响。此外，还必须关注英国是否会以无形资产关联性为理由过度扩大其来源国征税权的问题。

---

① 参考二、（一）英国的移转利润税。
② 参考二、（三）英国的数字服务税。
③ Global Intangible Low – Taxed Income（GILTI）：将低税率国（税率为 13.125% 以下）的 CFC 无形资产相关所得之 50%，算入母企业征税所得的征税制度。美国于 2018 年开始采纳此制度。

（三）英国的数字服务税（Digital Service Tax, DST）

1. 采纳经过

英国财政部于 2017 年至 2018 年共发布了两次有关数字经济征税方案的行动报告书（Position Paper），并于 2018 年 10 月 29 日发表 2019 年预算案时，一同发表了有关数字服务税（以下简称 DST）的征税方案。在 2019 年 2 月结束征求意见后，该方案被写入 2020 年的税法修正案中，自 2020 年 4 月起施行。然而，在 2025 年之前形成国际协议时，将终止适用 DST。预计 DST 施行后，将带来年 4 亿英镑（四年内为 15 亿英镑）的税收收入。

2. 主要内容

针对诸如搜索引擎广告收益或者社交媒体广告收益、线上市场中介手续费等通过英国境内使用者的参与（user participation）创造收益的数字服务，将成为 DST 的适用对象。DST 的税率是征税对象收益的 2%。

DST 的适用对象为全球销售额在 5 亿英镑以上的跨国 IT 企业。征收 DST 时，须扣除 2500 万英镑的英国境内销售额，因此亏损企业不属于 DST 的征税对象。针对利润率较低的企业，将适用较低的 DST 税率。此外，DST 还可以算作法人税的必要经费。

（四）澳大利亚的移转利润税（MAAL + DPT）

1. 采纳背景

澳大利亚是经合组织国家中法人税税率较高的国家。由于澳大利亚对法人税的税收依赖度较高，该国极其重视防止跨国企业避税的问题。[①] 澳大利亚自 OECD BEPS 项目初期就积极参与，先后采纳

---

① 澳大利亚的法人税税率是 30%，在经合组织国家中排名第二。近来，澳大利亚正在研究降低法人税税率的问题。但是，前提是强化反避税制度。

了强化移转价格税制（TP）、引进一般反避税条款（GAAR）等措施。澳大利亚的移转利润税（MAAL + DPT）可以视为澳大利亚GAAR概念的扩大化，主要是为了强化针对跨国公司的税收在2016/2017年预算案中公布的措施。

2. 推进经过

澳大利亚通过借鉴英国的DPT，先后分次在不同的税目中，引进了两类征税对象税种。首先，于2016年1月引进了澳大利亚亟待解决的常设机构规避防止制度（Multinational Anti–Avoidance Law, MAAL）。其次，2017年7月为了防止利用经营实质不充分交易的避税，澳大利亚引进了移转利润税（DPT）。

3. 常设机构规避防止制度（MAAL）

MAAL是针对不当收益征收法人税的制度。当企业以规避设立常设机构的方式实施交易时，针对该交易中获得的收益，基于MAAL征收法人税。MAAL适用于发生在2016年1月1日以后的企业所得。目前，澳大利亚共针对228个企业作出了基于MAAL的缴税告知，其中，44个企业变更了涉及避税业务的经营措施。

有关MAAL的具体要件和税率，参见表3。

表3　澳大利亚MAAL的具体要件和税率

	主要内容
具体要件	●纳税人应当属于主要跨国企业（SGE） 　——全球年所得在10亿澳元以上的集团（包括集团的子公司） ●外国公司向国内消费者提供财物或者劳务 ●与外国公司存在特殊关系或者具有商业上依赖性的国内公司，或者其他外国公司的国内营业部，协助该外国公司的国内经营活动 ●就外国公司通过提供财物或者劳务而获得的所得，该所得的全部或者部分，未能适当地归属于国内营业部 ●相应交易结构（scheme）的主要目的，实属是获取税收特惠 　——包含外国的税收特惠，考虑交易方法、形式、起始点、交易当事人履行的职能、外国税收等因素
税率	30%（一般法人税率）

4. 移转利润税（DPT）

澳大利亚在采纳移转利润税前，预计该项税目年税收收入约为1亿澳元。然而，由于对象企业积极改变经营行为，导致到目前为止（2019年初），未出现一例适用DPT的事例。

有关澳大利亚DPT的具体要件和税率，参见表4。

表4 澳大利亚DPT的具体要件和税率

	主要内容
具体要件	• 纳税人获得该年度税收特惠 • 相应交易结构中，包含了外国特殊关系人 • 相应交易结构（scheme）的主要目的，实属是获取税收特惠
免除标准	• 相应交易结构中，产生的所得，能够反映交易当事人之间经营活动实质的情形（SES test） • 向外国缴纳的税收增加额≥国内缴税减少额的80%（the sufficient foreign tax test） • 相应年度的纳税人以及特殊关系人，其国内所得之和为 $25m 以下（the $ 25 million income test）
税率	40%（一般法人税率30% + 10%）

5. 适用程序

为了确保适用MAAL和DPT的公正性，需要组织由税务机关以及学界等外部专家组成的委员会。该委员会针对提请的事例审议是否适用于MAAL和DPT后，对于适用对象最终决定相应的征税金额。相关企业应当在被告知缴税后，在21日内完成缴纳。在收到通知后的1年调整期间（review period）内，相关企业可以与税务机关协商调整纳税金额。

纳税人应当充分提交有关MAAL/DPT征税要件的资料（相关交易结构的商业合理性、经营实质是否充分等），并负担举证责任。

当决定适用MAAL/DPT时，应组织、运行专门负责相应事务的项目组。当决定不予适用 MAAL/DPT 时，应适用一般 TP 规定予以征税。

6. 分析和评价

（1）与英国 DPT 之间的区别。

澳大利亚的 MAAL 相当于英国 DPT 中规避常设机构规定的类型。与英国 DPT 之间的区别是，澳大利亚 MAAL 未根据交易和企业规模规定免除要件。

澳大利亚的 DPT 相当于英国的经营实质不充分交易的类型。当企业获得税收特惠，毫无商业合理性地向低税率国家实际转移经营活动时，由于满足 SES test，澳大利亚不能适用 DPT。相反，英国根据交易标准实施判定，当企业除了税收特惠外，仅有甚微的经济效果时，有可能适用 DPT。

（2）税收协定整合性。

如果将 MAAL/DPT 视为是反避税和保障税收权的不可避免的措施，那么，MAAL/DPT 将不违反税收协定。

MAAL/DPT 是强化国际交易中实质征税原则的制度，是针对避税交易等的合理再构。MAAL/DPT 通过具体化（tool–kit）征税要件、程序等，使税收变得更加容易，同时，也可以提高纳税人的可预见性。

（3）目的和效果。

有评价认为，MAAL/DPT 促进了税务机关和纳税人之间的持续性协商机制，积极引导了企业的行为变化，提高了税务机关的征税便利。

三、国际上针对数字经济的长期对策研究动向

（一）英国和美国的提案书

为了寻找数字经济税收问题的解决方案，英国、美国、德国、法国基于 2015 年 BEPS 第一课题最终报告书和 2018 年 3 月 TFDE 中

期报告书提出了将来的工作方向。

英国和美国都认为，在现行制度下无法通过使用者和市场管辖权的概念扩大征税权，因此，有必要改变过去的利润分配和关联点标准，从而扩大征税权。英国和美国提交的提案书重点考虑了基于价值创造原则的征税权分配问题。虽然两国的基本方向相同，但是针对价值创造的基础要素等主要问题，英国主张采纳使用者参与方案，美国则主张营销型无形资产方案。英国的使用者参与方案认为，针对基于使用者参与而创造出的价值，应当由使用者所在地国家行使征税权。美国的营销型无形资产方案则认为，针对创造出的营销型无形资产价值，应当基于市场管辖权行使征税权。

具体内容，见表5。

表5　英国和美国提案书的主要内容

	利润分配（profit allocation）和关联点（nexus）标准的修改	
	英国：使用者参与方案	美国：营销型无形资产方案
主要内容	为了基于价值创造原则分配征税权，应当修改利润分配和关联点标准 一阶段：首先，确定利润分配标准；其次，为了分配基于利润分配标准的征税权，修改关联点标准	
具体方式	大体上采纳"剩余利润分割方案"（Residual Profit Split Method）分配利润 ①总利润－通常利润＝非通常利润 ②将非通常利润的一定部分（根据已经协商确定的公式计算）算作剩余利润 ③根据已经协商确定的分配标准（根据已经协商确定的标准计算）完成国家之间的分配	
基础逻辑	在现今高度数字化的经营模式中，虽然使用者的参与、活动实属创造价值的核心要素，然而基于现行制度无法征税	虽然在市场管辖权下正在发生创造营销型无形资产等的实质上经营活动，然而基于现行制度无法征税，通过确立低风险分销商（limited risk distributor）分配有限的相关利润
适用范围	高度数字化的特定经营类型（社交媒体平台、搜索引擎、线上商业交易平台）	数字经济领域＋ 与营销型无形资产相关的其他经营领域

（二）德国和法国的提案书

德国和法国重点考虑了跨国数字企业的一般性 BEPS 问题的解决方案。德国和法国的提案书试图解决关于通过向低税率国家移转利润而侵蚀税基的问题。其核心方案是，当外国企业居住国未针对特殊关系人充分征税时，由交易相对人居住国实施征税，从而恢复征税权（tax back system）。

德国和法国的提案并不仅仅适用于特定数字经济的经营模式或企业，该方案可以向所有跨国企业征收最低限度税。

具体内容，见表6。

表6　德国和法国提案书的主要内容

	防止税基侵蚀
主要内容	为了应对通过向低税率国家移转利润而侵蚀税基的问题（数字经济的一般性 BEPS 问题）采纳"恢复征税权方案"（tax back system）
具体适用方法	1. 所得纳入规则（income inclusion rule）≒ CFC 税制 当企业居住国税收未超过该相应所得的最低限度税时，将该所得的母企业份额计入收入，征收最低限度税 2. 税基侵蚀支付征税规则（tax on base eroding payment） ①对征税不足的支付否认扣除（undertaxed payments rule） 当特殊关系人的特定项目支付未满足最低限度税率的条件时，否认支付金额的扣除 ②征税特惠的附条件适用（subject to tax rule）将所得计入应计利润项的规则，针对侵蚀税基支付的征税规则（针对漏报应纳税所得的支付，否认扣除的方法；附条件适用协定特惠的方法）等 针对企业居住国充分征税的所得，允许享受税收协定特惠①
适用范围	适用于所有领域和企业 英国境内企业、PE 和外国企业之间的交易，具有明显避税目的情形时，模拟非为避税目的的情形，计算收入并予以征税

---

① 见 OECD 税收协定范本注释第7条、第9条、第10条、第11～13条、第21条。

(三) G24 的提案书

印度、哥伦比亚等与国际税收相关的 24 个发展中国家提出了关于修订利润分配和征税关联点标准的提案书。不同于英国和美国方案中优先考虑利润分配问题的做法，G24 的提案书优先解决征税关联点问题，再以此解决分配利润的问题。

就该提案书的主要内容而言，应当考虑销售额、用户基础、数字框架、是否使用相应国家语言的网站、是否使用相应国家货币结算交易、相应国家境内的 A/S 等因素，当有显著经济存在（significant economic presence）时，应当认定具有常设机构和征税权。

具体内容，见表7。

表7　G24 提案书的主要内容

	显著经济存在方案
征税逻辑	当有与使用者保持持续性数字相互作用等显著经济存在时，认定具有常设机构和征税权
适用范围	数字业务 + 可以认定为显著经济存在的业务领域
利润分配方式	将跨国企业的全球总利润，依照已经协商的标准分配至常设机构或收取数字交易的预扣税

(四) 分析和评价

英国的提案书具有实用性、适用范围明确等优点。然而，该提案书将适用范围限定于特定经营领域的做法，存在违反协定中立性的嫌疑。

就美国提案书的缺点而言，该提案书与移转价格（TP）方案并无太大差异，同时，营销型无形资产的概念还不够确切。

德国和法国的提案书过于理想化，并未明确主要原则的具体内容，实属针对一般性 BEPS 的应对措施，并非纯粹解决数字经济问题的方案，有必要进一步具体化。

G24 的提案书不同于其他国家的方案，该提案书优先确定征税关联点问题，再以此解决分配利润的问题。

四、结论以及展望

（一）长期对策的评价和协商可能性

就判断关联公司的问题而言，由于各国的方案存在各自的特点和不同的标准，都较难获得他国认可。跨国 IT 企业在避税时，通常结合使用常设机构、无形资产、设立于低税率国的子公司等多种 BEPS 手段。因此，为了有效征收这类企业的税款，有必要一并采纳多种方案。目前的英国、美国提案书，德国、法国提案书，G24 提案书之间具有互补的性质，预计将来有可能经过持续性的协商得出更为有效的方案。

（二）短期对策的评价和采纳的可能性

DPT 是在讨论 OECD BEPS 项目过程中，由个别国家为应对跨国企业避税问题采取的具有预防性的个别措施。目前，采纳 DPT 的英国和澳大利亚等国家认为，DPT 作为不同于法人税的独立税目，不属于税收协定的对象税目，同时，认为 DPT 是 OECD 税收协定范本注释中认可的反避税措施。然而，从税目的性质、征税对象、方法层面来看，DPT 实质上完全有可能违反税收协定。基于 DPT 的特性，不能否认不存在目标企业，由此，很可能引发国际纠纷。然而，近来的全球协商讨论主题并未集中于针对特定企业的措施，而是集中于解决数字经济环境中有可能发生的广泛征税问题。因此，上述国家的措施不会成为永久性的征税措施。

目前，为适当应对跨国企业侵蚀各国税基的问题，以 OECD 和 G20 国家为中心，正在通过全球协商的方式进行磋商，预计会以

2020 年后续报告书（Tax Challenges Arising from Digitalisation）的形式提出协商方案。因此，为了支援 BEPS 项目的履行并完结未决争议问题，在完成 2020 年后续报告书之前，DPT 很有可能作为暂时性制度得以运行。①

韩国目前不存在引进类似 DPT 形态征税制度的可能性，然而，通过采取防止移转交易避税的一系列强化措施。韩国希望经 2020 年后续报告书的协商，采纳国际协商方案。②

Recent Discussions and Response Trends in the International Taxation Related to Digital Economy
（Republic of Korea） Won Hur

Abstract：Currently with the OECD and EU at the center, a number of discussions are underway to prevent multinational companies from engaging in tax revenue erosion, including a plan to introduce a new concept of permanent establishment suitable for the digital economy. In March 2018, the OECD and the EU released a provisional report on the taxation plan in the digital economy in the short–term and long–term way, which discussed corporate taxes based on a new concept of permanent establishment such as "significant digital presence" as a long–term measure and

---

① 英国除了采纳移转利润税之外，自 2019 年 4 月还采纳了 ORIP，自 2020 年 4 月将采纳 DST，由此，英国针对跨国企业使用无形资产避税的手段作出了加强征税的措施。然而，就英国的 DST 而言，该 DST 是实施于 2025 年之前的暂时性措施，当 2025 年之前产生国际合议时，将终止适用。

② 韩国对能否引进 DPT 的问题进行了讨论，讨论结果认为韩国的税收体系受到税收要件法定主义等税收法律主义原则支配，基于韩国税收法律体系特性，很难引进基于英美法系特有协商征税文化的 DPT。韩国政府的意见认为，没有引进类似 DST 短期措施的计划。2018 年修改税法时，反映了移转价格税制的国际标准，以调查国际交易的实质内容、否认交易、明确适用有关再构的原则等，强化了实质课税原则（新设《关于国际税收调整的法律》第五条第二款、第三款），在 2019 年税法修正案中，新设了合理化移转交易举证责任分配的规定（新设《关于国际税收调整的法律》第二条之二第四款、第五款）。

discussed the introduction plan of "digital service tax" as a short – term measure.

Short – term measures by each country include the UK's DPT, ORIP and DST, and Australia's MAAL and DPT similar to the UK's DPT. The business eroding tax revenue of UK in a roundabout way is taxable in the UK's DPT. ORIP imposes income taxes on the income of intangible assets of low tax – rate countries' offshore companies involved in sales of goods or services in the UK. DST is taxing digital services that generate revenue from user participation in the UK. Australia's bypass profit tax was introduced sequentially after separating two taxable types by each taxonomy by benchmarking UK's DPT. In January 2016, MAAL, an anti – avoidance system for permanent establishment, was first introduced, and in July 2017, DPT was introduced to prevent tax avoidance using transactions that lacked economic substance.

Short – term national measures under the digital economy, such as DPT, can be seen as "TAARs" that target specific cases. There are also concerns about the possibility of conflict with tax treaties and of tax disputes with other countries as to new types of taxation under short – term measures. As a result of its implementation, DPT has become a measure to strengthen transfering price taxation among related businesses in a way that is advantageous to taxation authorities in terms of its purpose and effect.

Considering each country's proposals for long – term measures, it is pointed out that the UK's proposals are likely to violate tax neutrality by applying the taxation nexus and profit split method to the digital business area only, and that the US' proposals have a disadvantage in unclear aspects of the concept of marketing intangible property. The German and French proposals are expected to be difficult to reach an agreement due to different standards and preferences from country to country in relation to the judgment of related companies, and the lack of specifics on major principles in their proposals is also pointed out as a problem. Also questions are raised about whether the measure is appropriate as a long – term measure for the digital economy, given that it is a general BEPS measure. The proposals in G24 are considered the most reasonable proposal in terms of approaches, given that in the digital economy taxation issues stem from the issues of taxation nexus. Meanwhile, short – term national measures such as DPT are likely to operate on a temporary basis until a follow – up report is prepared in 2020 to support implementation of the BEPS project and to resolve pending issues.

Key words: digital economy, BEPS, permanent establishment, DPT, ORIP, DST, 2 pillar approach

进化中的金融科技与征税的问题：以众筹、P2P 贷款以及区块链为中心[*]

[韩] 柳志玟[**]

摘要：金融科技连接金融服务和金融技术之间的缝隙，当今的金融科技被理解为是金融技术领域的创新。近年来，有关金融科技发展对创业的影响、对现有金融机构基础业务的冲击、对规制和法律环境的影响等方面的研究层出不穷，但对税收制度的影响却少有研究。

众筹和 Peer－to－peer（P2P）贷款早在十多年前就已经存在，但这些制度能够获得目下趋势的发展，却是近几年发生的事情。由于区块链以及分布式账本技术（DLT）尚处于试验阶段，直接研究有关区块链或者分布式账本技术（DLT）对税收制度影响的时机还不成熟。

---

* 本文在 2019 年 11 月 2 日发表于中国财税法研究会和韩国税法学会共同举办的中韩税法论坛后，经修改补充而成。

** 柳志玟：柳志玟律师事务所律师。研究方向：税法。

然而，考虑到金融科技的空前发展速度和区块链的潜力以及广泛利用方面的态势，有必要剖析代表金融科技之金融服务典型的众筹、P2P贷款以及作为新技术的区块链技术，研究这些金融科技对征税的影响。

从企业的立场来看，众筹能够一并完成融资和营销。从投资者的立场来看，众筹一方面可以获得合理的补偿，另一方面能够获得基于投资的税金抵扣。因此，从这一层面上来看，众筹是获得较多关注的制度。为了促进第四次工业革命时代中创业生态系统的良性循环，振兴创业企业在创新增长中创造就业机会，韩国有必要改善与众筹有关的税收制度，扩大对众筹企业和投资者的税收优惠措施。

P2P贷款是金融科技产业的龙头。就P2P贷款行业而言，韩国政府仅仅降低了适格P2P金融（Peer-to-peer finance）的所得税代扣税率，没有特别引入支持P2P金融的税制。但是，随着最近P2P贷款相关法案在国会政务委员会法案审查第一小委员会接连通过，韩国正在加快将P2P贷款纳入制度范围之列。P2P贷款产业作为促进金融科技产业成长的必要要素，韩国很有可能大幅缓解针对适格P2P金融的规制，实施税收优惠措施作为其后续保障。

因国际化、数字化导致的信息分散给税务机关造成了诸多麻烦，而区块链提供的技术将为税务机关引入与众不同的体验。区块链的主要特征是透明度和保密性，这是区块链技术能够在将来税收领域获得广泛应用的前提条件。各国的税务机关不论其管辖权如何，都可以通过基于区块链的共享平台，加强税收管理的信息交换和征收合作。此外，区块链技术的应用还可以减少税务机关对纳税人单方面提供资料的依赖程度，可以确保税务机关独立收集外部数据资料，使得实时收集外部客观信息的想法成为可能。如果能够有效利用区块链的优点，还可能改善实务中有关避税的问题，大幅提高税收管理的效率。

关键词：金融科技，众筹，Peer-to-peer贷款，区块链，虚拟货币，避税，税制支持

一、导语

本文研究了金融科技的发展对税收制度产生的影响。飞速发展的金融科技会对作为其基础的现实社会的经济体制带来巨大变化，对税收制度的影响也不例外。大多数学者认为，当前的税收制度至少不应阻碍金融科技产业的发展。但是，鉴于金融科技产业目前正处在发展的起步阶段，并且还没有从制度层面上获得确立，我们仍然需要花费一定的时间去了解金融科技对于税收制度的影响和作用。

金融科技（FinTech）一般被理解为"金融"和"科技"的结合。但是金融科技一词并不单纯指金融服务和新数字技术的结合，还应当包括数字平台以及连接金融服务和数字平台的商业模式创造出的产品。由此，可以从广义上理解金融科技。[1] 在金融领域，由技术引导的创新现象并非新鲜事。然而，在"金融科技"名下，现行的一系列发展可以认为是自20世纪80年代和90年代放宽金融服务部门的准入、限制所有权措施改革以来，在结构性发展进程中最新的革命性进化形态。[2]

本文首先对金融科技的概念以及作为其核心要素的数字技术和金融服务进行论述。其次，以金融科技和税收的关系为重点：（1）在新金融服务层面，对作为金融科技领域典型产业的众筹和P2P贷款相关税收制度进行分析；（2）在数字新技术层面，对作为金融科技核心技术而受到瞩目的区块链开展论述，并就这一技术对现行税收制度的意义和影响进行分析。

众筹和P2P贷款行业以及与其相关的税收制度已经较为完善。

---

[1] OECD, Financial Markets, Insurance and Private Pensions: Digitalisation and Finance, 2018, p. 10.
[2] OECD, supra note 2, p. 9.

就区块链而言，由于其历史较短，技术的应用尚处在起步阶段，预计再过一段时间后才会看到其具体成果。尽管如此，区块链技术在国际税收领域的广泛应用潜力令人既期待又担忧。

关于区块链与税制的问题，主要有与知识产权（IP）、研究开发（R&D）相关的特定税收问题，针对区块链技术使用费的征收所得税问题，针对技术研发业务的减税问题等。目前，税法上讨论的主要问题不在于区块链技术本身的发展，而在于应用该项技术之后对征税产生的影响问题。① 因此，本文研究的区块链征税问题会在区块链技术真正广泛应用之后起到重要影响。②

二、金融科技的概况

为了将金融科技产业培育为新的成长动力，韩国政府采取了许多政策措施。韩国金融委员会在 2018 年 1 月 15 日发布了题名为《金融创新推进方向》的金融创新推进方案。这是韩国推进金融创新的方案之一。该方案以"促进金融科技发展"为主要课题，提出了规划"金融科技路线图"等促进金融服务的方案、导入监管沙盒（regulatory sandbox）的方案、制订金融创新特别法的方案，以及促进大数据的发展等具体推进措施。

本部分首先定义金融科技的概念，此后以作为金融科技概念之主要构成要素的"数字技术"和"金融服务"为中心具体分析相应内容。③

（一）金融科技的定义和意义

"金融科技（FinTech）"大体上是指数字技术主导的标榜金融服

---

① Sarah Gabbai, Tax Implication for fintech, Tax Journal, January 27, 2017, p. 11.
② *Ibid.*
③ 参考 OECD, *supra* note 2, pp. 8 – 30 中 "1. Framework for digitalisation in finance" 部分。

务飞速发展的一种标语（catchy label）。但是，几乎没有实际案例可以确切说明金融科技的含义。

部分参考文献定义金融科技时，将其解释为提供基础技术或者服务的企业。由此，导致有人经常错误理解金融科技仅包含创业公司（start – up）。在某些情况下，另有些定义未区分数字技术和运用该技术的金融服务。①

有关金融科技的概念，有以下几种定义可供参考。即金融科技是"由新技术助力的金融"（欧盟议会），"金融技术创新"（美国国家经济委员会），"数字化金融创新"（金融稳定委员会，FSB），"金融业采用的新兴数字技术"（香港金融管理局，HKMA），"有潜力改变金融服务产业的各种各样的创新产业模式和新兴技术"（国际证券委员会，IOSCO），以及"为提供金融服务的数字技术和随之而来的创新"等。②

实际上，这些概念并不能定义所有通过应用数字技术创新金融服务的现象。同时，上述定义和类型并未概括所有数字技术在金融服务中的应用。特别是在上述概念中缺少了为改善内部流程、规则遵守和沟通效率而使用技术的情形。但是，随着技术方面的创新、效率的提高、发展的持续，将会改变金融服务机构的运营方式，并在服务的费用和安全方面，对企业和消费者产生重大影响。③

总之，金融科技不仅是指金融服务和新数字技术的结合，还应当包括数字平台以及连接金融服务和数字平台的商业模式创造出的产品。由此，可以从广义上理解金融科技。④

---

① OECD, *supra* note 2, p. 9.
② *Ibid.*, p. 10.
③ OECD, *supra* note 2, p. 10.
④ OECD, Digital Economy Outlook 2017, 2017, pp. 24 – 27. Bernardo Nicoletti, The Future of FinTech: Integrating Finance and Technology in Financial Services, *Palgrave macmillan*, 2017, pp. 263 – 265.

(二) 数字技术推动金融服务的发展

电信和计算领域的技术发展推动了金融创新,为其提供了创新动力。技术进步提高了服务的品质,且有助于降低信息成本和交易过程的其他费用。

此类发展为金融产品、服务的提供者和使用者带来了很大影响。应用于金融服务的新技术一般被认为有如下内容:区块链的分布式账本技术(Distributed Ledger Technology, DLT)、大数据(Big Data)、物联网(Internet of Things, IoT)、云计算(cloud computing)、人工智能(Artificial Intelligence, AI)、生物识别技术(biometric technology)、增强/虚拟现实(augmented/virtual reality)。我们一般会分别讨论这些技术,但在很多情形下它们是通过相互作用的形式一并适用的整体。[①] 例如,人工智能、云计算和物联网都是依靠大数据来实现的。[②]

以下将对上述各类技术中作为金融科技核心的分布式账本技术(DLT)和区块链展开论述。此外,下文还将对大数据等技术进行简略的介绍。

1. 区块链(分布式账本技术,DLT)

(1) 意义。

分布式账本技术通常被称为区块链(Blockchain),是一种最常用的技术类型,是一种允许创建、传输和储存信息的数据库技术(为了方便说明,以下用"区块链"一词代替"分布式账本技术"一词)。与其他账本不同,作为分布式账本的区块链并不采纳中央控制的运行模式,而是采纳由区块链用户分别负担交易过程和举证责

[①] OECD, supra note 2, p. 11.
[②] ShantanuChaturvedi, How Big Data is Empowering AI and Machine Learning?, Techeries, November 24, 2017. https://techeries.com/big-data-empowering-ai-machine-learning

任的运行模式。

（2）概念。

①虚拟货币。当人们看到区块链这一用语时，通常会联想到比特币（bitcoin）。这是因为比特币促使区块链技术被人们所了解。实际上，比特币只是在数字市场中出现的多种虚拟货币之一，由密码保护的数字货币只不过是应用区块链技术的产物之一。[①] 虚拟货币中具有一定代表性的是加密货币（Cryptocurrency，又称暗号货币）。加密货币是"基于网络支付体系，使用密码学原理的货币"，意味着"不受政府发行法定货币支付保证的数字交换货币单位（a digital unite of exchange）"。

②ICO（Initial Coin Offering）。ICO 称为"虚拟货币公开"或者"加密货币公开"（又称首次币发行）。ICO 是"基于开发出新的虚拟货币时予以分配的约定，而吸收资金的众筹方式"。韩国金融委员会将 ICO 定义为"募集有关虚拟货币供给的资金、其他财产上具有价值的事物、或者其他虚拟货币的活动"。

ICO 是新设企业使用区块链募集资金的体系，采纳类似某一企业通过收取现存加密货币等可以在加密资本市场交易的比特币、拟态币、瑞波币等，为特定业务或者全部业务募集资金，并以此为代价公开发行新一类加密货币、数字代币等加密资产的结构。这一模式类似于韩国《资本市场和金融投资法》中规定的 IPO，结合传统意义上的 IPO，将类似概念应用于金融科技领域，可以将 ICO 理解为金融科技领域募集资金的制度。由于 ICO 基于区块链募集投资资金，因此，ICO 与加密货币制度存在着紧密联系。

（3）区块链的运行方式。区块链是一种协议，用于设计分类账

[①] Jamison Sites, Jessica Maroz, Anthony Reda and Ramon Camacho, International tax considerations for blockchain Industry, The Tax Adviser, AICPA, April 1, 2019. https：//www.thetaxadviser.com/issues/2019/apr/iternational-tax-considerations-blockchain-industry.html

系统，以保存与所有权、交易或者合同约定相关的记录。① 区块链并非是借助当事人一方或者中间人以中央控制方式运行的体制，而是由相关多数当事人共同负责增加或者维持分类账的一种运行体制。每个参与者都持有各自分类账副本，当增加分类账时，需要所有参与者的同意。分类账由一系列信息块或者信息块的"链"组成。当参与者承认交易时，在交易链中会进一步形成一个新的区块。这些信息将在分类账中永久储存并且无法伪造。

针对不需要许可（Unpermissioned or public ledgers）的分类账而言，该分类账将向所有作出贡献的参与者公开。不需要许可的分类账要求参与者进行"挖掘"（mining），这涉及解决复杂的、计算量大的算法（Algorithm）以验证合同。这种机制被称作"工作的证明（proof of work）"。考虑到挖掘所需的资源，参与者需要获得一定激励以投入到上述过程中。此时，对于投入的回报就是与比特币相类似的虚拟货币（cryptocurrency）。

另外，需要获得许可的分类账，即区块链，是不公开的分类账，其参与者限定于一组被授权的参加人团体（permissioned or private ledgers）。由于此类分类账不要求挖掘过程，与不需要许可的分类账相比计算量少，且参加人团体仅需要确认交易的有效性即可。这种结构能够确保分类账的安全，降低遭受虚拟攻击的危险。此外，由于可以使用分类账的参与者实属有限，因此，分类账更适合记录机密信息。

本文讨论的区块链是需要获得许可的分类账，即私有区块链技术（Permissioned or private ledger, Private blockchain）。私有区块链的主要技术特征有脱离中央性（De-centralization）、透明性（Transparency）、不变性（Immutability）、可用性（Availability）。②

---

① 参考 ASTRI, Whitepaper on Distributed Ledger Technology, commissioned by the Hong Kong Monetary Authority (HKMA), 2016。
② KISTEP，区块链的未来，2018 年，第 22 页。

(4) 区块链的现状和展望。

区块链最初作为比特币的基础技术出现。自比特币问世以来，其他类似的货币也被陆续开发，其中最受人瞩目的是使用以太坊（Ethereum）区块链的以太（Either）加密货币。超越数字货币这一层面，区块链应用于金融服务等领域的各种可能性备受瞩目。

区块链作为分类账技术有潜力应用于支付结算、交易后支付或者支付保险费相关的多种金融交易（可以参考表1）。区块链主要应用于建立满足一定条件时，约定交易自动进行的合约，例如智能合约（smart contracts）。[①]

此外，区块链还可以应用于保管各类记录的业务（recordkeeping），即通过应用区块链技术可以更为有效地遵守"了解你的客户（Know Your Customer, KYC）"的要求，更好地完善抵押贷款办理程序。同时，鉴于记录的透明性增强，减少了金融机构监管的难度。

从区块链技术的应用来看，区块链具有显著提高金融部门运营效率的潜力。然而，区块链技术的基础是代码（code）的不变性及其交易上的不可逆性。因此，考虑到代码的不变性、交易的不可逆性、代码的正确性仍会受到人为错误影响、受人为错误影响的代码存在难以修改等问题，在未来金融交易领域难免会因此产生争论。[②]

2. 大数据分析等

日常生活的数字化促使大量可用数据产生，这类现象导致"大数据"的产生。大数据由大量复合性质的数据集合（data set）创设。信息技术的快速发展使得处理、分析大量数据集合成为可能。就数据的获取而言，不仅可以从文本或者数字中提取，还可以从图片、视频、音频剪辑中提取，甚至可以从类似智能手机或者联网个

[①] http://wiki.hash.kr/index.php/%EC%8A%A4%EB%A7%88%ED%8A%B8_%EA%B3%84%EC%95%BD

[②] OECD, supra note 2, p. 12.

人电脑等通信设备和其他设备中提取。①

大数据可以运用到金融产品构思、销售等价值链上的每个环节。大数据的分析可以用于改善市场调查,区分与产品设计相关的信息。通过大数据可以准确地分析特定个人的危险承受能力、支付偏好。此外,信息收集(profiling)有助于进行有针对性的广告,根据每个人的网络使用情况推断使用者的偏好,并配合偏好进行线上宣传。例如,分析大数据可以改善欺诈交易的检测(fraud detection)方式。②

与大数据密切相关的新技术还有物联网(IoT)、云计算(Cloud computing)和人工智能(AI)。物联网是大数据的开端,云计算使得大数据处理和存储变得更加快捷,人工智能可以说是大数据分析和使用方式的发达形态。③

(三)数字技术在金融服务中的应用

如前所述,技术的发展和创新影响着金融产品和服务价值链上的各个领域。这类新技术主要是通过新兴企业的介绍、引进展现在人们面前,金融机构和现有服务的提供者通过吸收此类新技术提供相应服务。

就新技术的应用领域而言,主要可以划分为八类:支付结算(payments)、咨询和策划(advice and planning)、贷款和融资(lending and funding)、贸易和投资(trading and investment)、保险(insurance)、网络安全(cybersecurity)、运营(operations)、通信(communications)。④ 其中,最为普遍的新技术应用领域便是支付结算、贷款和融资。下文将简要介绍支付结算、贷款和融资。

表 1 是金融服务的类型和相关数字技术的关系图。如下表所示,一些数字技术的适用范围非常广泛,有的技术相对来说适用范围较

---

① OECD, *supra* note 2, p. 12.
② *Ibid.*
③ *Ibid.*, pp. 13 – 14.
④ OECD, *supra* note 2, pp. 14 – 17.

窄，但它们都对金融服务或者市场产生了不容忽视的影响。

表1 新技术在金融服务中的应用①

数字技术	支付结算	咨询和策划	投资和贸易	贷款和融资	保险	网络安全	运营	通信
区块链	○	○	○	○	○	○	○	○
大数据		○	○	○	○	○	○	○
物联网				○				
云计算			○				○	
人工智能		○		○				
生物识别技术					○	○		
增强/虚拟现实		○	○					○

1. 支付结算（Payment）

支付结算是金融服务领域应用数字技术的基本形态，尽管不能算作新类型金融服务，但由于新技术的开发应用导致支付结算不断进化，数字支付结算方式起初发端于类似信用卡等的实体介质，目前正处于逐渐发展至虚拟领域的阶段。

支付结算服务大体上可以区分为线上支付结算方式和移动支付结算方式，但是随着在移动通信中使用宽带网的现象不断增加，区分两者的必要性逐渐淡化。线上支付结算是指使用连接于互联网的机器发布的支付指令。移动支付结算是指使用连接于移动通信网络的机器发布支付指令。② 线上支付结算包括类似线上银行、电子商务、Paypal 等支付结算服务。使用移动网络运营商和连接于手机的储蓄卡等进行的移动现金交易，属于移动支付结算。此类支付结算

---

① Ibid, p. 14.
② FinCoNet, Online and mobile payments: Supervisory challenges to mitigate security risks, 2016, pp. 23 – 31.

不仅应用于银行部门，还可以应用于保险部门。例如，应用此类支付结算，使用移动设备完成投保和支付保险费相关业务。①

2. 贷款和融资（Lending and funding）

数字技术在贷款和融资中的应用有助于在传统信贷市场上碰壁的个人或者企业，可以使其更加容易接近多种信用贷款。众筹和P2P贷款就是典型的例子。

在世界范围内，与贷款和融资有关的新商业模式正在急速崛起。尤其是应用P2P方式的平台具有显著代表性。P2P平台可以是采纳如下模式中的任何一种：捐赠与奖励型平台（donation and reward – based platforms），以开展社会公共事业或者获得未来回报（一般是投资项目中的产品或者服务）为目的，参与众筹的人通常使用捐赠与奖励型平台捐赠部分资金；贷款投资型平台（loan – based platforms），这一平台使得投资者更为轻松地收回已投入资本；股权型平台（equity – based platform），这一平台的投资人可以从募集资金的公司获得股份。②

（四）金融科技的进步对社会经济的影响

研究金融科技的进步对社会经济的影响时，可以采取如下三种路径之一。第一，分析区块链等新兴技术，再研究该技术在金融服务中的应用和潜在影响。第二，分析运用类似众筹等特定新技术的具体金融服务，再研究相应新技术的应用对金融服务带来的特定影响。第三，分析金融科技的发展带来的影响（如网络安全隐患的增加等），再研究这些影响对政府政策目标带来的影响。③

金融科技的创新使得消费者可以利用网络和移动设备，不受时空限制地享受金融服务，拓宽了消费者的消费渠道。针对信用记录

---

① OECD, *supra* note 2, pp. 14 – 15.
② OECD, *supra* note 2, p. 17.
③ *Ibid.*, pp. 18 – 19.

较短的个人消费者、新成立的企业、难以利用传统金融机构信用贷款的群体而言，金融科技的发展可以为其提供可供选择的新金融服务，实现金融的包容性（Financial Inclusion）。

就作为金融科技创新产物的大数据而言，大数据的广泛使用和信息处理速度的提升，降低了使用金融服务的成本，改善了产品的质量，提高了运营效率。就 P2P 金融、众筹等新兴金融科技服务而言，由于无需中介机关，而是直接以非面对面的方式连接资金需求者和提供者，不仅节约了交易成本，还为有效分配资源作出了贡献。

三、金融科技和税收

（一）通过税收减免鼓励金融科技行业

1. 税制支持的必要性和现状

促进金融科技产业的发展很大程度上需要财政上的支持。鼓励科学和技术创新的税收减免政策是许多国家首选的财政支持手段之一。

对于新兴金融科技企业而言，税费负担既是一种间接规制手段，也是限制其进入市场的壁垒。为了鼓励振兴金融科技产业，有必要出台并实施大幅减轻税收负担的政策。国家之间的税收竞争，不仅体现在降低企业所得税等税率方面，还体现在为振兴金融科技实施的税收优惠政策方面。换言之，设计一个与金融科技产业发展相适应的系统的税收制度是提高国家竞争力的关键。

为了系统地管理金融科技产业、制定相关政策，有必要先行明确金融科技的适用范围，同时，开发管理与第四次工业革命相关的金融科技行业的专门统计分类系统。这类工作与今后调整规制和完善税收优惠措施制度息息相关。因此，确定金融科技的适用范围、系统地整理相关统计资料尤为重要。

2. 立法例

针对创业公司,在金融科技飞速发展的英国采取了如下税收优惠政策。① ①Seed Enterprise Investment Scheme（SEIS）,本国纳税人投资满足一定条件的创业项目时,给予该纳税人减免 50% 所得税的优惠。但是,相关企业不能通过 SEIS 投资募集 150,000 英镑以上的资金。SEIS 要求投资对象公司成立不足 2 年、员工人数不超过 25 人。这项制度弥补了 Enterprise Investment Scheme（EIS）的缺陷,EIS 针对高风险的小规模企业提供税费优惠。② 此外,②对于员工人数不超过 500 人的特定公司,允许最高 230% 的中小企业研发（SME R&D）收入抵扣。③对于来自专利发明创造的收入,规定了适用更低的企业所得税税率的专利盒方案（Patent Box Scheme）。

通过针对研发领域和人力资源开发领域的税收优惠政策,韩国也在推进支持金融科技等新兴产业的开发与振兴。就《税收特例限制法》中的规定而言,该法针对满足一定条件的创业型中小企业提供减免所得税或者法人税的优惠（第 6 条第 1 款、第 2 款）。为了促进投资、振兴经济,对于营业资产或者与创新有关的投资资产,设定适用抵扣的特例（第 28 条之三）。为开发新技术而投资于设备时,提供税费减免的优惠（第 25 条之五）。这种与金融科技有关的税收优惠等财政支持,未来会随着金融科技的蓬勃发展,变得更多样、更广泛。

（二）金融科技对税收制度的影响

金融科技连接金融服务和金融技术之间的缝隙,当今的金融科技被理解为是金融技术领域的创新。近年来,有关金融科技的发展

---

① Rob Sumroy, Ben Kingsley, United Kingdom: Fintech 2019, *The International Comparative Legal Guide to Fintech* 2019, London: Global Legal Group, 2019. https://iclg.com/practice-areas/fintech-laws-and-regulations/united-kingdom.

② UK Government, Tax relief for investors using venture capital schemes, January 25, 2019. https://www.gov.uk/guidance/venture-capital-schemes-tax-relief-for-investors.

对创业的影响、对现有金融机构基础业务的冲击、对规制和法律环境的影响等方面的研究层出不穷，但对税收制度的影响却少有研究。[①]

众筹和P2P贷款早在十多年前就已经存在，但这些制度能够获得像当前趋势的发展，却是在短短几年内发生的事情。[②] 由于区块链或者分布式账本技术（DLT）尚处于试验阶段，直接研究有关区块链或者分布式账本技术对税收制度影响的时机还不成熟。

就韩国而言，目前有很多研究集中于与比特币等虚拟货币或者加密货币以及利用加密货币进行资金募集的首次币发行（Initial Coin Offering，ICO）相关的税收问题。然而，针对作为虚拟货币、ICO核心技术的区块链对税收问题的影响问题，却少有研究。考虑到金融科技的空前发展速度和区块链的潜力以及广泛利用方面的态势，有必要剖析代表金融科技之金融服务典型的众筹、P2P贷款以及作为新技术的区块链技术，再研究这些金融科技对征税的影响。

通常情况下，P2P贷款被归类为众筹的一种（贷款型众筹）。但是，如果说众筹仅仅起到连接企业和投资的单纯桥梁作用，那么，P2P贷款则是将贷款债权视作基础资产并起到审查项目和后续管理的作用。因此，在这点上适用于两者的相关法律法规有着重大差异。鉴于此种差异，下面将分别介绍P2P贷款（即贷款型众筹）和众筹。

下文将展开与金融科技相关的金融服务和新技术中较为典型的众筹、P2P贷款、区块链技术的论述，并介绍相应的韩国税收制度的现状和前景。

[①] Sarah Gabbai, *supra* note 4, p. 10.
[②] *Ibid.*

四、金融科技领域中有关税收的争论

（一）众筹相关税收制度问题

1. 众筹的概况

（1）意义和现状。

众筹（Crowdfunding）一词是指代群众或者多数人的 Crowd 一词和指代融资的 Funding 一词的组合词。众筹是指类似持有创意项目的起步企业家等需要资金的人利用中介（线上小额投资中介）的网络平台，通过运用集体智慧（The Wisdom of Crowds）从众多小额投资者处筹集资金的行为。[1] 创业企业通过众筹募集资金的方式已经在全世界范围内成为主流。众筹的法制化始于2012年美国前总统奥巴马签署的《乔布斯法案》（Jumpstart Our Business Startups Act，JOBS Act）。[2]

韩国于2015年7月24日通过修改《资本市场和金融投资业法》（法律第13448号，以下简称"资本市场法"）首次确立众筹制度，并于2016年1月起实施。首先，该修正案增加了线上小额投资中介商的定义，规定由总统令具体化能够利用线上小额投资中介的主体范围和提供线上小额投资中介的方式。线上小额投资中介商是指满足一定要件的人针对依总统令规定发行的债券、股权证券、投资合同证券，在线上为他人提供募集或者私募中介的投资中介商。[3]

其次，针对线上公开募集小额证券的行为，该修正案大幅放宽了类似提交证券申报书等过去证券发行必备的披露规制。通过此种

---

[1] https：//www.crowdnet.or.kr/crowdfunding/system_overview.jsp
[2] DaraLazarova, Fintech Trends: Crowdfunding, *Finleap*. https：//www.finleap.com/insights/fintech-trends-crowdfunding
[3] 《资本市场法》第9条第127款。

放宽规制的措施,可以促使众筹成为创业企业募集资金的主要手段。随着披露规制的放宽,该修正案还考虑到有必要保护投资者,使其避免因信息不对称等遭受善意的损失,从制度上设置披露发行人的财务状况、业务计划等义务;投资限度措施;发行人的赔偿责任;禁止线上小额投资中介商积极劝诱投资人的义务。此种制度设置能够使众筹成为一种可靠的、可持续的融资手段。①

(2) 众筹的种类。

根据资金提供者的资金提供目的不同,可以将众筹分为捐赠型、赞助型、贷款型、投资型。根据资金提供者是否以获得利益为目的,可以将众筹分为投资型和非投资型两大类。非投资型众筹又可以分为单纯捐赠目的的捐赠型和希望获得一定回报的赞助型。

众筹的发展初期主要是非投资型,现在仍是非投资型众筹占据大多数。但是,众筹开始逐渐发展成一种为了获利的投资手段,而非单纯的捐赠或者赞助。② 众筹最初以私人之间贷款的形式出现,随后出现了以证券为介质的证券型众筹。证券型众筹渐渐分化成为对股份进行投资的股份证券型和对项目或者以贷款为目的的投资合同债务证券型众筹。美国的众筹法和韩国的资本市场法中规范的对象都是证券型众筹。③

①捐赠型众筹(以下简称"捐赠型")。捐赠型是指出资人向资金需求人提供资金,不收取对价的一种众筹方式。针对出资人提供的资金,当有第三人向其支付相应对价时,不属于捐赠型。在韩国募集1000万韩元以上捐赠款物的情形下,超过10亿韩元时,需要报行政安全部长官备案;不足10亿韩元时,需要报特别市市长、广域市市长、道知事、特别自治道知事备案。

②赞助型众筹(以下简称"赞助型")。赞助型是捐赠型和非金

---

① 《资本市场法》第五章。

② https://www.mk.co.kr/news/economy/view/2019/02/93306.

③ Abbey R. Stemier, The JOBS Act and crowdfunding: Harnessing the power – and money – of the masses, *Business Horizons* 56 (3), 2013.

钱回报结合的概念，也可以称为回报型众筹。针对出资人出资的"回报"属于非金钱性质的给付，因此，该非金钱性质的给付不属于通常意义上的收益。近来出现的结合赞助型和贷款型的资金募集形式，以及结合赞助型和证券型的资金募集形式，不应视为是赞助型，而应当分别归类为贷款型或者证券型。

③证券型众筹（以下简称"证券型"）。证券型是指通过证券来募集资金的一种方式。根据证券的种类，证券型可以分为股份证券型、债券证券型、投资合同证券型。股份证券型（股份型）主要是含有股份公司的股份、合伙或者匿名合伙等出资。债券证券型又可以称为准贷款型众筹，韩国有必要将现行的企业贷款型众筹转化成债券型，使其运作于适当的规制范围内。最后，投资合同型很有可能在文化产业项目中得到广泛应用。

2. 众筹税收制度

（1）与众筹资金募集相关的税收问题。

众筹在募集资金和运营的过程中会创造收益，或者向投资人给付金钱或非金钱的回报。这些涉及税收问题。

针对进行投资型众筹的创业企业而言，该创业企业通过发行证券，从投资者手中获取资金。此时，对于融资资金本身不征税，但针对进行非投资型众筹的创业企业而言，有可能会涉及缴纳税款的问题。即捐赠型募集资金的企业，由于原则上不存在向出资人支付对价的义务，因此，须负担针对融资资金的税款，赞助型亦同，创业企业有可能负担针对融资资金的一定的赋税义务。

依照法人税、所得税等相关税法规定，作为纳税义务人的法人或者个体户（又称个人事业者）在获得融资资金后，应当履行纳税申报并缴纳税款的义务。

就捐赠型众筹而言，个人较为容易参与到捐赠型众筹中。然而，当获得众筹赞助的创业企业或者团体不属于税法规定的捐款抵扣对象时，出资人将不能享受基于捐款的税费抵扣优惠。①

（2）增值税问题。

获得个人赞助的创业项目等属于个体户，如果基于创业项目，该个体户持续、反复地提供商品或者举办活动时，出资人将会被征收相应的增值税。当经营增值应税业务的企业已将销售税额抵扣的物品赠予客户或者不特定多数人时，视为提供了商品（企业赠予）。然而，如果属于免税企业，该谢礼则不属于征税对象。即使是纳税企业，如果根据众筹投资人的出资份额分等级提供赠品时，该赠品也不属于征税对象。

就证券型众筹而言，应针对投资人获得的利息或者分红征收所得税。就债券型众筹而言，应针对投资人获得的利息按利息所得征税。就股份型众筹而言，应针对投资人获得的分红按分红所得征税。

参与众筹的个体投资人可以获得天使投资所得税减免。下面将针对天使投资展开论述。

（3）天使投资税制支持制度（个体投资人所得抵扣优惠）。

①天使投资的定义。天使投资的"天使"是指针对处于创业或者经营初期的企业提供资金以及有关企业经营的建议等，从而提高企业价值的个体投资人。天使投资于具有高度不确定性的初期阶段的企业，先于风险投资积极承担风险，这一先行投资对扶持初期企业的发展具有重要意义。②就韩国国内而言，天使投资主要通过个体直接投资、个体投资协会、天使投资基金等完成。自2004年以来，得益于政府对风险投资的政策支持和制度支持，天使投资呈现出持续上升的趋势。

②天使投资税制支持。韩国为了培育技术能力优秀的创业企业、改善经济结构、创造就业机会设立了有关创业企业支持制度。天使

---

① 《所得税法》第34条，同法施行令第80条第1款。
② Wanxin Wang, AmmaraMahmood, CatrinaSismeiro, NirVulkan, The evolution of equity crowdfunding: Insights from co – investments of angels and the crowd, Research Policy 48, Elsevier, 2019.

投资税制支持是韩国有关创业企业支持制度的一环。韩国采纳这类制度是为了确保担保能力相对较弱的创业企业能够直接在金融市场中顺利募集资金。[1] 专业的天使投资人或者投资于创业企业的个体投资人满足一定条件时,可以享受《税收特例限制法》上的税制支持。该法中,税制支持的主要内容如下:

第一,就个体投资人以及投资协会对创业公司等出资后取得的股份而言,当该股份被转让时,针对转让发生的收益不予征税。

——个体投资人对中小企业创业公司、新兴技术产业金融公司、创业企业等出资的情形;投资协会对新兴技术公司、创业企业、新兴技术创业专门公司等出资的情形。

——创业 5 年以内的创业企业或者转型为创业企业不足 3 年的,但是在创业后 5 年以内、自首次出资日 3 年以内增加出资,该首次出资和增加出资的金额合计为 10 亿韩元以下的,视为向创业 5 年以内的创业企业出资。

第二,就天使投资或者个体投资协会对创业企业投资的资金而言,可以享受所得税优惠。

——投资对象企业应当是创业企业、经技术性评价后不足 3 年的中小创业企业、研发支出金额每年在 3 千万韩元以上的初期创业企业等。

——自 2018 年起向创业企业等直接投资的,具体所得税抵扣率为对 1500 万韩元以上 3000 万韩元以下的部分由过去的 50% 提高至 100%,对超过 3000 万韩元不足 5000 万韩元的部分由过去的 50% 提高至 70%。此外,向如下企业投资时,也可以享受所得抵扣优惠。即针对通过线上小额投资中介(众筹)方法募集资金后创业 7 年以内的中小企业、投资后 3 年以内满足创业企业等资格的企业。[2]

---

[1] http://www.kban.or.kr/?returnPage=18.
[2] 《税收特例限制法》第 16 条第 1 款第 6 项。

表 2 天使投资税收补贴制度

税制支持	投资对象	期间	支持内容
所得抵扣	创业企业； 经技术评价后的中小创业企业（不足 3 年）； R&D 支出额每年 3000 万韩元以上的初期创业企业	3 年	3000 万韩元以下：100%； 3000 万—5000 万韩元：70%； 5000 万韩元以上：30%
转让所得	创业 5 年或者转型不足 3 年的创业企业	3 年	转让的收益不征税

（二）有关 P2P 贷款的征税制度

1. P2P 贷款的意义和现状

P2P 贷款是指通过网络平台将投资人手中募集的资金提供给借款人的一种贷款形式（以下简称"P2P 金融"或者"P2P 贷款"）。P2P 贷款是不经传统金融机构，通过线上平台实现个人间贷款或者借款的交易，属于众筹的一种，即所谓的贷款型众筹。根据韩国 P2P 金融协会的定义，P2P 金融是"线上完成贷款全部流程，最大限度地减少分店运营成本、人工费、贷款运营开支等不必要费用支出，为贷款人提供更低利率、为投资人提供更高收益的金融和技术相结合的金融科技服务"。

在 P2P 贷款交易中，贷款中介商通过线上平台连接投资人和借款人，从中收取手续费。英国 Zopa 公司是世界上首家提供 P2P 贷款服务的公司，随后 P2P 贷款产业在美国、英国、中国等海外主要国家迅速发展。就韩国 P2P 贷款市场累计贷款额而言，2015 年末为 373 亿韩元，2017 年 11 月末则为 2 兆 1744 亿韩元。

表 3　韩国 P2P 贷款企业数和贷款额变化

（单位：家，亿韩元，%）

分类	2015 年末	2016 年末 (A)	2017 年 6 月末	2017 年 11 月末 (B)	增减（B-A）（增长率）
P2P 企业数量	27	125	162	183	58（46.4）
协会会员公司		34	56	58	24（70.6）
累计贷款额	373	6,289	13,981	21,744	15,455（245.7）

资料：P2P 金融协会

P2P 贷款行业和传统金融行业之间的特征差异：

①就银行（包含线上专业银行）而言，银行通过自有资本实施贷款，并有义务偿还存款的本金和利息；与之相反，P2P 贷款利用投资人的资金实施贷款，对投资金额不负担偿还义务。

②就借贷行业和融资专门行业而言，利息收入属于金融公司；与之相反，P2P 贷款的利息收入属于投资人，P2P 贷款企业仅收取中介手续费。

③就融资中介行业而言，签订借贷合同之后，就完成了它的使命；与之相反，P2P 贷款企业在签订借贷合同之后，还需要进行回收借款以及分配本金和利息等工作。

④就金融投资行业而言（包含众筹），投资人的投资对象为证券、金融投资商品衍生品等；与之相反，通过 P2P 贷款进行投资的投资对象是本金利息回收权，其性质是否属于金融投资产品还有待讨论。

随着 P2P 贷款等一系列新型金融服务的迅速发展，为了保护投资人、借款人等用户，促进行业健康发展，针对 P2P 贷款行业的监督需求逐渐被提上议事日程。目前，尚缺乏针对 P2P 贷款中介行业的单独法律规定，直至 2019 年 8 月 14 日韩国国会政务委员会第一小委员会审议通过了"有关 P2P 贷款的法案"（关于线上贷款中介行业的法律案等）。这一法案是自 2017 年 7 月首次提议以来，经过近 2 年的时间迈出的 P2P 贷款中介行业法制化的第一步。此法案于 2019 年 11 月 26 日制定成了《关于线上投资联系金融业以及用户保护的法律》（以下简称《线上投资联系金融业法》），并将于 2020 年 8 月 27 日起施行。

《线上投资联系金融业法》认定 P2P 贷款市场属于金融科技产业，催生了 P2P 金融行业以线上投资联系金融业的形式的诞生。该法是世界上首部 P2P 金融法。

2. P2P 贷款的征税制度

（1）利息所得代扣税率相关问题。

韩国依据《所得税法》，对金融公司存款适用 14% 的基本税率。针对 P2P 金融投资收益而言，因为该收益并非金融公司的收益，而是基于投资人提供的资金获取的利益，因此，视该收益为非营业贷款利益，适用 25% 的高税率。对此，P2P 贷款企业和投资人曾提出过异议，认为上述区别对待涉嫌金融产品之间征税不公的问题。

就此，韩国于 2018 年 12 月 31 日修订了《所得税法》第 129 条第 1 款第 1 项第 2 目中有关所得税代扣税率的规定。该修改规定明确，"非营业贷款的利息收入按 25% 征税。但针对线上连接借款人和投资人的中介而言，当该中介依照相关法律备案于金融委员会，或者已经获得金融委员会承认或许可，且满足为保护用户由总统令规定的要件时，其利息收入按照 14% 征税，此项但书措施实施截止日为 2020 年 12 月 31 日"。基于 P2P 投资的利息收入相关税率，将于 2020 年 1 月起从 25% 下降至 14%。但是，该条规定的适用期间是 2020 年 1 月 1 日起至 2020 年 12 月 31 日止，通过这种限期的规定，可以引导未来相关法律的完善。①

根据企划财政部的说明，上述所得税条款的修改旨在"通过降低适格 P2P 金融的代扣税率，促进金融领域的共享经济"。当初，在

---

① https://www.mk.co.kr/news/economy/view/2018/08/486546.

修订草案中曾明确,自 2019 年 1 月 1 日起针对 P2P 投资人收益适用 14% 的税率,然而在国会审议过程中,认为出于保护用户的目的,应当在 P2P 金融监督、管理体系得到法制化之后再实行减税措施较为妥当。① 因此,在最终修正案中,该项减税措施的施行起始日期为 2020 年 1 月 1 日。

此次税法修订提高了小额、分散投资的魅力,很有可能促使欺诈贷款企业退出市场。就近期发生的贷款相关案件而言,伪装成 P2P 贷款的类似贷款企业,通常会开发投资额较大的项目,诱导投资人进行高危集中投资。基于此法的修订,投资人有可能出于节约税款的考虑进行小额、分散投资,那么以鼓吹投机为业的贷款企业很有可能退出市场。②

随着未来 P2P 金融制度的法制化,P2P 贷款投资的稳定性将会逐渐提高。降低 P2P 金融行业中利息收入的税率、将 P2P 贷款纳入金融体系等一系列法制化举措,将会健全金融科技产业的生态系统。

(2) 针对平台服务使用手续费的增值税。

P2P 企业作为借贷关系的中介,按贷款金额的一定比例从借款人和投资人之间收取中介费(平台服务使用手续费)。这属于中介手续费的一种,属于提供劳务的对价,是增值税法上的应税项目。③ 平台运营商是征税对象,针对平台使用手续费征收增值税(10%)。此时,必须出具法定证明材料,向税务机关申报并缴纳。

(三) 区块链 (Blockchain) 相关征税制度

1. 意义

就像 20 余年前的互联网一样,区块链很可能成为一种重新解释现存各种流程和相互作用的技术。基于目前的技术,交换主要是针

---

① http://www.sejungilbo.com/news/articleView.html?idxno=14924.
② https://www.nongmin.com/news/NEWS/ECO/FNC/312646/view.
③ 《增值税法》第 11 条,同法施行令第 25 条。

对信息（电子邮件、社交媒体等）的交换，即所谓的"信息互联网"（Internet of Information）。然而，基于区块链技术，交换对象将转化成针对虚拟货币和智能合同等价值的交换，即所谓的"价值互联网"（Internet of Value）。由于区块链具有此类潜力，因此，我们将区块链称为基础技术。

2. 区块链技术的应用形式

随着全球化和数字化的影响，税收和创造价值活动之间的关联点（Nexus）逐渐变得模糊，无法准确界定两者之间的关系，这些难题成了当今税务机关不得不解决的问题。传统意义上的各国税务机关主要处理国内市场发生的业务，对于近来迅速崛起的虚拟市场（virtual market），由于经验不足，较难及时处理当前的变化。[①]

就近期讨论中的国际税收问题而言，国际社会期待通过应用区块链技术扩大国家间税收管理协助和运用共享平台解决棘手问题。[②]尽管诸如区块链之类的新技术及其应用尚处在起步阶段，需要一定时间去充分了解，但中央银行和 BIS（Bank for International Settlements）等监管机构已经开始关注这一新技术的潜力和作用。跨国公司也正在探索区块链的影响力，即如何应用该技术改变自身的商业模式。[③]

积极采纳数字税收管理的先驱国家，包括新加坡、爱沙尼亚、芬兰、以色列、卢旺达。部分国家将区块链技术引入了其国内基础设施建设项目中，代表国家有爱沙尼亚和芬兰。两国在 2016 年 5 月的联合声明中约定了自动数据交换等事宜，并预告将会在后续约定中囊括交换税收数据等内容。爱沙尼亚使用了自己开发的作为分布

[①] WU Global Tax Policy Center, Blockchain: Taxation and Regulatory Challenges and Opportunities, *A Background Note Prepared by the WU/NET Team*, 2017, p. 4.

[②] Jurgen G, *supra* note 106.

[③] WU Global Tax Policy Center, *supra* note107, p. 5.

式账本技术的 KSI（Keyless Signature Infrastructure）。① 迪拜计划将于 2020 年后建成通过区块链执行所有交易的系统。② 越来越多的国家对区块链技术展现的广阔空间产生了浓厚的兴趣，并有意积极推进相关系统的建设。分布式账本技术不仅能够应用于电子投票、电子健康领域，未来还将会应用于类似税收领域等较为复杂的领域。③

3. 区块链在国际税收领域的有用性

区块链技术的应用，依赖于区块链的两个主要特征，即无中间媒介交易和分布式账本。就智能合约而言，在没有中间人的情况下可以完成代扣税款或者税款的自动移转。区块链有助于监控纳税人履行义务的情况、发掘偷税漏税信息、计算转让价格等问题的解决。④

（1）设计遵守纳税义务体系的基础。

自古以来，税务机关的职能仅限于消极地分析和收集信息。当引进区块链技术时，税务机关可以随时记录交易、成本、资产和责任，实施公开调查。至少在理论上，作为征税对象的交易相关误差、风险或者逃税的问题能够得到有效解决。⑤

（2）代扣税款和增值税。

就代扣税款和增值税而言，在其征收和缴纳过程中，不得不依赖中间人（intermediary）进行。例如，增值税高度依赖于作为纳税人的企业主，这会给小企业、个体户带来相当大的负担。这种结构

---

① LykeAru, Estonian Government Adopts Blockchain To Secure 1 Mln Health Records, *Cointelegraph*, March 9, 2016. https：//cointelegraph.com/news/estonian - government - adopts - blockchain - to - secure - 1 - mln - health - records.

② WU Global Tax Policy Center, *supra* note107, p. 6.

③ Asia Blockchain Review, Thailand's Revenue Dept Promotes Digitalization and Blockchain, June 18, 2019.

④ PwC UK, How blockchain technology could improve the tax system. https：//www.pwc.co.uk/issues/futuretax/how - blockchain - technology - could - improve - tax - system.html

⑤ Danish Mehboob, Blockchain could create tax certainty in transactional taxes, *International Tax Review*, August 5, 2019. https：//www.internationaltaxreview.com/article/b1g4578dn3z04q/blockchain - could - create - tax - certainty - in - transactional - taxes.

也会给税收管理增加困难,因为当企业的经营变得困难时,征税也会变得困难,增值税发票相关的逃税案件也会随之增加。但是,如果将这些交易信息记录于分类账本中,通过智能合约完成支付,那么,税款将自动从商品、服务价格中分离,最终该税款会自动支付至税务机关。这类技术的应用能够减少交易成本,降低逃税的可能性。[①] 同样,通过使用智能合约还可以在没有中间人的参与下,完成代扣或者缴纳税款。

(3) 发现和防止逃税。

①国际协作。税务机关可以根据区块链提供的综合税收信息,有效地实施纳税审计(compliance audit)。允许实时访问金融机关的分布式账本技术可以实时访问金融机关的财务记录,还可以在高风险交易中,测定价格模型的准确性。甚至于在国际层面上,如果多个国家使用基于区块链的共享平台,那么这些国家的税务机关可以同时查看在平台中共享的数据,从而促进基于税收协定的国家间的联合行动。[②]

②国别报告(Country – by – Country Report)。作为应对国际避税和非友好型税收战略的最新手段之一的 BEPS(Base Erosion and Profit Shifting)Action 13 建议采纳国别报告〔Country by Country(CbC)reporting〕。韩国等诸多国家采纳了该国别报告。该国别报告书提供有关跨国企业国际业务运营的概要,并提供了标准化模板。

利用分布式账本技术可以基于交易数据及时制作国别报告。这可以增强报告的说服力,并可以比现在的报告书制作方法更加合理的价格来制作报告书。使用区块链确保国别报告的准确性,对于完善针对跨国企业的税收体系而言非常重要,这是建立协同型纳税审

[①] Gijsbert Bulk, Howblockchain could transform the world of indirect tax, EY, April 24, 2018. https://www.ey.com/en_gl/trust/how – blockchain – could – transform – the – world – of – indirect – tax.

[②] PwC UK, *supra* note 115.

计关系的关键基础。①

（4）转让定价税制（Transfer Pricing）。

基于区块链技术的智能合同能够有效解决与现行转让定价税制相关的棘手问题。例如，在了解跨国公司中频繁发生的交易和交易中双方进行的手动的、重复的工作时，通过应用智能合约可以有效解决实务上的困难。

转让定价税制中的核心问题是计算出适当的价格。通过分布式账本可以随时确认交易数据，税务机关在设计价格模型时，可以基于分布式账本技术获取的基础资料确定适当价格，解决跨国企业通过伪造价格实施避税的问题。②

4. 区块链的界限

一方面，区块链尽管有着显著的效果，但是它并不能解决所有国际化和大规模数字化催生的问题。③ 目前我们对区块链的认识还不够深入，就区块链的潜在风险而言，主要有黑客或者数据丢失等在虚拟世界中存在的风险。尽管区块链的特征"加密（encryption）"能以其先进的安保能力解决该问题，但它并不是绝对可靠的解决方案。④

从根本上来看，区块链技术的基本蓝图依赖"匿名性（anonymity）"和"去中心化（decentralization）"，这将引发"在哪里"征税、对"谁"征税的问题，继而引发确定关联点（Nexus）的问题和基于匿名交易泛滥导致的纳税人确定的问题。当无法确定纳税人的身份、居住地、应税交易的情形时，在分布式账本中收集的相应

---

① WU Global Tax Policy Center, *supra* note 108, p. 8.
② Danish Mehboob, *supra* note 116.
③ Lucas Mearian, The top 8 problems with blockchain, *Computerworld*, July 8, 2019. https：//www.computerworld.com/article/3236480/top – 8 – problems – with – blockchain.html.
④ Peter Wayner, The hidden dangers of blockchain：An essential guide for enterprise use, *TechBeacon*. https：//techbeacon.com/security/hidden – dangers – blockchain – essential – guide – enterprise – use.

数据将被记录为"无国籍（stateless）"资料，此时，税务机关将无法进行监视、强制纳税。①

另一方面，与区块链相关的另一主要争议是"隐私（privacy）"和"保密（confidentiality）"的相关问题，这需要与"透明性（transparency）"保持协调。税务机关收集的信息很可能被滥用，特别是纳税人的个人财务信息，这类信息属于极度敏感的信息，这将使纳税人处于弱势地位。虽然有必要加强税务机关收集、使用信息的权力，但也不能忘记保护纳税人的合法权益。②

五、结语：启示

大数据、人工智能、云计算等技术因素正在迅速改变金融产业的环境。依靠新兴技术的创业成果和成功案例使发达国家和新兴国家都加大了对创业和风险投资的支持。尖端技术和金融服务的结合形式并非近期才出现的形式，然而近期的变化却更具革命性，它从根本上改变了金融服务的供应方式和消费形态。

国际货币基金组织IMF和世界银行于2018年10月11日联合发布了《巴厘金融科技议程》（Bali Fintech Agenda），公布了以下12个政策要素：③ ① 享受金融科技的好处；② 启用新技术以增加金融服务的供应；③ 加强竞争，恪守对开放、自由和竞争市场的承诺；④ 培育金融科技以促进金融包容和发展金融市场；⑤ 密切关注和监测发展，深化对不断演化的金融体系的认知；⑥ 调整监管框架和监管实践，促进金融体系的有序发展和金融稳定；⑦ 维护金融体系的完整性；⑧ 使法律框架现代化，为促进金融科技活动提供有力的法律环境；⑨ 确保国内货币和金融体系的稳定；⑩ 开发稳健的金融和

---

① WU Global Tax Policy Center, *supra* note 108, p.10.
② *Ibid*.
③ IMF, The Bali Fintech Agenda: A Blueprint for Successfully Harnessing Fintech's Opportunities, *IMF Policy Paper*, October 11, 2018.

数据基础设施，以维护金融科技的优势；⑪增强国际合作和信息共享；⑫增强对国际货币和金融体系的监督。①

《巴厘金融科技议程》提示了金融科技带来的广泛机遇和潜在风险，这为各国政府接近金融科技提供了参考。② 培育高效的金融科技产业，并进行适当的规制，使之良性发展，是世界各国共同面临的挑战。从税收层面来看，在设计税收制度时，应当以培育金融科技的方向完成改革。与此同时，还要充分考虑作为金融科技基础的新兴技术有可能成为新的避税手段。③ 尽管金融科技给人类提供了广泛的机会，但是潜在的风险也不容忽视。因此，从税法层面上来看，关于金融科技的税收制度要将重点放在培育金融科技产业上。

在讨论金融科技的创新规制时，通常都会论及税收问题。税收通常起到间接规制的作用，税费会成为金融科技企业经营计划、运营决策中重要的影响因素。与金融科技相关的税收制度将会朝着增强与新技术有关的税收优惠政策、放宽原有税收制度的方向发展。为了金融科技的发展，有必要建设系统的税收优惠政策。

基于上述观点，笔者认为在金融科技的各个领域中，有必要考虑如下内容。

第一，就众筹而言，从企业的角度来看，众筹企业能够同时完成融资和市场营销，从投资人的角度来看，投资人能够获得基于赞

---

① ① Embrace the Promise of Fintech）；② Enable New Technologies to Enhance Financial Services Provision；③ Reinforce Competition and Commitment to Open, Free, and Contestable Markets；④ Foster Fintech to Promote Financial Inclusion and Develop Financial Markets；⑤ Monitor Development Closely to Deepen Under – standing of Evolving Financial Systems；⑥ Adapt Regulatory Framework and Supervisory Practices for Orderly Development and Stability of the Financial System；⑦ Safeguard the Integrity of Financial Systems；⑧ Modernize Legal frameworks to Provide an Enabling Legal Landscape；⑨ Ensure the Stability of Domestic Monetary and Financial Systems；⑩ Develop Robust Financial and Data infrastructure to Sustain Fintech Benefits；⑪ Encourage International Cooperation and Information – Sharing；and ⑫ Enhance Collective Surveillance of the International Monetary and Financial System. IMF, *supra* note132, pp. 7~9.

② IMF, *supra* note 132, p. 4.

③ IMF, *supra* note 132, p. 24.

助的合理回报和基于投资的税费抵扣。① 在第四次工业革命时代中，为促进创业生态系统的良性循环，激活创业带来的促进就业效果，有必要确立关于众筹的税收制度，扩大投资人的税收优惠。现行制度是以投资型的众筹为中心规定税收优惠政策，有必要对非投资型众筹规定免除增值税等税收优惠政策。

第二，P2P贷款是金融科技产业的龙头。就P2P贷款行业而言，韩国政府仅仅降低了适格P2P金融的所得税代扣税率。除此之外，韩国政府没有特别引入支持P2P金融的税制。但是随着2019年11月26日《线上投资联系金融法》的制定，P2P金融行业以法律上"线上投资联系金融业"的身份得以制度化。P2P贷款产业作为促成金融科技产业成长的必要要素，韩国很有可能大幅缓解针对适格P2P金融的规制，实施税收优惠措施作为其后续措施。就金融科技产业的培育方面而言，有必要对适格的P2P企业免税或者对平台中介费免征增值税。

第三，就分布式账本技术或者区块链技术的实际应用对税法的影响而言，由于该技术的引入尚处在起步阶段，目前进行评价还较为困难。但是，区块链可以用作跨国税收管辖的虚拟联结网，该技术本身并不需要物理上的固定场所。由此，会产生通过区块链的"应税行为（taxable activity）"在哪发生、价值（value）在哪创造等问题，BEPS的转让定价税制也发现了这些问题。基于区块链交易的不断扩展，类似来源（source）和居住地（residence）等传统的税收概念将会被重新定义。

另外，因国际化、数字化导致的信息分散给税务机关造成了诸多麻烦，而区块链提供的技术将为税务机关带来与以往不同的体验。区块链的主要特征是透明度和保密性，这是区块链技术能够在将来税收领域获得广泛应用的前提条件。各国的税务机关不论其管辖权如何，都可以通过基于区块链的共享平台，加强税收管理的信息交

---

① https://www.sedaily.com/NewsVIew/1S3JCBO2JR.

换和征收合作。此外,区块链技术的应用可以减少税务机关对纳税人单方面提供资料的依赖程度,可以确保税务机关独立收集外部数据资料,使得实时收集外部客观信息的想法成为可能。如果能够有效利用区块链的优点,预计能够改善实务中有关避税问题的监管,大幅提高税收管理的效率。

Evolution of FinTech and its Tax Implication
——A Study on Crowdfunding, P2P Lending, and Blockchain
(Republic of Korea) Jimin Ryu

Abstract: Fintech is understood to bridge the gap between financial services and technology and to represent innovation in financial technology today. There has recently been many discussions about the impact of the development of FinTech on the infrastructure, regulation and legal environment of startups and existing financial institutions, but relatively little discussion could be found on the tax implication of FinTech.

Globally, Crowdfunding and Peer-to-peer lending (P2P lending) have existed for more than a decade, but it's only been a few years since these financial services gained momentum. With respect to blockchain, or distributed ledger technology (DLT), which is still at the experimental level, it seems a bit fast to analyze the effect of the introduction of this new technology on the tax system.

Nevertheless, given FinTech's unprecedented pace of development and the strong growth potential of crowdfunding and P2P lending, which are major players in fintech financial services, and blockchain technology, which is gaining a special attention from public, it would be quite meaningful to consider tax implications of them and their relevant tax issues.

Crowdfunding attracts a lot of attention because it can provide financing and marketing from a corporation's point of view, while offering reasonable compensation for sponsorship and tax deductions for investment from an investor's point of view. In order to promote a virtuous cycle of startup ecosystem in the 4th Industrial Revolution and to activate the employment creation effect of startups due to innovation growth, a clear tax system for crowdfunding should be established and tax preferential treatment for crowdfunding business needs to be diversified and expanded.

With respect of P2P lending, which is currentlya leading player in the FinTech industry, the Korean government has so far not introduced any tax support to foster P2P financing, other than reducing its withholding tax rate. However, as a new bill of institutionalizing P2P lending was recently approved by the National Assembly's Political Affairs Commission, the movement for incorporating P2P loans into the regular finance system has been accelerated. With this movement, significant easing of conventional strict regulations and introduction of preferential tax treatment are also anticipated.

The new technology provided by blockchain comes as a unique attraction for tax authorities, which suffer from the scattering of information due to globalization and digitalization. The main characteristics of blockchain are "transparency" and "confidentiality", which are important factors as a prerequisite for the technology to be widely applied in the tax field. Regardless of jurisdiction, tax authorities in each country can enhance information exchange and tax collection cooperation through blockchain – based platform sharing. Furthermore, application of blockchain technology allows tax authorities to reduce their dependence on taxpayer – provided data and to secure independent and objective information in real time. Effective utilization of blockchain will most likely to improve the efficiency of tax administration and address practical problems concerning tax avoidance.

Key words: fintech, crowdfunding, P2P lending, blockchain, cryptocurrency, tax avoidance, preferential tax treatment

近期一般反避税条款的立法动向和启示：以英国和澳大利亚为中心

[韩] 崔贞姬[*]

摘要：一般反避税的争论在税法领域有着悠久的讨论历史，并将在未来很长一段时间内是被持续研究的主题。随着 BEPS Action plan 的实行，关于"对没有一般避税规则的国家应如何立法"，以及"在已有一般避税条款的国家怎样有效且公正地运营该机制"的争论持续不断。针对一般反避税条款议题，韩国理论界主要以德、美两国立法和理论为中心展开诸多研究。这在一定程度上导致其忽视了对其他国家立法的有效关注。英国和澳大利亚围绕一般反避税条款的努力集中于在运营上限制课税官厅恣意权限行使等纳税人权益保护制度，具有积极的借鉴意义和研究的必要性。在韩国，《国税基本法》第 14 条第 3 项是否属于一般反避税规定尚存争议。通过对英国和澳大利亚经验的比较研究可以得到如下启示：第一，有必要宽泛

---

* 崔贞姬，韩国建阳大学，税务学科助理教授，法学博士（SJD），研究方向：行政法、土地法。

的规定一般反避税行为涉及对象的"交易"范围。第二，交易所目标的税收优惠是什么？税收优惠是否存在审查？交易是否与法规规定的立法目的、政策目的相符合以及假设替代交易的方式？这些问题均有必要明确化。第三，租税回避交易是以得到税收优惠为目的，那么审查基准是否要建立在这种主观目的的标准上，如果认定主观要件则应在多少程度范围内进行认定，须确定其程度范围。第四，如果确立一般租税回避防止规定立法，要保护纳税人的权益及保障交易自由，并且有必要建立一个一般反避税规定的咨询委员会，以作为防止课税官厅无理地否认交易的制度手段。

关键词：一般反避税条款，韩国反避税制度，实质课税原则，反避税条款咨询委员会

一、绪论

在租税法领域，避税是在过去一直被讨论，将来也会继续被讨论的一个很有趣但是非常难的主题。其中，一般反避税规定（General Anti Tax Avoidance Rule，GAAR）在韩国乃至全世界范围都是一个非常热门的研究主题。在韩国，《国税基本法》第14条是否是一般反避税规定存在争议，即使《国税基本法》第14条是一般反避税规定，为了能够发挥其功能该如何进行修改也正在讨论中。在这种情况下研究外国的立法例以及导出启示点则显得尤为必要。

在传统上，韩国理论界针对一般反避税规定的比较研究主要以美国和德国为中心，这使其对其他国家的先进经验存在一定的忽视。英国和澳大利亚最近也规定了一般反避税条款，力求克服一般反避税条款的不确定性和总括性。为此，两国课税官厅设有专门的反避税条款咨询委员会，该委员会在纳税人的立场上致力于减少税务机关滥用反避税条款的可能性。这一创造性制度设计具有很大的借鉴意义。

本文介绍英国和澳大利亚的一般反避税条款的内容和运营上的

程序性制度，并以韩国的《国税基本法》第 14 条第 3 项为中心，归纳上述经验对韩国一般反避税立法以启示。紧接着绪论Ⅰ、Ⅱ是对英国的 2013 年《财政法》（Finance Act 2013）的 10 个反避税条款以及 2016 年的《财政法》（Finance Act 2016）上的内容和程序上的制度的一般反避税条款咨询委员会（General Anti‐Abuse Rule Advisory Panel, GAAR Advisory Panel, GAP）进行说明。Ⅲ对澳大利亚的一般反避税条款委员会（General Anti‐Avoidance Rules Panel, GAAR Panel）进行探讨，一般反避税条款委员会在澳大利亚 1936 年《所得税法》（Income Tax Assessment Act 1936）PartⅣA 的一般反避税条款的内容和程序上成为统治者的角色。Ⅳ以Ⅱ和Ⅲ说明的英国和澳大利亚的一般反避税规定为背景，考察韩国《国税基本法》第 14 条的一般反避税条款立法。最后Ⅴ为本文的结论。

二、英国的一般反避税条款（UK General Anti‐Abuse Rule）

（一）立法背景及经过

自从 1936 年 Duke of Westminster 事件[①]以后，法院一直坚持根据严格的文献解释，主张除非有假装行为不得以租税回避为由征税。但是，以 1982 年 Ramsay 判决[②]为契机，在避税案件裁判实践中确立了目的论解释，即当纳税人没有事业目的而仅出于避税目的进行一系列交易时，课税官厅可以对交易整体进行征税的实质征税原则，法院对这一原则持弹性适用的态度。[③]之后的二十多年，许多人主张制定应对租税回避的相关立法。一般反避税条款对纳税人和课税官

[①] IRC v. Duke of Westminster [1936] AC 1 (HL).
[②] *W. T. Ramsay Ltd v IRC*, [1982] AC 300 (HL).
[③] Murray, Tax avoidance, 2rd edition, Sweet&Maxwell, 2012, 11 ‐001.

厅都明确规定交易征税的结果，因此可以减少为避税做出的不合理努力，也有助于纳税人和租税专家把精力投入到其他生产活动中。2010年6月，联合政府（Coalition Government）就此问题征求咨询意见，并于当年12月成立了Graham Aaronson QC领导的研究会，开展引入避税规定的案例研究。Aaronson在2011年11月完成了报告书，在报告里他提出了以滥用交易（abusive arrangement）为焦点的狭义的规定。[①] 为在2013年引进一般避税条款，政府在2012年着手开展立法咨询活动（consultation exercise），并于该年12月确定了具体立法计划。此后，包含新的一般避税条款的2013年《财政法》法案（Finance Bill 2013）在没有内容变更的情况下通过了议决，于2013年7月17日正式生效。[②]

2013年《财政法》规定了一般反避税的基本规则，即反避税条款是为了应对利用滥用（abusive）租税安排（tax arrangement）取得税收利益（tax advantages）。根据该条款，国税厅在提起诉讼之前通常需要把案件上报给独立设立的GAAR咨询委员会（GAAR Advisory Panel）。随着反避税条款的立法，国税厅在2013年4月发行了一般反避税指南（以下简称GAAR指南），该指南明确提出一般反避税条款应脱离Westminster判决的严格文义主义。此后，2016年《财政法》（Finance Act 2016）引进了更强有力的处罚规定。国税厅为防止税收损失，在通常的征税期（normal assessment time limits）内可以发行临时应对通知（provisional counteraction notices），并有权对存在问题的避税交易和与交易相关的纳税人发行统合通知（pooling notices）和拘束力通知（notices of binding），从而使GAAR咨询委员会决定能够对避税行为进行有效规制。此外，引进对应税收60%的GAAR加算税，对惯用偷税者引进了加算税、公布姓名、撤回一定

[①] 该报告书为保障保护对象的合理租税计划，给出了许多具体提议。Safeguards. Murray, *supra* note 3, 11-004.

[②] Seely, *Tax avoidance: a General Anti-Abuse Rule*, Briefing Paper, No. 6265, House of Commons Library, 2018.9., p. 3.

的规制缓和及赋予的优惠等处罚。

(二) 英国一般反避税条款的主要内容

1. 概要

英国一般反避税条款可以分为实体内容和程序内容,实体内容的规定源于 2013 年《财政法》§206 至§210,主要针对避税要件进行相应规定。程序内容源于§211 和附表 43 的规定,§211 主要规范法院和租税审判院的相关程序,附表 43 是对一般反避税条款的咨询委员会进行相关程序规定。由于 2016 年《财政法》的修订,附表中程序规定和处罚规定均有大幅强化。

表 1 英国财政法上一般反避税条款主要条文分类

按年份财政法	条文	内容
2013 年金融条例 (Finance Act 2013)	§206	一般反避税条款的意义和适用范围
	§207	租税交易 (tax arrangements) 和滥用 (abusive) 意义
	§208	租税利益 (tax advantage) 的意义
	§209	对应租税利益 (tax advantage)
	§210	对应调整 (consequential relieving adjustments)
	§211	法院或租税审判院程序
	§212	一般反避税条款和优先顺位规定 (priority rules) 之间的关系
	§213	重要修订事项
	§214	第 5 篇 (Part 5) 的解释
	§215	经过规定
	Schedule 43 一般反避税条款:程序要件	一般反避税条款咨询委员会
		指定国税厅公务员 (designated HMRC officer) 的意义
		通知纳税人租税利益上的对应提示
		提交给一般反避税条款咨询委员会
		一般反避税条款咨询委员会的决定和意见通知

续表

按年份财政法	条文	内容	
2013年金融条例（Finance Act 2013）	Schedule 43	一般反避税条款：程序要件	考虑一般反避税条款咨询委员会意见后，最终决定通知
			通知可在租税利益发生的假设下进行发行
2016年财政法（Finance Act 2016）修订事项	§157	一般反避税条款：对前例交易的租税交易的拘束力	
	附表43A追加	程序要件：统合要件（pooling notices）和拘束力通知（notices of binding）	
	Schedule 43B追加	程序要件：租税交易的总括性交付	
	§158	§212A追加：加算税（penalty）	
	Schedule 43C追加	补充规定	
	§159	惯用偷税者	
	§160	§237A：逃税交易企划者	

2. 实体法规定中应被认定为逃税交易的内容

（1）滥用租税交易的意义。

第一，租税交易（Tax arrangements）。作为一般反避税条款适用对象的"租税交易"囊括了能够考虑到的所有情况，可以认定得到租税利益是计划的主要目的或者主要目的之一的合理结论，其计划就是租税交易。①这里交易（arrangements）与合法施行与否无关，包含协议（agreement）、谅解（understanding）、计划（scheme）、交易（transaction）或一系列的交易（series of transaction）。②

第二，滥用的意义。租税交易应综合考虑所有相关情况，如果着手或施行租税交易不能认定为租税相关行为的合理过程，则构成"滥用（abusive）"。在通常情况下，①交易的实质结果是否符合规

---

① 2013年财政法（Finance Act 2013）§207（1）。
② Walton MA, Tolley's Corporation Tax 2019–20, Tolley, 2019, [4.3]。

定的明示的、默示的原则和政策目的；②实现其交易结果的手段有一项是否关联不自然（contrived）或非正常（abnormal）阶段；③其交易是否利用税法规定的缺陷（shortcomings）等因素都应纳入考察范围。①若租税交易构成其他交易的一部分，对其他交易也应纳入考察范围。② 对此，2013年《财政法》§207提供了一些例子来表示租税交易是否构成"滥用"。③第一，交易额度比起经济目的，引起相当少的征税上的所得（income）、利益（profits）、利润（gains）的情况；第二，交易额度比起经济目的，引起更多的扣除（deduction）或者损失（losses）的情况；第三，引起交易未发生或有可能未发生的包括外国税额的税额扣除或者退还申请时构成"滥用"。

第三，判断滥用与否的客观审查（objective test）。一般反避税条款最核心的内容是判别何种交易为滥用，并通过客观审查做出判决。④ 换言之，英国反避税条款中的滥用交易也可称为"行为的非合理过程（unreasonable course of action）"，也可用行为是不寻常的（unusual）、不自然的（awkward）、迂回的（devious）等相近形容词来表现。因此，找到关系潜在滥用交易的适当基准（benchmark）至关重要。⑤这种基准无法与逃税或利用对象的税法规定区分开，只能通过回避或利用对象的税法条款加以规定。交易不能满足法律要件就构成"滥用（abusive）"。⑥由此，"滥用"的判定要素包括：交易金额远远低于经济目的上的数额引起的征税目的所得利益（profits）或者利润（gains），交易额度比起经济目的引起更多的扣除（deduction）或者损失（losses），引起交易未发生或有可能未发生的包括外国税额的税额扣除或者退还申请。一般反避税条款指南Part D在适用反

---

① 2013年《财政法》（Finance Act 2013）§207（2）。
② 2013年《财政法》（Finance Act 2013）§207（3）。
③ 2013年《财政法》（Finance Act 2013）§207（4）。
④ Seiler, GAARs and Judicial Anti–Avoidance in Germany, the UK and the EU, Series on International Tax Law vol 98, Linde, 2016, p. 155.
⑤ Id.
⑥ Seiler, *supra* note 11, p. 163.

近期一般反避税条款的立法动向和启示：以英国和澳大利亚为中心

避税条款时，列举说明了构成滥用和不构成滥用的 32 个示例交易。①

（2）租税利益（Tax advantage）的存在。

租税利益包含税额的减少或者减少额的增加，税额的退还及退还额的增加，征税的减少及回避，预定征税或税金计算又或者扣税义务的回避，税金缴纳的延迟，以及税金偿还的增加。② 为了确定租税利益存在的主观审查（subjective test）由目的审查（purpose test）、双重合理审查（double – reasonableness test）、租税利益审查（tax advantage test）构成。

第一，在目的审查（purpose test）方面，通过 2013 年《财政法》§207（1）"考虑到所有情况，得到租税利益是计划的主要目的或者主要目的（main purpose）之一"的规定，能够合理得出，其计划可以定义为适用一般反避税条款的租税交易。这里得到租税利益是以"主要目的"或者"主要目的之一"为要件，主要目的的审查就是目的审查（purpose test）。目的为最重要的（most important）、主要的（principal）、首要的（leading）、最大部分（the largest part）时，可以认为有主要（main）目的。交易中目的重要程度的判定，很大程度上取决于举证规则的设计。2013 年《财政法》§207（1）明确规定举证责任在税务官厅。尽管如此，英国反避税条款的目的审查仍被认定为设定了较低的审查基准。通过 207（1）条款可以看出，纳税者为了得到租税优惠的意图能够得出"合理"结论的情况下，其目的审核已经相对充足，因此税务官厅无须提供充分的证据。此外，"主要目的之一（one of the main purposes）"在审查过程中，尽管纳税者能够成功提出交易是非租税理由执行的证据，税务官厅也要为了目的审查的需要，可能将交易认定为租税优惠为目的。③

第二，在租税利益审查（Tax advantage test）方面，一般反避税

---

① HM Revenue and Customs（HMRC），General Anti – Abuse Rule（GAAR）guidance Part D – Examples, 2017.
② 2013 年《财政法》（Finance Act 2013）§208。
③ Seiler, *supra* note 11, pp. 208 – 209.

条款将滥用的问题与租税利益或者租税优惠存在相关联。租税利益审查称为主观审查，是纳税者为了得到租税优惠时才适用其规定。在这个层面上，租税异议审查包含两方面构成要件：一方面，租税利益是为了一般反避税条款的适用所需的额外要件，为了表示租税利益的存在而使用的绝对指标（factor）；另一方面，租税利益概念与主观性要素有必要的关联，这是租税利益的实质发现，也是纳税者实质执行的交易和无滥用交易，表现为纳税者执行的假设交易的比较结果。①

第三，在双重合理性审查（Double-reasonableness test）方面，双重合理性审查是"询问能否合理"的一般理性人判断，即作为一个经济理性人是否会执行其交易的观点。双重合理性审查源于英国一般反避税条款对审查的表述，是一个可以称为不确定审查的模糊概念。《财政法》§207（2）对执行交易能否被判定为合理过程提出疑问。与客观审查不同，双重合理审查不是询问在着手交易或者执行过程中"相关税法规定关联"行为的合理过程。取而代之的是，询问"着手或执行存疑交易"是否能够判定行为是否属于合理过程。② 双重合理性审查和目的审查相类似，两者区别在于：目的审查的核心在于纳税人是否为了租税利益而着手交易，双重合理性审查的核心在于作为一个合理的第三方是否会执行相应交易。当然，法官要考虑相关交易所涉及的合理的范围。若法官认为其交易的行为是合理过程则不适用反避税。GAAR方针认定一部分个人（比如认为所有租税是国家支援的盗窃）有极端的意见，但一般反避税条款的前提是，租税是政府具有必需机能的主要财源，因此这种观点不作为合理意见。③

此外，在一般反避税条款的适用效果上，一般反避税条款是根

---

① Seiler, *supra* note 11, p. 213.

② HM Revenue and Customs（HMRC）, General Anti-Abuse Rule（GAAR）guidance, Part C, 2017, C5.10.1.

③ Seiler, *supra* note 11, pp. 218-219.

据国税厅租税交易时发生的租税利益，或者适用于纳税人的公正合理的调整。调整包括申告、申告的修改，请求（claim）的修改或者否认。如果没有调整，有可能会赋予不应征收的纳税义务或增加纳税义务。

（三）反避税条款的程序控制：一般反避税条款咨询委员会

英国国税厅在一般反避税条款提起诉讼之前，通常需要把案件上报给根据国税厅（Commissioners）独立设立的 GAAR 咨询委员会（Advisory Panel）。但是从 2016 年 9 月 15 日开始，国税厅在课税期满的情况下，上报咨询委员会之前可以进行临时的（provisional）处置（counteraction），并且在 GAAR 咨询委员会的决定进行租税交易时，国税厅对这种交易不再进行上报，可以直接适用一般反避税条款。GAAR 咨询委员会是由课税当局聘用的独立的外部专家构成，法院也要参考 GAAR 咨询委员会的意见等从实质上限制课税当局的裁量权。

（四）国税厅对一般反避税条款的运用

国税厅针对 GAAR 咨询委员会意见的排除适用并没有建立正式的或非正式的许可制度。但是，作为对大规模的事业阶层或者富裕阶层的一种约定的一环，国税厅在对事业计划进行讨论后，在适合的情况下有权认定特定计划（arrangement）不属于租税回避。

三、澳大利亚的反避税条款（Australian General Anti-Avoidance Rule）

（一）立法背景

针对一般反避税条款的立法与研究，澳大利亚有着悠久的历史。

有关一般反避税条款的立法规范首次出现于 1915 年制定的《所得税法》①，该法包含了一般反避税条款的一般性规定。其后，1936 年修正的《所得税法》②第 260 条以独立条款形式对一般反避税条款进行了明确规定。然而，尽管在立法上存在一般反避税条款，澳大利亚法院对租税案件仍然采取严格的文义主义，其原因在于英国 Westminster 原则对澳大利亚法院所产生的强烈文义主义的影响。

1936 年《所得税法》第 260 条在三个侧面显露出其局限性。第一，对重视文理解释的澳大利亚法院来说，一般反避税条款的规定是广泛且总括性的，其交易的再构成权限不在课税官厅。第二，第 260 条的适用范围里排除了日常家族交易及事业交易，对这部分的立法仍然不尽完备。第三，在避税事件里法院所采取的选择原则（choice principle）和先行交易原则（antecedent transaction doctrine）弱化了第 260 条的适用空间。③

在 20 世纪 70 年代到 80 年代期间，国家因处于极盛的避税战略而损失的税收达到 30 亿美元。为了防止该类损失的发生，努力改善第 260 条一般反避税条款在立法上的不足，澳大利亚最终在 20 世纪 80 年代初《所得税法》修改时，增订了作为一般反避税条款的 PartⅣA。

（二）PartⅣA 的主要内容

1. 概要

澳大利亚 1936 年《所得税法》（Income Tax Assessment Act

---

① 澳大利亚 1915 年《所得税法》第 53 条（Section 53 of the Income Tax Assessment Act 1915）。

② 澳大利亚 1936 年《所得税法》第 260 条（Section 260 of the Income Tax Assessment Act 1936）。内容如下：口头或者书面形式签订的所有合同、协商、协议是不管此法施行之前还是之后，（a）变更所得课税案件（b）减轻所得税缴纳或者申告义务（c）法律赋予的义务或者纳税义务被挫折、逃避、回避（d）不管任何形式都妨害此法的运用的目的或者直、间接效果时，绝对无效。但是不得侵害其他目的或者其他层面所持有的妥当性。

③ 최정희·박수진, "호주의 일반조세회피방지규정의 발달과정에 대한 고찰", 『조세학술논집』 제33집 제2호, 2017, 88-89면.

1936）Part ⅣA 包含了从 §177A 到 §177R 条款的一般反避税条款和转移利益税（Diverted profits tax）规定。§177A 到 §177G 针对"何种交易成避税交易被国税厅所否认"规定了三个要件：第一，计划的存在；第二，其交易租税优惠的存在；第三，为了得到这种支配目的的存在（具体条文构成详见表2）。

表2　澳大利亚一般反避税条款的条文构成

条文	条文题目	主要内容
§177A	用语的解释	对各个用语的定义，特别是对计划（Scheme）给出较为宽泛的界定
§177B	本篇（Part）的运用	
§177C	租税优惠（Tax benefits）	对纳税人如果不着手或者不执行时负担的税额，或者不执行其计划无法得到的扣除（deduction），资本损失（capital loss）等纳税人得到的租税优惠的类型进行列举
§177CB	确定租税优惠的根据（The bases for identifying tax benefits）	指明了决定上述 §177C 上的租税优惠的审查基准（假设合理的替代）
§177D	适用本篇的计划（Schemes to which this Part applies）	反避税条款是纳税人为了获得其计划相关的目的（即规定主观目的要件）
§177DA	澳大利亚限定课税实在的计划（Schemes that limit a taxable presence in Australia）	在澳大利亚活动或者对澳大利亚进行课税供应的外国团体（foreign entity）的计划适用本规定
§177E	剥离公司利润（Stripping of company profits）	对（dividend stripping）的规定
§177EA	印花税的认定或者（Franking debit）股息收入已缴税金的否认（Franking credits）	课税官厅的交易否认权
§177EB	链接纳税委员会 Franking credits 的否认	
§177F	租税优惠（Tax benefit）的否认	

225

续表

条文	条文题目	主要内容
§177G	租税赋课的更正（Amendment of assessments）	更正的范围

不难看出，在澳大利亚一般反避税条款的适用机制中，首先要确定存在何种计划，该计划能够使与计划相关的纳税人获得租税优惠，纳税人具有意欲得到租税优惠的支配性目的，并执行该计划的全部或者一部分，于此情形课税官厅可以重释其交易，并有权对纳税人得到的实质租税优惠进行课税。[①]

2. 计划（Scheme）的存在

在英国的一般反避税条款中，针对防止规定适用对象的交易范围，使用英语"arrangement"表达"交易"的含义。相比英国的规定，澳大利亚使用了单位较小的"scheme"表达"计划"的含义。事实上，税收交易基本上均包含行为、行动的过程，计划（plan）、事业执行（undertaking）、承诺（promise）、谅解（understanding）、协议（arrangement）等。不管是否为明示或默示，还是双方的或单方的。此外，已经启动或者执行中的计划之特定部分也包含在计划内，这得到了立法的认可，因此可以认为计划的范围非常之广。[②] 澳大利亚联邦大法院同样采用广义理解的观点，认为作为一般反避税条款的对象的计划，是构成某种计划的一系列阶段，并且囊括了在其一系列阶段中选择其一的过程。[③]

3. 税收优惠（Tax benefit）的存在

确定计划存在之后，接下来应确定税收优惠的存在与否。税收优惠是指若纳税人未执行确定的计划时，可合理预想其包含或可能

---

① 최정희·박수진，앞의 글，91면.
② 澳大利亚1936年《所得税法》§177A（5）。
③ *Hart v. Commissioner of Taxation*, 121 FCR 206, 2002.

包含于纳税人所得或者如果没有认定的计划,可合理预想为未认可或可能未被认可的扣除(deduction)、资本损失(capital loss)、外国所得减免(foreign income tax offset)等。

为了确定是否有该等税收优惠和优惠金额,课税官厅进行与原来的交易相反的假设交易,即在对原来的计划或者交易未能执行的情形进行假设之后,与实际执行的计划或者交易进行比较,从而确定发生的税收优惠的种类以及金额。对此,澳大利亚联邦法院认为,对于税收优惠的合理期待应高于单纯的可能性之上的期待。[1]

然而,该税收优惠的存在和相关审核标准即便是非常客观的审核标准,但确定"合理预想的所得或者扣除"系推断假设的情形,因此在明确性方面发生了难以确定的情况。换言之,对于税收优惠的存在与否应根据客观的依据进行审核,通过将虽然未实际发生但可合理预想发生的纳税人假设和实际交易进行比较,进而决定税收优惠的存在与否的研判方法是否具有客观性,引发了诸多疑问。[2] 申言之,可合理预想的纳税人的行为可能性系根据推断,但该等推断又可假设多种可能性,因此难以认为明确预想的行为只有一个行为。因此,在 2013 年修改税法时,为了具体确定该等审核,新设了§177CB。

Part ⅣA §177CB 第 1 项规定,除发生税收优惠的计划,否则该交易构成相反的假设。§177CB 第 2 项规定,如果该等计划未启动或者履行,则未因其发生征税结果的决定,除了形成计划的一部分之外,应依据实际发生或者存在的案件或者仅以状况构成的假设(postulate)。§177CB 第 3 项规定,虽然与实际案件的计划或者交易不同,但可构成可替代交易的"替代交易分析",即该计划未启动或者未履行,可合理预想因其发生征税结果的决定应依据可替代(alternative)该计划之启动或履行的假设(postulate)。在决定程序中,

---

[1] *FCT v. Peabody*, 181 CLR 359, 1994.
[2] 최정희·박수진, 앞의 글, 93면.

针对该假设是否为合理的替代,应参考其计划的实质和计划获得的成果或可成就的对纳税人有利的结果。

总言之,§177CB 针对未依据纳税人执行的计划是否存在可合理替代之交易假设,提出了较为具体的标准,因此该等规定具有参考意义。

4. 为得到与计划相关租税优惠之支配目的(dominant purpose)的存在

前文有关确定租税优惠存在与否属于客观审查的范畴,下一个阶段将是主观审查,审查内容是纳税人是否存在为了得到租税优惠的支配目的(dominant purpose)。这种支配目的的审查虽然是主观审查,但支配目的的确定仍应以客观根据为背景。这与英国主观审查中目的审查以及美国经济实质判断原则相类似。具体来说,判断支配目的应考虑如下要素。[①]

①计划着手施行或者履行的方式;
②计划的形式以及实质;
③计划着手的时点和其计划完成所需的时间;
④根据计划达成的结果;
⑤因计划的结果达成发生纳税人金钱地位的变化;
⑥计划的结果相关其他者的金钱地位变化;
⑦纳税人及上述(6)涉及者发生的其他结果;
⑧纳税者及关系者之间关系的性质。

支配目的审查的核心是,当某种交易持有对事业目的和上述审查结果可发现的避税主观目的时,判断纳税者对哪个目的具有更为直接的支配意愿。澳大利亚联邦大法院认为,在计划支付对包含租税在内的所有发生可能的费用以后,如果是为了创造最大收益而根据纳税者所选择的特别方法,那么这种特别方法的支配目的可以被

---

① 澳大利亚 1936 年《所得税法》§177D。

判断为最终为了得到租税优惠。① 从联邦大法院的态度来看，澳大利亚一般反避税条款与英国一样，属于主观目的审查的范畴。当某种经济交易是商业目的的同时，其大体上以租税效率的方式进行交易，因此会得到租税优惠的目的，得到租税优惠的目的并非是唯一的目的，所以这种目的支配性判断并不是很苛刻。但是这种审查仍然包含不确定性和滥用可能性。

（三）一般反避税条款委员会（GAAR Panel）

1. 概要

一般反避税条款与上述考察内容一样，包含了内在的不确定性和课税官厅的滥用可能性，因此有必要在对事实做出慎重和全面的检讨之后才可适用。因此，澳大利亚国税厅规定一般反避税条款（General Anti‐Avoidance Rules Panel, GAAR 委员会）并进行相关运营。该委员会主要针对特定反避税事件中一般反避税条款提出的具体适用供独立咨询。② 澳大利亚 GAAR 委员会系提供专门咨询的机构，以具备必要能力的实务专家以及学者、高位国税厅人员为主要组成人员。GAAR 委员会仅扮演单纯的顾问角色，并不做出决定，但其咨询意见会被决定权人所考虑。同时，GAAR 委员会也不承担对事实判断进行调查、对争论进行仲裁等职责。GAAR 委员会只对纳税人和国税厅的事实主张提供咨询。

2. 程序

任何适用一般反避税条款的案件原则上要在最终决定之前提交委员会。但是适用一般反避税条款的相关私自例规（Private Ruling）、集团例规（Class Ruling）、制造物例规（Product Ruling）的请

---

① *FCT v. Spotless Service Ltd*, 186 CLR 404, 1996.
② 澳大利亚国税厅（Australian Taxation Office; ATO），General Anti‐Avoidance Rules Panel, https://www.ato.gov.au/General/ATO‐advice‐and‐guidance/In‐detail/Private‐rulings/General‐Anti‐Avoidance‐Rules‐Panel/（最终访问：2019.10.30）.

求有可能会迟延，一般不会提交委员会。但若申请人主动申请上报委员会并同意迟延可能性的话，则可以上报委员会。此外，如果认为案件与之前上报的案件本质上相当类似则无须上报委员会，但不提交委员会而直接适用一般反避税需要获得委员长的认可。对委员会提交的案件，委员长享有决定其是否属于审查对象的裁量权。

四、对韩国一般反避税规定立法的启示

（一）概要

对于是否将《国税基本法》第 14 条第 3 项视为一般反避税规定，学界的意见并不一致。多数意见认为，该条款是"防止一般避税的规定"。[①] 但另一种意见是，《国税基本法》第 14 条第 3 项是将第 14 条第 2 项中有关交易内容相关的实质主义具体化的条文。由于第 14 条第 2 项仅是宣言性规定，为否认避税行为并据此进行实质征税，需要作出个别化的具体规定。因此没有将其视为可以直接否认避税行为的一般反避税条款。[②]

本文不以《国税基本法》第 14 条是否属于一般反避税条款为讨论对象，而毋宁是将焦点放在讨论英国和澳大利亚的一般反避税条款对《国税基本法》第 14 条，尤其是对第 14 条第 3 项有何立法启示上。这一比较研究的重要意义在于，尽管一般反避税条款带有与生俱来的不明确性，但英国和澳大利亚的立法努力为构建明确具体的审查依据提供了可能，这对韩国《国税基本法》的完善具有重要的借鉴意义。具言之，在韩国，也可以考虑法院像美国一样，通过积极适用《国税基本法》第 14 条构筑判例。但从秉持大陆法系成文

[①] 이동식，"조세회피행위 방지를 위한 일반규정의 도입논의"，『조세법연구』제24권 제1호，한국세법학회，2018，26면.

[②] 이동식，앞의 글，26면.

法主义的大法院对传统以及坚持严格依法征税主义的态度来看，很难预测这些问题会在短时间内得到解决。当然，尚不能认为《国税基本法》第14条已经得到了完善，并作为一般反避税条款发挥作用，或者通过制定新的一般反避税条款，以此作为文本根据发挥立法的指引作用。但是，在完善一般反避税条款乃至法律移植方面，可以期待以下效果：引进一般反避税规定，至少可以使公众认识到避税行为的违法性，并发挥一定基准线的作用，使其与合法的节税行为区分开来。此外，当一般反避税条款得到补充完善时，法院可以在一般反避税条款规定的范围内行使认定、适用和解释事实的权力，判断和规制避税行为。

规定经济实质原则的韩国《国际基本法》第14条第3项与英国及澳大利亚一般反避税条款中的主要审查比较见表3：

表3　英国、澳大利亚、韩国一般反避税条款的主要内容比较

要件	英国 Finance Act 2013	澳大利亚	韩国 《国税基本法》 第14条第3项
对象交易	交易（Arrangement）	计划（Scheme）	通过第三方的间接方法或两个以上行为或者通过交易的方法
对象 对象详细条目	列举详细条目	列举详细条目	不特定
客观审查 （Objective test）	滥用——某些行为的非合理过程，交易的课税所得（income）少于经济目的数额	税收优惠（Tax benefit）——纳税人如未履行其计划，本年度将包括在纳税人的应纳税所得中	被认定为不正当获得税法优惠者

续表

要件	英国 Finance Act 2013	澳大利亚	韩国 《国税基本法》 第14条第3项
	获得利益（profits）、利润（gains）时，比交易以经济为目的的金额更大的扣除（deduction）或损失（losses）时，未发生交易或发生感觉不可能发生的外国税额在内的税额扣除或申请退还时	合理估计包含在内的收入或者没有计划不被允许、合理估计不允许的扣款	
主观审查 （Subjective test）	（1）目的审查（Purpose test）； （2）税收优惠审查（Tax advantage）； （3）双重合理性审查	支配性目的审查 （Dominant purpose）	虽然被规定为"以不当接收为目的"，但不确定是否是为了审查主观性目的
法律效果	否认交易，以国税厅重组的交易征税	否认交易，以国税厅重组的交易征税	根据其经济实质内容，被视为当事者直接交易或者连续进行一种行为或交易来适用法律

（二）对象交易

1. 问题点

对于适用一般反避税条款的对象交易，《国税基本法》规定："通过第三方的间接方法或两个以上行为或者通过交易的方法"，将迂回交易或多阶段交易作为主要规制对象。当然，如果把"通过第三方的间接方法或两个以上的"这一部分视为预示性规定，行为或交易的范围可能会进一步扩大，但这一现象在租税法定主义的严格解释原则上有引发争议的可能性。

在澳大利亚和英国，一般反避税条款的对象交易被界定为几乎所有的行为、计划和交易。以英国为例，一般反避税条款的对象交易与是否合法可行无关，包括"协议（agreement）、谅解（understanding）、计划（scheme）、交易（transaction）或者连续交易（series of transacti-on）"。在澳大利亚，一般反避税条款的对象交易范围更为广泛，包括"行为、行动过程、计划（plan）、项目执行（undertaking）、明确约定（promise）、谅解（understanding）、协商（arrangement）、协议（agreement）等开始或包括正在执行的计划的特定部分"。事实上，几乎所有的行为和计划都是其对象。如此，几乎所有的交易都是以避税行为为对象的，在避税行为日益发展的情况下很难预测行为会将以何种形式出现，因此在审查行为及交易阶段时，可以看作其过程是将几乎所有的交易收买后，通过进行客观的审查和主观的审查而进行的再次筛选。

传统上主要是通过伪装交易、迂回交易或多阶段交易构成避税交易，但如今，其形态正在以更多不同形态外化体现。例如，在澳大利亚联邦最高法院办理的 Hart 案件中，纳税人可分为房贷和投资贷款两个账户，而投资贷款账户贷款金额约为房贷账户的 2 倍以上。在还款时，对房贷优先还款使投资贷款账户产生复利利息，纳税人对此复利利息主张扣除。[①] 简言之，本案的核心在于，是否允许扣除比常规应予容许的扣除金额更多的金额。关于计划的确定，联邦高等法院（the Full Federal Court）和联邦大法院（the High Court）的态度存在差异。联邦高等法院将计划的范围扩大，包括住房贷款和投资贷款在内的全部贷款被视为一项计划。据此，高等法院从这些计划的确定中判断，纳税人的支配性目的不是获得更多抵扣复利利息的税收优惠，而是为了维持现有的住房以及为购买新住房提供贷款。与之相反，联邦大法院认为，本案中构成反避税条款对象的计

---

① *FCT v. Hart*, 217 CLR 216, 2004.

划不是全部贷款，而是分离了贷款协定的一个部分贷款账户。因此，根据主观审查的客观依据之一"计划着手或履行的方式"和"计划的形式及实质"，联邦大法院判定纳税人有投资贷款分离的计划，并存在获得税收优惠的支配性目的。如果从《国税基本法》第 14 条第 3 项的视角审视 Hart 案，则该案是否可以看作"通过第三者之间的间接方法，或进行两种以上行为或交易"，尚有待讨论。

计划的确定不仅在澳大利亚，在美国也出现过问题。以 2005 年美国 DC 巡回法院办理的 Colec 案为例，[①] 该案的争论焦点为：适用实税原则的交易对象应为"全部交易"，抑或是该"全部交易"的一个子项部分。对此 DC 巡回法院认为，并非全部交易，交易的组成部分也可成为实税原则的适用对象。因此，该案中 Garlock 以承兑期票为代价收购债务的部分交易将构成实税原则的适用对象。[②]

2. 启示点

在现代社会，由于交易的多样性及税收战略的抽象化，交易行为及其具体形态是多种多样的，由此出现了单纯迂回交易或阶段性交易难以把握的情况。在 Hart 案中，一个贷款分为投资贷款和房贷两部分；在 Coltec 案中，发生税收优惠的交易是构成整个交易的一个部分交易。如果从整体交易的角度来看，这两个案件被判定为"获得税收优惠的主观目的并不占主导地位"的可能性很高。但从部

[①] *Coltec Industries, Inc., v. U. S.*, 454 F. 3d 1340, Fed. Cir., 2006.

[②] 案件事实如下：Coltec 是拥有许多子公司的上市法人，在 1996 年因股票买卖获得了约 $240900000 的利益。为将该利益抵消为损失，Coltec 让子公司 Garrison 向 Coltec 发行股票并支付代价约 $14000000。Garrison 又向 Coltec 的其他子公司 Garlock 发行普通股，当时 Garlock 面临因石棉产品相关的诉讼，Garrison 接管了 Garlock 石棉相关诉讼的所有债务和责任，为其代价 Garlock 支付了其子公司的股份和面值 $375000000 期票。之后 Garlock 将从 Garrison 取得 $500000 股票与没有特殊关系的银行进行买卖。之后 Coltec 通过合并纳税制度，主张 Garrison 股票买卖损失 $378700000 的扣除申请（即 Garlock 的股票取得原价 $3792000000 和 销售价格 $500000 的差异）

사건 개요 인용：최정희，"조세회피사건에 있어서의 주관적 요건의 고려여부에 대한 연구"，『법학논고』제48집，경북대학교법학연구원，2014，92면。

分交易的角度来看，二者均系旨在获得税收优惠的交易，目的的支配性强度均较为明显，这是两个案例的共同点。① 因此，有必要进一步规定构成一般防止避税条款对象的交易范围，以便尽可能广泛地界定所涵盖的行为和交易。② 但是，为了提高纳税人交易的保护和可预测性，对不成为对象的交易进行立法列举和说明，并像英国的 GAAR 方针一样规定 safeguard 的补救措施的应对，也应同时进行。

(三) 客观审查

1. 问题点

一般反避税条款的核心是对税收优惠是否存在展开客观审查，即以法律明确可以获得的税收优惠的交易类型有哪些，以及这种税收优惠的种类和数额应通过何种方式进行审查。对此，韩国《国税基本法》第 14 条第 3 项将其规定为"被认定为不正当享受税法优惠的情况"，即在普通纳税人交易过程中，需要对不产生税收优惠做出大体假设，并且需要为证明存在这种不合理的主观目的进行审核（对主观目的的审核将在下文进行讨论）。对此，有必要完善"存在税法的优惠"的判定标准和能够证明这种"税法的优惠"不正当的相关立法。

2. 启示点

英国和澳大利亚在《国税基本法》中规定的"税法的优惠"一词分别用于租税利益（tax advantage）或者租税优惠（tax benefit），但含义几乎相同。

在英国，针对如下三种交易情形：①交易的目的与经济目的相差极大的征税目的之所得（income）、利益（profits）、利润（gains）；②交易将产生比经济目的金额更大的扣除（deduction）或损失（los-

---

① 值得注意的是，Coltec 案没有对主观目的进行审查。
② 최정희·박수진, 앞의 글, 103면, 홍성훈·박수진·이형민, 앞의 책, 98면.

ses）；③交易未产生或者产生包括可能不发生的外国税额在内的税额减免或退税申请。在对"所有情况"进行综合考虑的基础上，如果这个税收交易的开始和执行不能被合理认定为行为的合理过程，将被判定为"滥用（abusive）"。在这里，所须考虑的"所有情况"包括：①应确认交易的实质结果是否符合以其规定为依据的明示性或暗示性的原则和政策目的；②取得交易结果的手段是否与不自然（contrived）或不正常（abnormal）阶段有关；③其交易是否包含试图利用税法规定的缺陷（shortcomings）行为。

澳大利亚对税收优惠（Tax benefit）的定义与英国相似。即如果纳税人没有执行确定的计划，纳税人的应纳税收入就被包括在或可能被包括在合理的收入中，不被认可或被合理预测不被认可的扣除（deduction）、资本损失（foreign income tax offset）等。对于是否存在税收优惠，则规定了与原来交易不同的假设交易，即假设原来的计划或交易没有进行，就以实际进行的计划或交易进行比较。为了使这种交易的假设更加具体，假设应基于实际发生或存在的事件或情况，并且以合理的替换方案（alternative）为依据。

参考英国和澳大利亚的立法例，应从以下两方面对"税收优惠"进行完善。其一，对税收优惠进行类型化。税收优惠的类型设定并非基于纳税人的行为或交易，而是通过假设交易来代替交易，把不能获得的应纳税所得或税额的减免或扣除、义务的减轻等税收优惠予以类型化。

其二，从方法论上明确税收优惠存在不合理性的认定方法。大体包括以下两类考虑因素：

第一，交易的实质结果是否符合法规明示或暗示的立法目的和政策目的，着重需要探究的是哪些交易是利用税法上的瑕疵来达到税收优惠，从而使规范目的落空。

第二，达成某种交易结果的交易过程是否合理。在这里需要作出一个合乎常理的假设，澳大利亚虽然规定了达成这种假设的方法论，但是仍然存在不确定性。

建议把以上两种因素确立为不正当享受税法优惠的客观审查标准，并在具体规则上进行详细的规定。

(四) 主观审查

1. 主观审查规定的必要性

对于主观性审查，首先需要展开必要性的研究，因为"不需要进行主观审查"的意见目前被广泛讨论。[1]据此，第一，不需要主观审查。如果要排除防止避税规定的适用，必须经过客观性审查和主观性审查，但主观性审查将被并入到客观性审查中予以适用，因此，如果交易已不符合法定要件，就没有必要追加主观性审查。第二，主观审查的实际效果有限。由于主观性审查的标准具有较大弹性，法院或征税机关对该标准的适用存在广泛的裁量空间。第三，主观性审查可能会危及法律的权威性，妨碍法院或征税机关对是否试图规避或利用税法规定的适当解释。由于法院或者征税机关将"主观审查"追加到客观审查中进行适用，法院或者征税厅可能会根据客观要素中的一个不充分的事实，给纳税人带来从宽判定的余地。此外，主观审查赋予纳税人滥用抗辩的可能性。

此外，在韩国，被认定为特定防止避税规定的不当行为否认规则中，没有针对主观目的进行审查的具体规定。其原因在于实践中避税意图能够得到明显表现的情况较少，纳税人的避税意图只能经由外部客观情况加以推论，这种客观情况也很难把握，纳税人在构成交易时一般具有减少税负的目的，避税人的不当行为计算与偷税行为不同；也就是说，如果考虑到其目的是根据公平课税原则防止在交易中发生的逃税现象，作为不正当行为的成立要件，不需要另外的避税意图。[2]概言之，如果承认主观性意图只能以客观事实为基

---

[1] Seiler, *supra* note 11, pp. 221-222.
[2] 김현채, "법인세법에 있어서 부당행위계산의 부인",「법조」제34권 5호, 법조협회, 1985, 27면.

础推论的话，那么从客观事实中推定避税意图的存在将具有充分的理由。美国 Coltec 事件也同样表现了这种态度。也就是说，即使没有"纳税人进行交易的唯一目的是逃避税金"的证明，客观上如果缺乏经济实质，那么无论纳税人的目的如何，其交易都有可能被否认为征税目的。即使没有证据证明交易的唯一动机是避税的，仅凭缺乏经济实质的事实，也完全可以否认交易。①

2. 启示

韩国《国税基本法》第 14 条第 3 项所称判断避税交易的主观意图，即所谓的"为不正当享受税法优惠"的部分避税意图存在较大程度的模糊性。当然，"主观审查无用论"也有一定道理。"主观审查无用论"是指在客观上如果缺乏经济实质，就可以判定为是逃避税务，因此不需要主观审查。但是在现代社会中，有些交易的主观性目的只有避税目的，但也有相当一部分商业目的和避税目的混在一起，在这种情况下，将整个交易行为视为一个整体，综合考察交易行为的正当性，是决定主观性目的的核心。

此外，在大法院关于否认不当行为的判决中，法院认为"健康的社会一般概念或相关行为中出现的非正常交易缺乏经济合理性"系属不正当交易。但是，在这个标准中，对于"经济合理性"的标准是否仅是客观上的判断标准仍然存在疑问。在经济上否认不合理交易不能排除对进行这种不合理交易的目的进行谴责的可能性。如果在这里对主观目的进行审查，就可以成为更有说服力的判断论据。在 Spotless 案中，澳大利亚联邦大法院对支配性目的的判断标准是"如果是合理的人，那么履行这种交易的纳税人就会具有支配性、优势或最具影响力的目的，从而为获得税收优惠而具有支配性目的"，也正是出于上述原因。②

在美国，主观标准的事业目的原则和客观审查标准的经济实质

---

① *Coltec Industries, Inc., v. U.S.*, 454 F.3d 1340, Fed. Cir., 2006.
② *FCT v. Spotless Service Ltd*, 186 CLR 404, 1996.

原则在适用范围上具有分歧，各巡回法院之间对此存在严重的适用差异。其后，2010 年美国国税立法 §7701（0）对此作出较为明确的规定，即在涉及经济实质原则的交易中，①把这种交易改变为纳税人的经济地位具有意义的方式；②在交易执行方面，纳税人有相当的工作目的时才被认为具有经济实质。应当说，从立法角度整理主观性事业目的是十分必要的。①

（五）一般反避税条款咨询委员会的必要性

综上所述，即使是在立法中增设防止一般避税的规定，抑或是通过完善《国税基本法》第 14 条第 3 项以之作为防止一般避税条款，一般避税防止规定仍具有与生俱来的不确定性和广泛性。因此，为有效解决一般避税防止规定的不确定性和广泛性，防止征税官厅的权限滥用，笔者认为有必要进行一定的程序上的管制。因此，为了使一般避税规定发挥应有的功能，保护纳税人的合法权利，并赋予可预测性，有必要成立一般避税规定咨询委员会。对此，英国和澳大利亚的立法经验值得借鉴。

五、结论

避税在税收法领域讨论已久，也是我们今后要继续研究的持久议题。而其中有关防止一般避税条款的讨论可以说是全球最热门的话题。在实行 BEPS Action plan 的同时，对不具备一般规避征税规定的国家如何立法、对已经制定了规避征税规定的国家如何有效、公正地实施该规定等问题的讨论也在持续出现。

在有关防止一般避税规定的研究中，以往韩国以德国和美国为中心进行了很多研究。但是英国和澳大利亚也为具体修改和制定一般避税规程做了很多努力，在其运营上也为限制征税机关的恣意行

---

① 최정희, 앞의 글, 99-100면.

使权限和保护纳税人权益制定了相关制度。英国和澳大利亚围绕一般反避税条款的努力集中于在运营上限制课税官厅恣意权限行使等纳税人权益保护制度，具有积极的借鉴意义和研究的必要性。

英国一般避税规定于 2013 年首次在《财政法》中规定，2016 年《财政法》采取较为严苛的立法态度，即如果某种交易具有取得税收利益的主要目的，则该交易构成一种税收交易。并且考虑到相关情况，如果不按照有关税法的规定认为这是一个行为合理的过程，合理避税将会被滥用。因此，税务局可以予以否认，重新组织交易，征收税款。另外，为了慎重考虑一般避税条款的运用，英国建立了一般反避税条款咨询委员会制度。

澳大利亚一般避税规定（Part A）中，首先需要存在一个构成税收优惠的计划，如果行为人组成该计划的主导目的是避免征税，则税务官厅可以否决该交易并重新组织征税。这比之前关于防止避税的第 260 条规定更为具体、明确和客观。此外，为了克服审查标准的宽泛性和不确定性，2013 年，澳大利亚在 Part A 中增加了为弥补这种弱点而强化替代性假设的 §177CB。

在韩国，《国税基本法》第 14 条第 3 项是否属于一般反避税规定尚存争议。通过对英国和澳大利亚经验的比较研究，可以得到如下启示：第一，有必要宽泛地规定一般反避税行为涉及对象的"交易"范围。第二，交易所目标的税收优惠是什么、税收优惠是否存在审查，交易是否与法规规定的立法目的、政策目的相符合以及假设替代交易的方式，都有必要明确化。第三，租税回避交易是以得到税收优惠为目的，那么审查基准是否要建立在这种主观目的的标准上，如果认定主观要件则应在多少程度范围内进行认定，须确定其程度范围。第四，如果确立一般租税回避防止规定，要保护纳税人的权益及保障交易自由，有必要建立一个一般反避税规定的咨询委员会，以作为防止课税官厅无理否认交易的制度手段。

The Recent Trends of the Legislation of General Anti – Avoidance Rules and Their Implications to Korea: Focusing on UK and Australian GAARs

(Republic of Korea) Jeonghee Choi

Abstract: Tax avoidance has a long history of studies and will have been discussed for many decades. Among the issues regarding tax avoidance, the most disputable topic nowadays is a general anti tax avoidance rule (GAAR). In line with the implementation of BEPS Action plans, it is being discussed whether it is necessary to legislate a GAAR or not in countries in which they do not have a GAAR and, if necessary, what kinds of form should be adopted. In countries in which GAARs are already legislated, discussions as to how they operate GAARs fairly and efficiently are kept going on. In Korea, studies on GAARs generally are concentrated on those of Germany and U. S. U. K. and Australia, however, have also tried to make a new GAAR or make an existing GAAR more specific for a long time. In this regard, it is very important to study U. K. and Australian GAARs.

Key words: General anti – avoidance rule, Korea's Tax benefit, Substance over form, GAAR Advisory Panel

【学术新声】

我国地方规划权：发展历程、风险与法律控制

徐 丹[*]

摘要：纵观国内学者相关研究可以看出，规划权制度引入中国较晚，尤其是针对2019年新《土地管理法》修正后规划权下放到地方的改革研究处于起步阶段，新法实施之后的地方规划权无论是纵向还是横向上都处于扩张状态，而针对扩大后的地方规划权的法律控制研究几乎是空白。我国早期研究更多的是针对原来的行政行为和分散规划情况的研究，原来的控权问题都没有解决，扩大后的地方规划权更是处于被滥用的风险状态。因此，对地方规划权的法律控制研究具有重大的理论价值和实践意义。本文首先梳理了我国地方规划权法律控制的发展历程，接着提出下放规划权到地方的风险，最后针对风险问题提出可以防止地方政府滥用规划权的法律建议：(1) 强化我国土地督查制度的监督效能；(2) 加强人大对地方规划审批权和变更权的监督；(3) 强化规划的法律效力。

---

[*] 徐丹，女，辽宁大学法学院博士生。研究方向：资源经济法。

关键词：地方规划权，法律控制，发展历程

纵观世界各国，凡是市场经济体制比较成功的国家普遍都赋予地方政府一定的土地利用规划自治权。顺应这一国际发展趋势，解决我国国土空间规划体系中存在的审批流程复杂、内容重叠冲突、地方规划朝令夕改等问题，2019 年 8 月 26 日修正的《土地管理法》将大量规划审批权下放到地方，被很多学者称为是迄今用地审批上最具实质意义的"放管服"改革，地方政府的规划审批权扩张很多，具体如下。

第一，从纵向上看，地方政府的规划权内容扩大很多。主要有以下三个方面的表现：（1）根据 2019 年 8 月 26 日修正的新《土地管理法》第 44 条可知，中央大幅下放了农用地转用审批权限。今后，国务院只审批涉及永久基本农田的农用地转用，其他农用地转用由地方政府审批。（2）2019 年 9 月 20 日，国务院新闻办公室就用地审批和改进国土空间规划审查等举行发布会，自然资源部改革了国土空间规划的审查报批制度，把规划审批权下放到地方，今后由国务院审批的规划，国家层面只对国家需要管控的内容进行宏观上的审查，其他内容由地方政府负责审查。（3）2020 年 3 月 12 日，国务院印发《关于授权和委托用地审批权的决定》规定，将国务院可以授权的永久基本农田以外的农用地转为建设用地审批事项授权各省级政府批准；试点将永久基本农田转为建设用地和国务院批准土地征收审批事项委托部分省级政府批准。

第二，从横向上看，"多规合一"之后，地方政府管制的资源品种扩大，监管的对象从土地扩大到空间，不再是单一的土地元素，将土地资源与其他资源视为生态资源一体进行空间管制，自然资源职能部门合一，权力集中，这就涉及地方政府规划编制权和规划审批权的扩大。

总之，地方规划权本身作为公权力，理应进行控制，失之约束就会面临被滥用的风险，发生政府失灵。行政自由裁量权非理性化

指向的是裁量权行使的"恣意""武断""专横"。下放后的地方规划权无论是在编制环节还是实施环节都存在很大的风险,规划和法的结合研究是一个新的领域,行政行为和规划结合研究刚刚起步,针对新领域的控权制度研究非常薄弱,因此,如何控制地方规划权就是一个非常重要且迫切需要解决的新问题。

一、地方规划权概念的界定

在现代汉语中,"地方"一词主要是与"中央"相对而言的,一般指中央统辖下的各行政区域。地方政府是与中央政府相对应的概念。"地方"的全称是"地方政府"。从法律角度表述,"地方政府"这个概念,主要还是一个政治体制的问题,即事关政治权力的分配问题。[1] 关于地方政府概念的理解,不同的学者有不同的理解,王锡锌认为,从宪法规定看,我国共有五级政府,即中央、省级、地级市、县(区)、乡(镇)。中央之下,哪些算地方政府?从空间和人口规模意义上看,将地级市、县(区)、乡(镇)这三个层面

---

[1] 必须首先说明的是,中央与地方的政治权力关系,只存在于单一制国家。权力与服从是政治权力组合的基本形式。而在典型的联邦国家,如美国,各州与联邦之间与其说是上下级支配与服从关系,不如说是平等关系,但并不意味着它们之间事权的平等,而是身份的平等,联邦只享有宪法规定的权力,这个权力来自各州的授权,在宪法规定的权力之外,联邦不可改变各州的决定。这也就是为什么美国宪法需要各州分别批准的原因,也是美国宪法比较稳定的原因。于是它的政治权力的结构就呈现出:联邦权力来自各州,各州权力来自县市,所有的公权力都来自人民,没有人民授权,国家机构就不得主动行为。当然,这只是理论上的表述,实际情况如何,人民究竟可以在多大程度上控制公共权力,则应另当别论。比较而言,单一制国家的政治结构则与之相反。人民也是通过宪法与法律授予国家机构权力,地方国家机关与中央国家机关根据宪法,各自享有相应职权,中央还会在适当时机授予地方部分原本属于自己的权力。区别在于,几乎所有事项,在中央愿意的情况下,中央都可以享有最终决定权,包括纠正地方国家机构的错误决定。例如,我国最高人民法院在任何时候都可以对它发现的任何一级地方法院做出的错误判决提起再审,加以改判。可见,地方对任何事项几乎都不可能做出终极决定。参见葛洪义:"法制建设中的'地方'",载《吉林大学社会科学学报》2012年第2期。

的政府界定为地方政府比较合适。① 葛洪义认为,"地方"(政府)一词具有下述三层含义:第一,"地方"是中央的行政下级。下级与上级之间,原则上必须做到:下级服从上级、上级领导下级。第二,"地方"是国家管理、服务社会的最前沿。根据金字塔式的权力体制,与社会接触面最大的部分是地方。第三,"地方"是国家与社会的"结合部"。国家有国家的整体意志和政策目标,而社会则有自己的利益和需要。②董礼洁认为,在不同的语境下,"地方政府"的含义往往并不相同。这源于对"政府"一词的多种用法。在大多数的英美法系国家,地方政府仅仅指地方立法机构,即地方议会;在中国,一般仅指各级地方人民政府。③ 在现阶段,学术界对"地方政府"(也可简称"地方")共识性认识:地方政府主要是指地方行政机关,具体包括地方各级人民政府、地方各级人民政府的工作部门、派出机关和派出机构。④

  关于规划权的含义,我国现有法律没有明确界定。学者提出了自己的见解。李林林、靳相木、吴次芳认为在对公法和私法有明确界分的国家,规划权属于公权力范畴,是国家以实现现有各类(自然)资源及生态环境的安全、节约、有效和可持续利用为目的,赋

---

① 王锡锌这样界定的理由是:地方政府有一定的经济规模、人口规模、地理规模,但规模又不至于过大而失去经济、文化、社会、风土人情等地域共性。如果从这个意义上看,纵向治理结构层级主要为三级:中央负责全国性宏观事务统筹,省级政府负责区域内事务统筹,地方政府负责地方性事务的具体管理。前两者主体主要关注统一性,后者主要关注地方特色和多样性需求的满足。参见王锡锌:"地方治理的'在地化'与国家治理能力建设",载《中国法律评论》2016年第1期。

② 葛洪义:"法制建设中的'地方'",载《吉林大学社会科学学报》2012年第2期。

③ 由于司法统一的需要,司法机关往往并不纳入地方政府的范畴。参见董礼洁:《地方政府的土地管理权》,上海交通大学2008年博士学位论文。

④ 马怀德:《行政法学》,中国政法大学出版社2009年版,第76—79页。《中华人民共和国地方各级人民代表大会和地方各级人民政府组织法(2015修正)》第54条规定,地方各级人民政府是地方各级人民代表大会的执行机关,是地方各级国家行政机关。

予各级政府对各类资源与环境的利用进行宏观调控的权力。① 严金明等认为，规划权是国家以实现空间资源和自然资源的合理利用为目的，通过法律程序赋予各级政府和相关行政部门对山、水、林、田、湖、草、生物、矿产、能源等自然资源与空间资源进行合理安排和宏观调控的权力。②

关于地方规划权的概念，现有法律亦没有明确规定，在学术界，有学者提出了自己的见解，例如，李林林、靳相木、吴次芳认为："地方政府享有和行使规划权是为了维护公众在生存环境和资源利用方面的公共利益，进而会对相关私主体的权利和利益进行干预和限制。在现代法治国家，一般都通过立法对此种干预和限制做出限定，为政府规划权的行使提供合法依据。"③ 严金明、迪力沙提·亚库甫、张东昇认为："地方政府规划权本质上是地方政府基于国家利益和公共利益，通过规划权（公权力）掌握对资源使用和空间配置的主导权，制定有关国土空间利用秩序规则，对人们利用国土空间与自然资源的行为作出相关的约束，使有限的国土空间资源在部门间得到合理配置，进而实现国土空间资源的合理、永续利用。"④

---

① 李林林、靳相木、吴次芳："国土空间规划立法的逻辑路径与基本问题"，载《中国土地科学》2019 年第 33 卷第 1 期。
② 严金明、迪力沙提·亚库甫、张东昇："国土空间规划法的立法逻辑与立法框架"，载《资源科学》2019 年第 9 期。
③ 李林林、靳相木、吴次芳："国土空间规划立法的逻辑路径与基本问题"，载《中国土地科学》2019 年第 33 卷第 1 期。李林林等人认为，在现代法治国家，一般都通过立法对此种干预和限制做出限定，按类别不同，可分为直接限制和间接限制。直接限制比如在规划过程中，涉及资源的配置和开发利用时应尽量采用市场交易手段，减少行政手段的使用。间接限制主要指通过建立和完善权力行使的内部和外部监督机制，以防止和减少规划权的滥用。
④ 李林林、靳相木、吴次芳："国土空间规划立法的逻辑路径与基本问题"，载《中国土地科学》2019 年第 33 卷第 1 期。

二、中央与地方规划权的配置发展历程

(一) 1949 年至 1982 年：中央集中统一行使规划权，地方是中央的代理人

在计划经济体制下，土地作为一种生产资料，由国家通过计划指令完全控制。1949 年 7 月制定的《中央人民政府组织法》规定，由政务院内务部下设的地政局负责全国各类土地管理工作。1953 年颁布的《国家建设征用土地办法》第 4 条规定了不同机关的审批权限，中央负责批准全国性的建设事业用地；大行政区行政委员会负责批准用地在五千亩以上或迁移居民三百户以上的地方性建设事业用地；省（市）人民政府负责批准用地不足五千亩而在一千亩以上或迁移居民不足三百户而在五十户以上的地方性建设事业用地；县人民政府负责批准用地不足一千亩或迁移居民不足五十户的地方性建设事业用地。至于国防建筑工程，先由中央军事委员会、大军区或省军区核定，再报送中央政府或地方人民政府批准。土地公有制建立后，一直到改革开放初期，农业生产力低下与人口众多的基本国情决定着满足粮食供给是土地管理最先考虑的因素。在这一目标约束下，最大规模地提高粮食产品产量成为工作重点，农牧渔业部成了农用地的管理部门，民政部、林业部、铁道部、交通部、建设部等国务院各职能部门分散管理各部门建设用地。在这种背景下，政府具有的各种行政职权之间很难划分明确的界限，政府的土地管理权几乎深入每一个细节，如决定农作物的类型和产量以及建筑物的样式和高度等。这些权力大多属于中央政府，地方政府只是中央政府的代理人。[1]

---

[1] 董礼洁：《地方政府土地管理权》，上海交通大学 2008 年博士学位论文。

（二）1982 年《国家建设征用土地条例》至 1997 年：中央下放规划权到地方

在这个阶段，审批机关的权限是按照建设项目用地涉及的土地类型来划分的，《国家建设征用土地条例》（1982 年）规定的审批权限是：国务院负责审批一千亩以上的耕地、园地以及一万亩以上的其他土地；直辖市负责审批直辖市郊区土地的征收事宜；省、自治区政府负责审批五十万人口以上城市郊区土地的征收事宜；县、市政府负责先审查直辖市郊区和五十万人口以上城市郊区以外的所辖三亩以上耕地、园地，十亩以上的林地、草地，二十亩以上的其他土地的征收事宜，然后报省、自治区政府批准；县、市人民政府负责批准上述限额以下的征收事宜。市场经济体制的建立要求中国建立与之相适应的土地管理体制。1986 年《土地管理法》第一次系统地规定了政府的土地管理职权，并对地方政府的土地管理权限进行了界定。1986 年《土地管理法》划分的审批权限是：省级政府负责审批一千亩以上的耕地和两千亩以下的其他土地的征收事宜；县级政府负责审批三亩以下的耕地和十亩以下的其他土地的征收事宜。这个时期的审批机关变成了中央人民政府、省级人民政府和县级人民政府。

（三）1998 年修订的《土地管理法》至 2019 年：中央收紧地方规划权

1992 年和 1993 年的"房地产热"和"开发区热"，带来了城市发展宏观失控的现象，对城市规划造成了很大的冲击，特别是土地的出让、置换、转让等流转过程中规划失控、约束无力的问题开始暴露出来，城市规划无法有效调控土地的供应和投放。[①] 1998 年 8 月 29 日修订的《土地管理法》首次以"立法"形式确立了以规划

[①] 高中岗：《中国城市规划制度及其创新》，同济大学 2007 年博士学位论文。

为核心,以保护耕地为主要内容的土地管理制度,并将立法目的定位为实现土地资源的可持续利用。该法对土地进行了重新分类,将土地分为农用地、建设用地和未利用地,在此基础上,调整了土地征收审批权限,审批机关只有中央政府和省级政府,取消了县市政府的审批权。具体规定是:国务院负责审批涉及基本农田,以及三十五公顷以上的基本农田以外的耕地和七十公顷以上的其他土地的征收事宜;省级政府负责审批三十五公顷以下的基本农田以外的耕地和七十公顷以下的其他土地的征收事宜。2004年,根据时年颁布的《宪法》修正案,《土地管理法》重点修正了征收程序,将单一的征用制度改为征用与征收并行,但立法视野仍局限于将土地作为单一的资源品种独立调整,没有上升到整个生态资源体系的高度。这不仅难以协调经济发展用地与生态保护之间的冲突,理念上也不能满足生态文明建设的制度需求。

近些年,在全球经济危机的影响下,政府在经济下滑、财政收入减少的现实压力下,开始了新一轮的简政放权,试图通过取消和下放审批事项的方式激发市场活力,并要求地方政府最大限度地取消地方行政审批事项,以简化审批过程,增进经济增长活力。[1] 地方政府纷纷做出了权力下放的尝试。在土地利用规划领域,各地纷纷制定文件,将大量的规划审批权限下放到区、县一级政府。换言之,这个时期,有些地区已经出现权力下放的尝试。例如,2014年,南京市人民政府正式出台《关于深化全市城乡规划管理体制改革的意见》,规定除敏感地区、重大项目和跨区域项目外,绝大部分具体项目的审批权将下放到驻区城乡规划管理部门。[2] 又如,2011年,广州市规划局进行机构调整,将原来市规划局的大量规划管理权限下

---

[1] 李克强:《在地方政府职能转变和机构改革工作电视电话会议上的讲话》,载财经网:http://www.gov.cn/ldhd/2013-11/08/content_2523935.htm,最后访问时间:2019年12月2日。

[2] 马金:"15个管理机构撤并为9个分局,市局只审批三类具体项目",载《南京日报》2014年1月29日,第A1版。

放到区规划分局。① 2013 年，天津市发布《关于进一步深化行政审批制度改革的意见》规定，与城市规划有关的审批事项，由区县规划行政主管部门负责审批。这些通过权力下放，将规划审批权力交由负担地方经济发展责任、更贴近民众的基层政府行使，有助于作出更切实际的政策，有助于降低市场成本，增进效益。

（四）2019 年修正《土地管理法》至今：央地分权，下放规划权到地方

2019 年 8 月 26 日修正的新《土地管理法》按照是否占用永久基本农田来划分中央和地方的审批权限，新法第 44 条规定，国务院只审批涉及永久基本农田的农用地转用，其他农用地转用由地方政府审批，并取消了报国务院备案的限制。② 这是 1998 年《土地管理法》修订上收地方转用审批权后实质意义上的"放管服"改革。新法在给予地方更大的自主权的同时，对土地督察制度作了明确规定，增设第六条，明确由国务院授权的机构对地方人民政府的土地利用和土地管理情况进行督察。土地监察制度是保障地方政府土地管理行为依法合规的重要制度。该制度在 2004 年《国务院关于深化改革严格土地管理的决定》中首次提出，并在 2006 年《国务院办公厅关于建立国家土地督察制度有关问题的通知》中正式确立。本次由《土地管理法》加以确认，解决了原有规范部门规章位阶较低的效力层级问题。

---

① 吕楠芳、钟兆茂、龚观渠："广州市规划局新增 3 处室，规划管理权下放到区局"，载《羊城晚报》2011 年 11 月 18 日，第 A8 版。
② 2020 年生效的《土地管理法》第 44 条规定：建设占用土地，涉及农用地转为建设用地的，应当办理农用地转用审批手续。永久基本农田转为建设用地的，由国务院批准。在土地利用总体规划确定的城市和村庄、集镇建设用地规模范围内，为实施该规划而将永久基本农田以外的农用地转为建设用地的，按土地利用年度计划分批次按照国务院规定由原批准土地利用总体规划的机关或者其授权的机关批准。在已批准的农用地转用范围内，具体建设项目用地可以由市、县人民政府批准。在土地利用总体规划确定的城市和村庄、集镇建设用地规模范围外，将永久基本农田以外的农用地转为建设用地的，由国务院或者国务院授权的省、自治区、直辖市人民政府批准。

按照《中共中央国务院关于建立国土空间规划体系并监督实施的若干意见》要求，2019年9月20日，国务院新闻办公室就用地审批和改进国土空间规划审查等举行发布会，自然资源部针对原来规划审查报批过程当中存在的事权不清、指标过多、内容过泛等突出问题，改革了规划审查报批制度，主要体现在以下两个方面：第一，除直辖市、计划单列市、省会城市及国务院指定城市的规划由国务院审批外，其他城市的规划均由地方政府来审批。[①] 第二，在审批事项上，国家层面主要负责对三条红线、主要控制性指标等需要国家管控的内容审查外，其他管制事项由地方负责审查。其中，国家负责审查的内容主要包括四个方面：一是规划的目标定位；二是永久基本农田、生态保护红线、城镇开发边界等控制线的划定和落实情况；三是建设用地的规模、开发的强度、用水的总量以及公共空间等主要控制性指标分解落实情况；四是城市、区域间的空间格局以及相邻关系，等等。

2020年3月12日，国务院印发《关于授权和委托用地审批权的决定》，其目的是新《土地管理法》第44条更好地细化和落实，该决定将国务院可以授权的永久基本农田以外的农用地转为建设用地审批事项授权各省级政府批准，另外还规定，试点将永久基本农田转为建设用地和国务院批准土地征收审批事项委托部分省级政府批准。首批试点省份为北京、上海、天津、重庆、江苏、浙江、安徽、广东，试用期为1年，具体方案由省级政府制定并报自然资源部备案。

另外，特别需要注意的是，"多规合一"之后，地方政府管制的资源品种扩大，监管的对象从土地扩大到空间，不再是单一的土地元素，将土地资源与其他资源视为生态资源一体进行空间管制，自

---

① 原来的城市总体规划和土地利用总体规划，由国务院审批的城市分别是108个和106个，都比较多。新规划体系构建以后，由国务院审批国土空间总体规划的城市范围仅限定在直辖市、计划单列市、省会城市，以及少数国家发展战略全局当中重要的节点城市，和需要对重要资源进行特殊保护的城市，其他城市的规划由地方人民政府来审批。

然资源职能部门合一，权力集中，这就涉及地方政府规划编制权和规划审批权扩大。2018年3月《深化党和国家机构改革方案》要求将土地利用规划、城乡规划、主体功能区规划等空间规划融合为统一的国土空间规划，由新组建的自然资源部负责。2019年5月《中共中央国务院关于建立国土空间规划体系并监督实施的若干意见》提出，将主体功能区规划、城乡规划、土地利用规划等融合为统一的国土空间规划，实现"多规合一"，至此，"多规合一"改革取得重大进展，多规分立局面结束。2019年8月26日修正的《土地管理法》规定，构建"多规合一"的国土空间规划体系，实行空间管制，将规划作为基本的制度工具。简而言之，"多规合一"之后，省市县乡（镇）级的国土空间规划编制和实施工作集中到地方各级政府及其职能部门手中，国家要求不同地区规划编制工作要统筹考虑地方资源禀赋、发展阶段、现实问题，这里就涉及很多规划自由裁量权，这也是地方政府规划权扩大的一种表现。

三、规划权下放到地方的风险

规划权下放到地方，一方面，有利于提高规划审批权的运行效率，有利于解决过去中央审批地方规划时间过长、行政成本高、行政效率低下等问题。另一方面，有利于表达地方发展的合理诉求，解决信息不对称问题。权力下放后，地方政府可以根据当地的社会经济发展情况，基于地方公共利益诉求，审批符合当地实际的规划。但是规划权下放引发的权力被滥用的风险问题也是土地改革中接下来亟待探究的一个重要课题。

根据前文所述，经过2018年3月出台的《深化党和国家机构改革方案》、2019年8月修正的《土地管理法》、2019年5月出台的《中共中央国务院关于建立国土空间规划体系并监督实施的若干意见》、2020年3月国务院印发的《关于授权和委托用地审批权的决定》等一系列改革措施，现阶段关于国土空间规划的重点除了关于国土空间规划制定权之外，还包括规划权下放到地方之后如何控制权力的问题。从纵向上看，中央做宏观调控，制定国土空间规划和三大红线，其他规划权力授权地方政府行使。从横向上看，地方政府管制的资源品种扩大，监管的对象从土地扩大到空间，不再是单一的土地元素，土地资源与其他资源按照生态资源功能统一性要求由地方自然资源管理机构践行空间管制。无论是纵向还是横向上，地方政府权力都扩张很多，从法治角度而言，权力与责任具有一致性，否则，权力就有可能被滥用。正如孟德斯鸠所言，"一切有权力的人都容易滥用权力，这是万古不易的一条经验。有权力的人们使用权力一直到遇有界限的地方才休止"[1]。规划权下放地方之后，必然引起地方规划决策权力的扩张。现代行政权扩张带来的自身风险和我国自然资源所有权与监管权合一的特征，可能引发权力运行中的风险。具体风险如下：

（一）地方政府在编制审批环节存在策略性规划的风险

在国内外经济复苏乏力的背景下，经济发展是大多数地方政府工作的首要任务。[2] 根据地方法治竞争理论可知，地方政府之间有一个强激励的竞争机制，地方主政者的第一任务就是调动本地方所有资源、"以经济建设为中心"全力发展经济。规划权下放之后，地方政府权力增大，规划寻租空间增加，为了当地经济发展，为了驱动土地这个招商引资的"发动机"，容易引发策略性规划风险。例如，地方政府在制定规划时会有违法违规和不合理的风险。在规划实施环节，一些地方会更加关注地区利益而忽视国家利益，招商引资中有任性批地的风险。根据有关学者收集的典型案例75件，[3] 笔者将

---

[1] 刘祖云：《权责统一——行政的理论逻辑》，载《行政与法》2003年第10期；孟德斯鸠：《论法的精神》，商务印书馆1961年版，第12页。
[2] 孟涛：《地方法治理论的两种模式——基于省级行政区域的实证研究》，载《人大法律评论》2019年第1辑，法律出版社2019年版。
[3] 邵艳丽、刘春生等：《城乡规划违法违规行为研究》，载《城市规划》2013年第3期。

主要风险归纳如下。

1. 实体上的风险

（1）在规划编制和审批环节，地方政府有违反城市总体规划，尤其是强制性内容的风险，政府及其主管部门涉及改变城市用地性质，主要有：绿地变更为商业、住宅用地；公益性项目变成商业项目；在风景区违反规划审批建设项目；开发商占用小区绿地建设。近年来违反总体规划的典型问题是将处于较好区位条件的绿地调整至郊外或偏远区域，以所谓的"占补平衡"来置换绿地。（2）在规划编制、审批中，政府、行政主管部门、项目建设单位违反历史文化名城、名镇、名村的保护内容，① 主要包括企业和政府联合仿古造假、拆毁保护建筑及街区。（3）地方政府行政不作为，例如，发现未依法取得规划许可或者违反规划许可的规定在规划区进行建设的行为而不予查处或接到举报后不依法处理。又如，未组织编制规划，对符合法定条件的申请人在法定期限内没有核发选址意见书和相关规划许可证。

2. 程序上的风险

程序违法是指违反了法律规定的程序性要件，包括方式、步骤、顺序和期限等。具体包括两种类型：（1）缺证或不办证，缺证是建设工程已进入某个阶段的规划审批程序中，违法行政行为相对人缺部分手续，擅自进行建设（以上两者均应保证建设内容符合规划要求，方可称之为程序违法）；不办证即违法行为人在已经规划部门审核规划方案，但未依法办理规划审批手续即开始建设。实践中很常见的现象是一些政府支持的重点项目以速度和效率为由，不履行正常的规划审批手续。（2）政府或规划管理等机构程序性的行政错误作为，例如未按法定程序编制规划，委托不具有相应资质等级的单位编制规划，未按法律规定程序修改规划，程序性地超越职权等。

---

① 邰艳丽、刘春生等："城乡规划违法违规行为研究"，载《城市规划》2013年第3期。

例如，地方政府对一些重大项目开绿灯，不按正常制度流程来办证或通过政府会议、文件等明确同意先建设后办证。

（二）规划违法变更的风险

学术界大部分学者认为，地方政府的规划变更的研究范围应限定为有规划权的地方政府及规划主管门对已经生效的规划所做的变更。① 实践中，地方官员对当地经济发展和政绩的强烈追求，加上开发商的"公关"，已有的规划约束力很小，有的地方"换一届领导就改一次规划"，城市总体规划和控制性详细规划修改很随意。政府相关执法部门在一些利益驱动下，官商勾结，任由开发商左右规划，地方政府违法变更规划的风险很大。

通过文献资料的梳理，结合实践情况，地方政府违法变更规划主要有以下三种情况：（1）未经法定程序，擅自变更规划。地方政府为了本地区经济的发展，会出现"规划跟着项目走"，随意调整规划。例如，应当举行听证的不举行听证。在修改过程中，"听取意见"往往成了走过场，比如有倾向性的选择参加听证会的与会人员、收集到的意见得不到及时的反馈、甚至不召开听证会。对民意，尤其是利害相关人的声音不予重视。② 又如，应当报上级机关审批的不报送。（2）无法定变更事由，违法变更规划。③ 规划修改的启动很多情况下是由领导的意志决定，出于对政绩的追求。近年来，众多城市纷纷争建"第一高楼""最大的购物中心"，把提升城市的形象寄希望于大规模、大建筑，导致在没有法定变更事由的情况下，随意变更已经生效的城市规划。（3）地方政府违反详细规划，主要包

---

① 兰燕卓：《城市规划变更的行政法规制》，中南大学 2012 年博士学位论文。
② 兰燕卓：《城市规划变更的行政法规制》，中南大学 2012 年博士学位论文。
③ 根据《城乡规划法》第 47 条的规定，有下列情形之一的，组织编制机关可按照规定的权限和程序修改省域城镇体系规划、城市总体规划、镇总体规划："上级人民政府制定的城乡规划发生变更，提出修改规划要求的；行政区划调整确需修改规划的；因国务院批准重大建设工程确需修改规划的；经评估确需修改规划的；城乡规划的审批机关认为应当修改规划的其他情形。"

括擅自修改规划方案、擅自占用绿地和市政道路等。旧城改造项目一般是违反详细规划案件的"重灾区"。旧城改造项目由于政府财力有限，一般地方政府往往委托开发商来进行。由于对现状情况调查得不够准确，考虑的相关因素简单化，缺乏准确的财务核算，没有约束条件，政府时常被开发商牵着鼻子走，过分迁就开发商。开发商为追求高效益和高回报，对规划条件屡次变更，导致违反规划问题（提高容积绿、降低绿地率）的出现。（4）情势变更时，应当变更规划而不变更。规划是对未来的展望和筹划，尽管我们强调规划的效力，但并不意味着所有的规划都要得到百分之百的执行，在据以制定规划的情势发生变更的时候，继续执行原来的规划可能会损害到利害关系人的利益，或者已经没有意义。在实践中，由于缺乏定期评估机制，很多原本应该修改的规划得不到及时的修改。因为修改权集中在政府手中，如果政府不主动修改，那么该规划就会一直自动实行下去。同时，规划的修改缺乏第三方启动机制，目前我国并没有规定利害关系人有权启动修改程序。[①]

（三）地方政府规划违法的监督风险

现有法律没有明确规定地方政府规划违法的法律责任，相关法律规定多是行政责任，刑事责任和民事责任很少，达不到应有处罚的力度。这种权力与责任的不对等不符合法治精神。根据权责统一原则，脱离了责任的权力不符合法治精神，而且在设置公共权力时予以相应的责任是对公共权力的一种最基础性的控制。虽然有些地方出台了对行政机关规划违法行为的处罚规定，但是此类规定一旦遭遇实践，无法直接依据规则得出结论。在认定是否违法或不当时，仍需要对裁量行为再次裁量，进而得出判断。在没有法律、规则和约束的情况下，规则裁量很难步入正轨。[②] 地方政府规划违法的监督

[①] 兰燕卓："城市规划变更的行政法规制"，中南大学2012年博士学位论文。
[②] 孟鸿志："行政规划裁量与法律规制模式的选择"，载《法学论坛》2009年第5期。

风险主要有以下几个方面：

1. 司法机关的监督问题

规划难以纳入司法审查范围。原因一，目前我国学界对规划的性质存在很大的分歧，还未形成统一认识，关于规划的性质主要有抽象行政行为、分阶段不同性质、具体行政行为等不同观点，性质不统一严重影响司法机关对其审查。原因二，司法机关自身处于相对弱势的权力结构中，法院尚缺乏足够的政治影响力，而且也没有足够的资源应对判决可能带来的社会稳定风险。于是最高人民法院在《关于适用〈行政复议法〉第三十条第二款有关问题的答复》中，策略性放弃了对征地批复的审查权。[1]"各省高级人民法院主要关注征收行为的程序是否合法，而鲜有对征收项目是否符合公共利益或者征收补偿是否合理的审查。"[2] 以合规划性要件的司法审查为例，最高人民法院倾向于认为规划的编制和审批行为不具有可诉性。[3] 司法机关很难监督地方政府，在实践中，司法机关对政府的土地征收审批行为的监督，一般只能采取"选择性立案"和"选择性监督"。[4]

2. 行政机关的监督问题

（1）行政复议的监督功能弱化，一些地方政府为了给征收披上合法的"外衣"，随意调整、修改规划，导致"复议机关对征地是否符合土地利用总体规划的审查被虚化，复议的监督功能被削弱"。[5]（2）土地督查的督查功能亟待强化。2019年修正的新《土地管理法》虽然正式将土地督查制度确立为我国的法律制度，但该法

---

[1] 郑磊："征收权的规划控制之道"，载《浙江社会科学》2019年第10期。
[2] 乔仕彤、毛文峥："行政征收的司法控制之道：基于各高级法院裁判文书的分析"，载《清华法学》2018年第4期。
[3] 最高人民法院（2017）最高法行申4731号行政裁定书。
[4] 邹爱华、娄明悦："土地征收审批权配置完善研究"，载《湖北大学学报（哲学社会科学版）》2016年第1期。
[5] 安徽省人民政府法制办公室课题组："土地征收行政复议实务研究"，http://www.chinalaw.gov.cn/article/xzfy/llyj/201006/20100600255126.shtml，最后访问时间：2019年10月28日。

条规定过于抽象模糊，并没有从根本上改变现实问题，2020年4月出台的《土地管理法实施条例》（修订草案）虽然对督查的五种情况予以明确，但还是未能解决制度存在的具体问题。该制度存在的问题如下：其一，土地督察的对象的有限性：仅限于对省级和国务院确定的城市政府；其二，土地督察体制的基本构造：大区制半独立式构造，依附于传统机关；其三，土地督察职能的显著特色：履行监督职能但不参与具体案件查办；其四，土地督察权行使的程序：缺乏专门的程序规范，权力行使缺乏程序约束。

3. 立法机关的监督问题

从实践上看，地方立法机关在土地征收审批中发挥的监督作用极其有限。（1）立法机关对土地征收审批权的监督具有滞后性和被动性。我国固有的强大行政体系在法律和事实上排除了立法机关对征地审批过程的监督。（2）立法机关对土地征收审批权的监督权难以落实。权力机关缺乏监督行政机关的有效措施。在实践中，财政权、审计权和人事权并没有真正掌握在权力机关手中，而是掌握在政府手中，导致权力机关不敢对行政机关动真格地监督。更为难的是，地方权力机关的负责人往往不是同级党委的常委，而地方政府的负责人和主要领导人则往往是同级党委的常委，非党委常委的地方人大领导人很难对党委常委的地方政府的领导人活动进行全程监督，导致监督难[1]。

四、规划权下放地方的风险控制

（一）强化规划的法律效力

土地规划不但能够促使土地资源合理开发、科学利用、有效整

---

[1] 马青红、张富成："试论国家权力机关对行政机关的监督"，载《山西省政法管理干部学院学报》2001年第2期。

治，而且还能促进社会的可持续发展，是依法、科学配置土地资源的重要手段。土地利用规划权属于公权力，起源于私人财产权的社会义务。虽然这种权力对私人财产权构成了限制，但从资源稀缺性的角度观察，其又是必须存在的。因此，土地规划是土地管制中最为重要的法律制度，一直被世界各国所高度重视，不少国家和地区都制定了专门的"土地规划法"或"都市规划法"，实现对土地规划的规范。从域外发达国家来看，都是把土地规划作为法律来制定的，违反规划就是违反法律。如果想变更规划，就必须先修改法律，规划的权威就如同法律的权威，如加拿大、美国等国家，土地规划就是通过法律的形式来制定的。为了解决土地供需矛盾、耕地不断减少等问题，我国先后制定了三轮土地利用总体规划，地方政府也制定了地方的土地利用规划，但由于土地利用规划法律不完善，致使规划实施的程度不高，规划应有的功效也未能充分发挥。① 具体到我国，土地利用规划到了地方，常常"硬"不起来。事实上，土地利用规划本应是法律，应该交由立法机关议定。而规划一旦定了，就应该像法律那样严格遵守。② 根据《土地管理法》的规定，我国土地利用规划权的行使主体分别是各级人民政府及土地管理机关，其制定的土地规划文件既不是法律，甚至连法规或规章也算不上，法律位阶很低。由于权威性不够，也使得土地规划很难执行。因此，应赋予规划明确的"法律"位阶，将规划交由立法机关制定。

（二）强化我国土地督查制度的监督效能

2006年7月，国务院办公厅印发《关于建立国家土地督察制度有关问题的通知》，决定建立国家土地督察制度，由国务院授权国土资源部代表国务院对各省、自治区、直辖市，以及计划单列市人民

---

① 宋雅芳："论我国土地利用规划的法治化"，载《公民与法》2009年第10期。
② 党国英："土地规划定了，就应该像法律那样严格遵守"，载《中国国土资源报》2008年12月9日。

政府土地利用和管理情况进行监督检查。2011年，国家土地总督察办公室委托有关高校对我国土地督察制度实施5周年进行了评估，发现该制度失灵现象严重，地方政府违法违规和圈地卖地的问题仍然存在。因此，针对该制度存在的问题，笔者建议如下。

1. 监督对象

扩大土地督察对象的范围，形成"四位一体"的监督格局。我国土地督察对象限于省级人民政府、直辖市与计划单列市政府，对于省以下地方政府土地与利用管理行为并没有将其纳入土地督察对象的范畴。土地督察的对象除了以省级政府及计划单列市政府作为土地督察的重点对象之外，针对土地管理与利用过程中地方政府违法、违规现象严重的问题适当地突破"50号文"的规定，将市县及乡镇一级纳入土地督察的对象范围中，在土地督察权的行使过程中对不同层级的政府进行分层督察，以更好地满足实践对督察工作的要求。[①]

2. 监督组织模式

保障土地督察权的独立行使，发挥机构的专业性优势。于监督机构而言，独立性才是监督机构的生命力。改革之前的土地总督察由国土资源部部长（现为自然资源部）兼任，容易出现行政管理职能与督察职能的混同，很难保证其独立地实现。因而，在现有的宪法文化体制背景下，构造出一套相对独立的土地督察系统，使其能够与自然资源部其他职能部门相互独立，排除不当干预，独立地行使其对地方政府的督察权。

3. 监督体制构造

混合式监督体系构造为思路，优化大区制构造的监督体制。我国现阶段的土地督察制度采取单一的大区制的监督体制构造类型，

---

① 陈阳："论我国土地督查制度良善化进路——以中央与地方的关系为视角"，载《东方法学》2017年第2期。

虽然能够在一定程度上减少地方干预，但土地督察的事宜繁多，涉及例行督察、专项督察及审核督察，并且业务专业性强，未来土地督察制度的构建可以考虑从混合式监督体系构造中得到的启发，在结合大区制构造的基础上，结合督察对象的特点，通过向重点地区派驻督察专员方式，提高土地督察工作的效能。

4. 职责与职权

土地督察职责应向纵深发展，逐步赋予督察机构对于特殊情况的处置裁决权。面对纷繁复杂、日益增多的土地纠纷不断激化社会矛盾与增加土地管控的社会风险，通过现有的复议、诉讼与信访的救济途径难以将土地纠纷全面化解，把一定限度内的土地纠纷案件的查办纳入土地督察的职责范围，赋予土地督察机构以更多职权，有助于化解土地纠纷，同时也拓宽了公民土地权益受损的救济的渠道。鉴于国土资源的基础性与重要性的地位，在协调各部门关系的基础之上，可以逐步赋予土地督察机构对于情况紧急或跨区域的土地利用管理纠纷案件的处置裁决权，树立土地督察机构的权威，促进土地督察效能的提升。[1]

（三）加强人大对地方规划审批权和变更权的监督

有学者认为，赋予省、市级人大常委会审批权。为了解决审批权在横向上集中于行政机关所带来的弊端，我们不仅需要改革政府的政绩考核制度，将耕地保有量纳入考核之内，更应该从根本上解决行政机关垄断审批权的局面，尽可能地加大权力资本化的成本，从而达到抑制政府"经营"土地审批权的心理冲动。[2] 本人认同这一观点。立法应借鉴一些国外的土地征收审批权的配置规定，重新

---

[1] 陈阳："论我国土地督查制度良善化进路——以中央与地方的关系为视角"，载《东方法学》2017年第2期。

[2] 邹爱华："土地征收审批权配置完善研究"，载《湖北大学学报（哲学社会科学版）》2016年第1期。

配置我国的土地征收审批权,把一些土地征收审批案件的审批权交给民意代表机关——人民代表大会来行使。域外许多国家或者州都规定了立法机关在土地征收问题上的个案审批权。例如,2000年修订后的《加拿大马里托巴省土地征收法》第1条第1款第3项规定:"当土地征收申请人是本省的代理人时,通过执行委员会的成员将代理人的报告提交给立法机关,由立法机关审批。"德国联邦宪法法院根据《基本法》第14条第3款将土地征收分为直接地表现为"通过法律"的征收(立法征收)和行政机关"基于法律"的征收(行政征收)两种,立法征收实际上是立法机关充当了土地征收的审批。①《英国1981年土地收购法案》第21条规定,在征收特殊土地时,征收命令要经过议会同意后才能生效。②

我国人民代表大会作为民意的代表机关的性质决定了权力行使更具审慎和权威性,而且在整个权力体系中处于较为超然的状态,不需要承担地方经济发展的压力,离利益的核心越远也就意味着其做出的判断越客观公正。正如美国最高法院史蒂文斯大法官在为自己撰写的凯洛案判决不受欢迎进行辩护时说明的那样:土地征收决定这样的经济政策最好由民选代表来作出,法院应当尊重民选代表的决定。③

关于如何加强地方人大对地方政府规划权力的监督制度。按照《宪法》和《地方各级人民代表大会和地方人民政府组织法》,各级地方政府由与其相应的地方人大产生,并对其负责、受其监督。目前,立法应重点建立健全以下制度。

---

① M. 沃尔夫:《物权法》,吴越等译,法律出版社2004年版,第43—44页。
② 这些特殊土地是:地方政府所有的土地、法定的公用事业承办人所有的土地[Acquisition of Land Act 1981 of England (modified in 2006),第17条]、由受托人管理国家信托财产[Acquisition of Land Act 1981 of England (modified in 2006),第18条]、《英国圈地法》规定的共用地、城镇和乡村绿化地、油田和矿区以及公共公园、公共休闲场所和废弃的墓地等特殊土地。
③ 邹爱华:"土地征收审批权配置完善研究",载《湖北大学学报(哲学社会科学版)》2016年第1期。

第一,建立农村土地保护责任制。以行政区划为单位,层层设立农村土地保护责任制,行政区政府首长为该行政区内农村土地保护的责任人。责任人对农村土地负责,如果任内出现土地流失、土地被非法利用,则追究责任人的责任。

第二,加强对土地征收行为的监督。建立人民代表大会土地征收案件听证、质询制度。由地方各级人大常委会对重大土地征收行为进行听证、质询,政府主要负责人出席接受质询;实行土地征收款项预、决算制度。特大项目实行个案监督。土地征收工作情况应作为一个单独组成部分列入政府年度工作报告,由人大进行专门审核监督。

第三,各级人大设立专门的土地工作机构。为方便监督工作的开展,各级人大应设立专门的土地工作机构,配备专职常委、委员和工作人员。①

Local Planning Rights in China: Development Process, Risk and Legal Control

Xu Dan

Abstract: Throughout the domestic scholars research it can be seen that planning power system is introduced into relatively late in China, especially in 2019, the new revised "land management law" planning power devolved to local research in its infancy, the reform of the new law after the local planning authority both on the longitudinal and transverse expansion, and the local planning authority for expanded legal control research is almost blank. In the early stage of new China, more studies were focused on the original administrative ACTS and decentralized planning. The

---

① 胡平仁,鞠成伟:"论土地督查制度与土地管理模式改革",载《行政法学研究》2007年第2期,第96—101页。

original problems of power control were not solved, and the expanded local planning power was in a state of risk of being abused. Therefore, it is of great theoretical and practical significance to study the legal control of local planning rights. This paper first summarizes the development process of local planning right legal control in China, then puts forward the risks of decentralization of planning right to local governments, and finally puts forward legal suggestions to prevent local governments from abusing planning right according to the risks: (1) strengthen the supervision efficiency of China's land supervision system; (2) strengthen the supervision of the people's congresses over the examination and approval rights and the right to change local plans; (3) strengthen the legal effect of planning.

Key words: Local planning authority, Legal control, The development course